유엔과
인권규범의 형성

나남
nanam

나남신서 1994

유엔과 인권규범의 형성

2019년 6월 28일 발행
2019년 6월 28일 1쇄

지은이   정진성
발행자   趙相浩
발행처   (주) 나남
주소   10881 경기도 파주시 회동길 193
전화   (031) 955-4601 (代)
FAX   (031) 955-4555
등록   제 1-71호 (1979.5.12)
홈페이지   www.nanam.net
전자우편   post@nanam.net

ISBN 978-89-300-8994-4
ISBN 978-89-300-8001-9 (세트)

이 저서는 2014년 정부(교육부) 재원으로 한국연구재단의 지원을 받아 수행된 연구임 (NRF-2014S1A6A4027392).

나남신서 1994

유엔과
인권규범의 형성

정진성 지음

나남
nanam

UN and Formation of
Human Rights Norms

by

Chung, Chin-sung

nanam

책을 시작하며

인권개념의 발전과 유엔

기술 발전으로 생활이 윤택해지고 타고난 신분 불평등을 인정하던 봉건사회로부터 벗어나는 동안, 사람들은 사회가 진보한다는 믿음을 갖게 되었다. 막스 베버, 에밀 뒤르켐, 카를 마르크스 등 격동하는 근대사회의 형성을 바라본 학자들은 각기 다른 방식으로 격변을 설명했지만 사회가 진보한다는 기본 전제는 모두 같았다. 그 바탕에는 인간이 합리성을 가졌으며 누구나 똑같이 존엄하다는 믿음이 깔려 있었다. 다름 아닌 '인권'(*human rights*)의 보편성을 향한 믿음이었다. 통치자의 절대권력으로부터 시민의 권리를 보호하려는 시도는 오래전부터 지속되어 왔지만, 인간이라면 누구나 침해할 수 없는 권리를 가진다는 믿음은 특히 근대화 과정에서 확립되었다. 이후 사회가 발전함에 따라 인권의 개념은 계속 확장되어 왔다(제1장).

그럼에도 불구하고 세계는 엄청난 전쟁의 소용돌이에 휘말렸다. 전쟁 중에는 특히 극악한 인권침해가 자행되었다. 제2차 세계대전이 끝난 후, 전쟁과 그러한 인권침해가 다시는 일어나지 못하도록 해야 한다는 염원과, 전쟁과 인권침해가 경제 발전과 밀접히 관계있다는 자각에 따라 평화·인권·발전을 세 축으로 하여 유엔(United Nations)이 설립되었다. 유엔 설립은 인권개념이 발전하는 데에 큰 획을 그었다. 유엔은 거의 모든 국가가 가입한 국제기구이다. 또한 세계 주요 NGO(*non-governmental organization*, 시민단체)들이 모이는 장(場)이다. NGO들은 유엔 출범 자체에도 기여했다. 인권침해 문제를 제기하고 피해자를 대변하며 세계 여러 단체와 연대하여 초국적 인권운동을 벌여 온 이들이 유엔의 주요 참여자가 된 것은 놀라운 일이다(제2장). 이렇듯 세계인권선언을 시발점으로 여러 정부와 NGO들이 계속 인권규범을 새롭게 논의하고 만드는 곳이 유엔이다.

인권은 기본적으로 인권침해 피해자들이 주체적으로 피해를 자각하고 문제를 제기함으로써 발전한다. 그러므로 피해자, 피해자들을 돕는 양심적 지지자 및 단체(NGO) 그리고 인권침해에 처벌 및 배상 등을 책임지는 국가가 중요한 역할을 한다. 그러나 전쟁 중 사례에서 볼 수 있듯이 특정 인권침해 사건이 국경을 넘어 발생하는 경우가 많다. 나치의 유대인 학살이나 일본군 위안부 문제가 명확한 예다. 이뿐 아니라 전쟁과 관련 없는 인권침해 상황이라도 해당 국가 스스로 해결하기 힘들 때가 많다. 여성할례나 카스트 차별처럼 그 나라의 오랜 문화에 깊이 뿌리박힌 문제들이 존재한다. 또 엄혹한 독재정권이 국가폭력을 저질러 인권침해가 일어날 때, 외부에서는 문제가 발생한 사실 자체를 알기 힘들다. 유엔의 역할이 중요한 이유이다. 여성·노인·아동인권이나 환경권, 발전권, 평화권처럼 여러 나라의 정부와 시민사회가 협력해야 하는 인권 문제들도 점차 더 중요해진다. 우리는 이러한 현상을 통틀어 '인권의 세계화'라고 말하며, 그 중심에 유엔이 존재한다.

이 책은 유엔에서 인권 이슈가 제기되고 논의되어 새로운 규범이 탄생하는 과정을 추적하였다. 필자가 2000년부터 2013년까지는 유엔 인권소위원회(2000~2003년 교체위원, 2004~2006년 위원), 2006년에는 새로 개편된 인권이사회 자문위원회(2008~2013년)에서 일하면서 규범 형성 과정에 직접 참여한 경험도 담았다. 유엔 인권기구에는 세계 모든 나라의 모든 인권 이슈를 다루는 인권이사회(인권위원회에서 개편)와 자유권, 사회권, 여성인권 등 각 부문별 이슈를 다루는 조약위원회가 있다. 전자를 헌장기구, 후자는 조약기구라고 부른다. 인권이사회는 각국 정부로 구성되는데 산하에는 민간 전문가로 구성된 인권이사회 자문위원회(인권소위원회에서 개편)를 두고 있다. 엄격한 위계는 없지만, 대체로 자문위원회에서 인권이사회, 총회로 이르는 구조이다. 인종차별철폐위원회와 같은 여러 조약기구와 국제노동기구(ILO) 등 유엔 전문기구에서도 관련 논의들이 상호영향을 미치며 국제 인권규범을 형성해 간다(제 3장).

이 책의 제 1부는 먼저 인권개념의 발전, 초국적 인권운동 그리고 유엔 인권 메커니즘을 다루었다. 구체적인 사례 분석에 들어가기 전에 그 배경을 이해하도록 돕고자 했다.

책이 소개하는 사례들

제 2부는 구체적 사례들을 소개한다. 이 책에서 다룬 6가지 사례는 필자가 유엔 인권소위원회와 인권이사회 자문위원회에 NGO 구성원으로서 또는 위원으로서 참여하면서 관여한 이슈들이다.

첫 번째 사례인 이주노동자 문제와 초국적기업 관련 이슈는 1970년대 이후 국제 분업이 발전하며 가시화하였다. 1990년대 세계화와 함께 노동과 자본이 국제 차원으로 확장됨에 따라 두 이슈는 국제사회의 다급한 관심사가 되었다. 이주노동자 문제는 일찍부터 제기되었고 이를 다룬 국제규약도 설립되었다. 그러나 노동자를 받아들이는 선진산업국들이 참여하지 않은 탓에 이 규약은 반쪽짜리에 머물렀다. 이러한 어려움은 초국적기업 문제에서도 여실히 드러난다. 이 영역에서는 규약이 아예 논의조차 되지 못하였고 관련 지침(guideline)만 수립되는 데에 그쳤다. 이 과정에서 시민단체들의 입장도 변하였는데, 이는 합의에 이르지 못하는 세계사회의 현실, 이를 향한 시민단체들의 저항과 적응을 반영한다(제4장).

이어지는 평화권 문제에서는 평화를 인권이 존중받는 사회를 만들기 위한 필수 조건으로서 인식하는 데에서 더 나아가, 인간의 기본적 권리 중 하나로 개념화하고자 하는 노력을 다루었다. 여기에서도 주요 국제 NGO의 역할이 두드러졌다. 그러나 평화가 세계 모든 사람, 모든 국가의 염원임에도 불구하고, 평화권이라는 개념을 둘러싸고 선진국과 개발도상국, 또는 동서 진영 간에 입장이 확연히 갈라졌다(제5장).

식량권과 노인인권이라는 더 보편적인 인권 문제에서도 비슷한 상황을 포착하였다. 식량권과 관련하여, 빈곤은 세계사회가 가장 우선적으로 극복해야 하는 문제다. 유엔은 새천년을 맞으며 수립한 새천년발전목표(Millennium Development Goals: MDGs)에서 빈곤을 최우선 해결 과제로 삼았다. 새천년발전목표를 확대한 2015년의 지속가능발전목표(Sustainable Development Goals: SDGs)에도 빈곤 퇴치는 첫 번째 목표로 올랐다. 빈곤 극복은 자유권에서 사회권으로 인권의 지평이 확대되는 과정에서 중요한 부분을 차지한다. 식량권이 기본적 권리, 즉 인권의 한 영역이라는 믿음이 확산되고 있기 때문이다. 유엔 인권위원회는 오래전부터 식량권 특별보고관을 두었으며, 인권이사회 자문위원회는 식량권 실현을 위한 소그룹을 만들어 다각적인 연구보고서를 인권이사회에 제출했다. 그 과정에서 식량부족을 가장 심각하게 겪는 사람들이 농민이라는 사실이 드러났고, 많은 이들이 농민권리선언 제정을 위해 노력했다. 여기에는 비아 캄페시나(Via Campesina)라는 국제NGO의 역할이 중요했다. 그러나 어김없이 선진국과 개발도상국 간 의견 차이로 갈등이 나타났다(제6장).

한편 유엔은 노인인권 문제를 개발 관점에서 논의하였을 뿐, 본격적인 인권 문제로 접근하지는 않았다. 아동, 여성, 장애인 등 다른 사회적 약자 집단의 권리에 대해서는 이미 규약을 설립한 것과 대비되는 대응이었다. 지역과 경제적 수준을 막론하고 고령화가 진전되는 오늘날, 노인인권규약 제정을 위한 초국적 사회운동이 활발하게 전개되고 있다. 그러나 유엔 회원국 중 원조를 제공하는 국가들은 규약을 제정하고 실현하는 과정에 필요한 비용을 염려하는 기색이 역력하다(제7장).

다음 두 사례는 다소 특수한 인권침해 문제이다. 유엔은 이를 좀더 보편적인 인권 이슈로 개념화했다. 먼저 카스트 차별 문제는 필자가 인권소위원회에서 특별보고관으로서 직접 조사하고 기록한 이슈이다. 아직도 카스트 제도로 인한 인권침해가 심각한 인도, 네팔, 파키스탄, 방글라데시 등에서 활동하는 여러 지역(local) NGO의 노력을 살펴보았다. 또한 코펜하겐에 본부를 둔 국제NGO 국제달리트연대네트워크(International Dalit Solidarity Network: IDSN)가 지역NGO들과 유엔을 연결하며 필자의 조사에 도움을 준 과정에도 주목했다(제8장).

마지막 사례인 일본군 위안부 문제는 필자가 NGO의 일원으로 활동하며 유엔에 문제 제기한 경험에 기초하여 정리한 것이다. 국내 활동에 더해 아시아 여러 나라들의 NGO와 연대하며 유엔에 문제를 제기하는 데 한국정신대문제대책협의회[1]의 활동이 중심이 되었다. 이와 함께, 유엔의 주요 보고서와 권고가 일본 정부에 큰 압박을 주었다(제9장).

인권규범의 발전과 참여하는 행위자

사례들을 분석하면서 유엔에 인권 문제를 제기하고 새로운 규범을 만드는 행위자들을 〈그림 1〉과 같이 요약할 수 있었다. 새로운 문제를 제기하는 것은 피해자 집단 및 그들을 지지하는 NGO이다. 하지만 이와 관련한 새로운 규범이 형성되는 데에는 국제NGO의 역할이 크다. 그리고 그 활동의 무대이자 인권규범이 형성되는 곳은 유엔이다. 유엔의 여러 기관이 논의를 나누고 서로 소통하면서 규범이 형성되는 것이다.

이렇게 피해자, NGO, 국제NGO가 유엔에서 활동함으로써 인권 상황이 진보했다는 사실은 곳곳에서 확인할 수 있다. 초국적기업 관련 논의는 꽤 명확하고 광범위한 효과를 일으켰다. 비록 기업의 인권침해를 직접 모니터링하는 체제를 만드는 데는 실패했지만, 오늘날 초국적기업 이슈는 가장 활발한 인권 의제가 되었고 세계사회의 기대감도 크다. 평화권의 구체적인 내용에 대해서는 합의에 이르지 못했지만, 평화권이 기본적인 인간의 권리라는 점에는 이제 이견이 없다. 식량권은 여전히 복지 문제로 환원되는 등 권리로서 인식되는 수준이 아직 낮다. 하지만 한편으로는 사회권 전반과 발전 영역을 아울러 유엔의 가장 중요한 과제로 떠올랐다. 노인인권규약도 점차 가시화되고 있다. 카스트 차별

---

1 2015년 12월 28일 한일외교장관합의에 반대하여 설립된 정의기억재단와 합쳐서 2018년 정의기억연대로 개편했다.

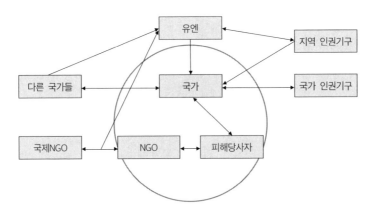

〈그림 1〉 인권규범 발전에 참여하는 행위자들

문제에서는 사람들의 인식이 매우 느리게 변화하는 반면 해당 국가들의 제도는 상당히 개선되었다. 더욱이 국제NGO의 활동은 여러 나라의 지역NGO들이 함께 연대하도록 촉진하고 그들의 역량을 강화하도록 이끌었다. 일본군 위안부 문제에서 법적 책임을 부정하는 일본 정부의 기본 입장에는 변화가 없지만, 시민사회의 인식, 각 정부의 피해자 지원 등에서는 획기적 진보가 일어났다. 아직도 폭력과 차별이 난무하는 세계사회에서 성실하고 꾸준한 인권 논의가 상황을 착실히 진보시키고 있다는 인식은 장기적 논의의 흐름에서 확인할 수 있다.

인권의 정치화

인권이 장기적으로 확실히 진보하고 있지만, 그 발전하는 속도가 왜 이렇게 느린지 설명하기 위해서는 여러 인권 논의에서 드러나는 국가 간 갈등과 분열을 좀더 자세히 짚고 넘어가야 할 필요가 있다.

인권이사회나 유엔총회 등 정부가 직접 구성하는 국제기구에서는 인권을 국가적 이해관계에 비추어 따지거나 정치적 블록을 형성하고 인권 문제에 대한 집단적 판단을 따르는 경향이 나타난다. 민간 전문가로 구성된 자문위원회 등의 기관도 이러한 상황에서 완전히 자유롭지 못하다. 인권이사회는 인권이사회 자문위원회가 논의한 내용을 보고받고 최종 결정을 내린다. 이때 관련 국가가 거세게 반발하면 문제가 생긴다. 카스트 차별에 대한 인도 정부의 반응, 티베트 및 위구르 문제에 대한 중국 정부의 태도, 일본군 위안부 문제에 대한 일본 정부의 반발이 대표적이다. 북한 인권 문제도 마찬가지다. 더욱이 해당 이슈를 둘러싸고 국가 간 갈등이 일어나기도 하며, 충돌이 매우 적나라하게 드러날 때도 있다. 이스라엘과 팔레스타인 사이에 일어나는 갈등, 일본과 한국을 비롯한 아시아 여러 나라가 부딪히는 역사교과서 문제, 일본군 위안부 문제도 그러한 예이다.

이러한 특정 이슈를 둘러싼 충돌보다도 일반적 사안을 둘러싼 국가 간 갈등이 더욱 심각한 문제이다. 얼핏 직접적인 이해관계가 가늠되지 않는 주제로 국가 간 편 가르기식 균열이 나타나는데, 바로 유엔에서 흔히 말하는 '같은 생각을 하는 집단'(like-minded group)의 형성이다. 이로 인해 때때로 유엔 내에 정치적 블록이 형성되는데, 이러한 정치적 그룹이 형성되면 인권의 정치화(politicization)를 초래하여 인권 보호와 증진에 걸림돌이 된다.[2] 이스라엘과 팔레스타인의 갈등이 전 세계적으로 정치적 블록을 형성하여 초국적 인권운동과 인도주의 지원에 영향을 미친다는 연구 결과도 있다(Habibi, 2007).

---

2 그 대표적인 예가 이슬람협력체(Organiztion of Islamic Cooperation: OIC)이다. 프리드먼(Freedman, 2015)을 참고하라.

2004년 유엔 인권위원회에서 제기된 여러 의제를 두고 각 위원국이 어떤 경향을 가지고 투표하였는지 분석한 결과도 인권 논의의 정치화를 잘 보여 준다.[3] 인권위원회에서 위원국 정부들은 각 의제에 대해 찬성, 반대, 기권 중 하나로 투표한다.

2004년 인권위원회가 표결에 붙인 의제 100여 개를 활용하여 국가와 의제 간의 이원모드 네트워크(*two-mode network*) 분석을 수행했는데, 의제에 대한 투표의 중첩성을 따라 계산한 국가들 간의 유사성 거리를 〈그림 2〉처럼 요약할 수 있었다. 그림에서 서로 먼 거리에 위치한 나라들은 대부분의 의제에서 서로 반대되는 투표를 했음을 의미하며, 가까이 있는 나라들은 많은 안건에서 서로 유사한 입장으로서 투표한 나라들이다. 〈그림 2〉를 보면 미국은 유엔 인권위원회의 의사결정과정에서 한쪽 극단에 위치한다. 호주, 일본, 한국 및 유럽연합 국가들은 미국과 유사한 입장을 취하고 있다. 반대 극단에는 중국을 중심으로 한 제3세계 국가 혹은 비동맹 국가들이 있다. 그 사이에 주요 중남미 국가들이 위치한다.

이 책에서 다룬 사례 중 일본군 위안부 문제와 카스트 차별과 같은 구체적 인권 침해 문제가 아닌, 좀더 일반적인 이슈(초국적기업, 평화권, 농민권리선언, 노인인권)에서 모두 이러한 국가 간 균열이 나타났다. 분열 양상은 각기 조금씩 다르지만, 결과적으로는 선진국과 개발도상국, 또는 동서 진영 사이의 골이 매우 뚜렷하게 드러났다. 미국 및 서유럽

---

3 2006년 인권이사회가 새롭게 설립된 후에는 정기회의만 1년에 세 번을 열게 되었다. 이전의 인권위원회는 연 1회 회의를 열었다. 2004년 이후 최근 경향은 분석하지 못했지만, 여러 이슈에서 드러난 결과로 보아, 대체로 분석한 내용과 유사할 것이라 생각한다.

〈그림 2〉 유엔 인권위원회 투표에서 국가들 간의 유사성 거리(2004년)

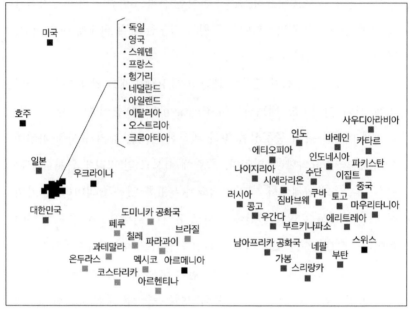

나라들과 중국, 러시아 및 아프리카 나라들이 각 영역의 중심이 되고 그
외 국가들이 각 중심에 결합하는 구조가 나타났다. 한국은 이 세 이슈에
서 모두 서방 선진국과 가까운 입장을 표했다.

　인권 이슈가 그 자체로서 숙고되기보다 분리와 융합의 구조 속에서
정치적으로 논의된다는 사실은 인권을 증진하고 인권개념을 발전시키
는 데에 심각한 폐해가 된다. 이는 인권 진보를 위해 세계사회가 극복해
야 할 중요한 과제라고 할 수 있다.

책의 이론적 목적

대략 다음과 같은 이론적 논의들에 기초해 이 책을 구상했다.

첫째, 국제정치학의 논의가 주로 국가 간 관계에 국한되는 데에 반하여, (세계) 시민사회의 도전이라는 새로운 시각을 부각하려 시도하였다. 유엔은 국가 간 기구이지만, 독립적 민간 전문가로 구성된 위원회를 곳곳에 배치하고 있다. 또한 인권 관련 의제들을 결정할 때에 비록 NGO들에게 투표권을 부여하지는 않지만, NGO가 의견을 개진할 수 있는 공간은 열어 두었다. 유엔은 이처럼 시민사회의 참여를 부분적으로 허용하지만, 국가 간 관계라는 국제사회의 고전적 질서를 근본적으로 흔드는 시도는 엄격히 제한해 왔다. 이러한 점에서 볼 때, 국가 간 관계에 도전하는 시민사회의 움직임은 오늘날 세계사회가 보여 주는 가장 새로운 형태의 역학이라 할 수 있다. 이러한 구도 속에서 인권침해 피해당사자나 NGO들이 어떻게 문제 제기를 시도하고 어려움을 헤쳐 나가는지 추적함으로써 새로운 분석틀을 만들고자 했다.

둘째, 초국적 사회운동론이 주목하는 대로 시민사회는 세계화되고 있지만 이러한 세계시민사회에 거꾸로 국가 간 관계가 투영되는 모습을 발견하고, 그 구조를 파악하여 새롭게 체계화하고자 했다. 앞선 첫 번째 이론적 시각이 국가 간 관계 중심의 국제관계에 도전하는 시민사회에 주목했다면, 두 번째 이론적 시각은 세계시민사회에 미치는 국가 간 관계의 영향력을 이해하려는 틀이다. 초국적 사회운동 연구에서 간혹 사회운동의 제국주의화라는 개념이 제시되기도 하지만 이에 대한 체계적 연구는 매우 드물다.

셋째, 유엔을 단지 국제인권법이나 국제정치학의 시각으로 다루는 연구 방법에서 벗어나, 국가들과 NGO들이 각축하는 하나의 '장'(場)으로 보는 사회학적 시각을 제시하고자 했다. 국제 규범이 형성되거나 인권침해 문제가 제기되고, 국가 간 정치적 관계가 벌어지는 상황에서도 궁극적으로는 인권이라는 보편적 가치를 추구해 나가는 역학이 작동하는 장으로서 유엔을 이해하는 사회구성적 시각을 구축하려 한 것이다.

이 연구는 각 사례를 분석하는 과정에서 국제NGO로 대표되는 시민사회의 개입을 고려하지 않고 국가 간 관계만 주목하면 인권규범의 형성을 제대로 분석할 수 없다는 점, 세계시민사회가 대부분 미국과 서유럽의 NGO에 의해 움직인다는 점, 그리고 유엔에서 국가와 NGO들이 만나 인권 의제를 함께 논의하고 새로운 규범을 만들어 가는 장을 형성한다는 점 등은 사례 분석을 통해 잘 보여 주었다고 생각한다.

또한 인권의 정치화, 즉 인권 의제 논의 곳곳에서 드러나는 국가 간 연합과 대립의 양상을 비중 있게 드러냈다. 이는 국가 간 관계에 도전하는 시민사회가 부딪친 한계를 보여 주는 것이기도 하다. 서구 중심의 국제NGO 활동도 이러한 문제의식을 뒷받침한다. 인권의 정치화에 관해서는 앞으로 더 체계적인 연구가 필요할 것이다.

연구를 지원해 준 연구재단과, 선뜻 출판을 허락해 준 나남출판의 조상호 회장께 깊은 감사를 드린다. 원고 정리에 도움을 준 서울대 사회학과 김소라 박사와 곽귀병 박사과정생에게도 고마움을 표한다. 국제 인권규범을 연구하고 인권을 위해 활동하는 이들에게 조금이나마 도움이 되기를 빈다.

2019년 6월
정진성

인권의 진보와
유엔

제1장   인권개념의 발전

인권이란 '한 개인이 인간으로서 혹은 인간이기 때문에 갖는 권리'를 말한다. 따라서 한 국가의 개인이 시민으로서, 시민이기 때문에 누리는 좁은 의미의 시민권과는 구별된다. 이러한 의미에서 인권은 국경과 문화를 초월하여 보편적 지위를 갖는다. 인권을 구성하는 세 가지 핵심적인 특성은 동등한 권리(*equal rights*), 양도할 수 없는 권리(*inalienable rights*), 보편적인 권리(*universal rights*)라 할 수 있다(Donnelly, 2003).

인권 의식이 성장하며 인권의 내용도 시민적 · 정치적 권리에서 경제적 · 사회적 · 문화적권리로 확대되어 왔다. 특히 급속한 세계화로 인해 국제적 협력, 국가 간 연대가 더욱 중요해지면서 평화권 · 환경권 · 발전권 등 연대에 기초한 권리가 새롭게 인식되기 시작했다. 개인을 넘어선 집단 차원에서 인권을 해석할 필요가 있다는 점이 주목된다(정진성 외, 2010: 26~28).

이러한 인권개념의 발전은 유엔을 중심으로 한 법적 규범으로 표현되어 왔는데, 이는 국경과 문화를 초월하는 인권의 보편성을 향한 믿음에 기초한 것이다. 지구 곳곳에서 보편성에 대한 의문도 제기되지만, 세계

사회는 인권의 보편성을 실현하기 위해 꾸준히 노력하고 있다.

1. 인권의 기본개념과 내용의 진화

인권은 '인간이기 때문에 갖는 양도할 수 없는 권리'가 존재한다는 매우 철학적인 믿음이 발전한 결과물이다. 이 믿음을 사회에서 실현하기 위한 노력으로써 발전해 온 인권법[1]은 그 사회적 반영물이라 할 수 있다. 1948년 세계인권선언(Universal Declaration of Human Right)을 필두로 국제사회는 인권을 보편적 가치로서 정립하기 시작했다. 1966년에는 '시민적·정치적 권리에 관한 국제규약'(International Covenant on Civil and Political Rights: CCPR, 이하 자유권규약)과 '경제적·사회적·문화적 권리에 관한 국제규약'(International Covenant on Economic, Social and Cultural Rights: CESCR, 이하 사회권규약)을 제정하여 인권의 토대를 구축하였다.

1970년대 이후로 정치학, 사회학을 비롯한 여러 사회과학 분야에서 인권을 키워드로 삼은 연구가 발전하기 시작했다. 인권을 효과적으로 실현하기 위해서는 사회적 맥락에서 인권을 이해해야 한다는 문제의식에 따른 것이었다. 여기서 사회적 맥락은 개인으로부터 개인과 사회의 관계, 국제관계까지 확대되어 왔다.

인권개념은 지난 몇 세기 동안 여러 사회적 변화와 함께 꾸준히 진화

---

1 대표적으로 1215년 영국의 마그나카르타를 비롯하여 1945년 이후 제정된 보편적 인권선언 및 자유권규약과 사회권규약 등 유엔의 여러 국제인권법을 들 수 있다.

해 왔다. 노동자·여성·인종 차별에 대항한 정치적 투쟁은 인권을 향유할 주체를 지속적으로 확대하였고,2 기본적 인권규범이 담은 내용과 가치도 끊임없이 발전했다. 인권의 개념은 그 발전상에 따라 세 단계로 구분할 수 있다. 인권관념은 시민적·정치적 권리(자유권)에서 시작하여(첫째 단계) 경제적·사회적·문화적 권리(사회권)로 발전했다(둘째 단계). 오늘날 인권개념은 형제애와 국제적 협력을 포괄하는 데에 이르렀다(셋째 단계)(Donnelly, 1989: 143~144).

첫째 단계에서 인권이란 보편적 권리로서 인간이라면 누구나 평등하게 가진 권리를 뜻하며, 이에 대한 침해는 즉각 시정되어야 한다. 둘째 단계에서는 사회의 모든 성원이 최소한의 경제적·문화적 가치와 사회적 존중을 누리도록 할 정부의 적극적 책임에 집중한다. 개인적 권리에서 출발한 인권개념에 사회적(social) 시각이 포함되기 시작한 것이다. 셋째 단계에서는 단일국가를 넘어선 국제사회의 책임을 촉구하는 인권개념이 등장한다. 한 사회의 성원뿐 아니라 세계 모든 사람이 함께 인권을 누려야 한다는 관점이다. 세계 모든 지역과 사람들은 서로 밀접한 영향을 미치며 함께 발전한다는 믿음, 국제협력이 낙후된 지역의 발전을 촉진한다는 사회발전의 시각으로 해석될 수 있다.

한편 전후기와 냉전기를 거치면서 형성된 정치적인 입장 때문에 시민적·정치적 권리와 경제적·사회적·문화적 권리를 각 국가가 달리 인식하는 측면이 있다. 서구 선진산업국은 자유권이 인권의 핵심이라 믿

---

2 근대 초에는 국가권력이 어느 때보다 막강했고, 시장 자본주의는 냉혹했다. 그래서 이러한 현실에 대응하는 개인의 자연권이 매우 중요했다. 이때 개인은 재산을 소유한 남성으로 제한되었고, 하인이나 임노동자, 여성 등은 권리를 보유한 개인으로 인정받지 못했다(Donnelly, 2003).

지만, 사회주의 및 제 3세계 국가들은 경제적 권리의 중요성을 강하게 주장한다. 유엔에서도 이러한 인식의 차이가 부딪혀, 결국 자유권규약과 사회권규약이 나뉘어 제정되었다. 지금까지도 각국은 인권 사안별로 대립하며, 3세대 인권에 이르러서는 더욱 날카롭게 맞부딪고 있다. 서구 선진국은 발전권이나 평화권 등에 특정 집단의 이해관계가 연관될 위험을 지적하며 이를 권리의 새로운 형태로 굳이 인정해야 할지 묻는다. 반면 제 3세계에게 이 권리들은 생존 문제로 다가온다.

두 입장의 대립에도 불구하고, 1, 2, 3세대라고 명명된 인권개념이 이전 세대의 개념을 대체하거나, 선진국 또는 개발도상국에게 더 중요한 성격의 권리를 각각 의미하지 않음은 분명하다. 예컨대 시민적·정치적 권리는 어느 국가에게든 여전히 중요하다. 경제적·사회적·문화적 권리 역시 제 3세계뿐 아니라 유럽 여러 국가들에게도 차별 및 배제와 맞물린 새로운 문제를 제기한다. 발전권, 환경권, 평화권 등 3세대 인권은 세계화를 겪는 모든 지역이 함께 경험하는 문제를 다룬다.

1) 1세대 인권: 시민적·정치적 권리

자본주의가 형성되며 봉건적 계급관계가 근본부터 변했다. 이 변화한 신분체계와 다른 한편에서 성립된 절대국가 사이에서 인권이라는 개념이 출현하였다. 새로 형성된 시민계급은 국가의 통치권으로부터 스스로를 보호할 권리를 주장했고, 여기에서부터 모든 인간이 가지며 양도가 불가능한 인권이라는 개념이 출발하였다. 사상·양심·종교·언론의 자유 등 시민적 권리와 국가의 일에 참여하고 국가를 통제할 수 있도록 하는 정치적 권리는 바로 국가를 상대로 한 개인의 소극적 또는 방어적 권리이다.

그중에서도 '인간의 완전성에 대한 권리'(*personal integrity rights*) 혹은 '신체 보존에 대한 권리'(*physical integrity rights*)는 시민적・정치적 권리의 핵심으로서 이후 인권의 지표화 과정에 큰 영향을 끼쳤다. 인간의 완전성에 대한 권리 또는 신체 보존에 대한 권리는 정부나 국가가 행사하는 육체적 억압으로부터 자유로울 개인의 권리를 뜻한다. 특히 사법외적 살인(*extrajudicial killings*), 고문 및 인간을 대상으로 한 의학적・과학적 실험, 강제노동, 정치적 구금, 강제실종 등을 금지하는 가장 기초적인 권리이다. 여기에 더해, 고전적 인권개념은 신체활동의 자유, 거주이전의 자유, 재산권 등을 함께 강조한다.[3] 우리는 이러한 시민적・정치적 권리를 1세대 인권이라고 부른다.

국제인권단체인 프리덤하우스(Freedom House)는 세계 국가들이 시민적・정치적 권리를 얼마나 잘 보장하는지 지수화한 《정치적・시민적 자유에 관한 비교 조사》(*Comparative Survey of Political and Civil Rights*)를 매년 발간해 왔다(정진성 외, 2010: 53~58).

2) 2세대 인권: 경제적・사회적・문화적 권리

독립적 개인을 전제로 하여 시민적・정치적 권리에 집중하던 것에서부터, 인권의 개념은 차츰 사회공동체에 참여하는 구성원의 권리로 외연을 넓혀 나가기 시작했다. 경제적・사회적・문화적 권리는 노동기본권, 사회보장 및 사회보험을 누릴 권리, 적절한 생활수준을 영위할 권

---

3 시민적・정치적 권리의 더 자세한 내용은 자유권규약(CCPR)을 참고하라.

리, 가능한 최상의 신체 및 정신 건강을 영위할 권리, 교육을 받을 권리 등으로 대표된다.[4] 또한 시민적·정치적 권리 개념에서는 인권침해 주체로서 저항의 대상이던 국가(정부)에게 거꾸로 적극적인 역할을 맡도록 요구한다. 사회권 개념은 바이마르헌법에서 처음 규정되어 시민적·정치적 권리에 비해 뒤늦게 등장하였다. 이후 사회권이 발전하는 데에는 국제노동기구(ILO)가 크게 기여했다. 주거권, 식량권(*right to food*), 식수권(*right to drinking water*) 등 경제적·사회적·문화적 권리를 둘러싼 논의가 세계사회에서 확대되고 있으며, 이러한 권리를 2세대 인권이라고 부른다.

시민적·정치적 권리와 경제적·사회적·문화적 권리는 사실상 긴밀하게 연관되어 있어서 명확하게 분리하기는 힘들다. 예컨대 여성의 권리에서는 교육권, 노동권과 같은 사회권이 중요한 부분을 차지한다. 하지만 이러한 권리가 성평등의 원칙 위에 서 있어야 한다는 점에서 두 차원의 권리가 서로 얽혀 하나의 실체를 구성한다.

그럼에도 불구하고, 두 권리의 성격은 다소 다르다. 특히 시민적·정치적 권리는 침해되었을 경우 즉각 시정되어야 하는 데 비해, 경제적·사회적·문화적 권리는 현실적으로 점진적 실현을 인정할 수 있다. 예컨대 경제적 조건(경제 수준과 평등 수준)이 충족되었을 때에 비로소 국민의 노동권이나 교육권, 생활권 등을 보장할 수 있을 것이다.

서구 선진국들이 시민적·정치적 권리의 중심성을 주장하는 데 비해, 제3세계나 사회주의 국가들은 경제적·사회적·문화적 권리를 더

---

4 경제적·사회적·문화적 권리의 더 자세한 내용은 사회권규약(CESCR)을 참고하라.

강조하는 경향이 있는 듯하다. 하지만 선진국을 포함한 세계 모든 나라가 경제적·사회적·문화적 권리를 점차 중요하게 인식하고 있는 것은 분명하다. 유엔 인권이사회(Human Rights Council)가 채택한 결의안을 보면,5 주거권, 교육권, 노동권 등 주요 권리뿐만 아니라, 식량권, 식수권, 선주민의 언어사용권, 다국적기업 문제, 빈곤 및 최빈곤(*extreme poverty*)의 문제, 한센병 환자의 권리, 에이즈 문제, 문화적 다양성의 존중 등 좀더 세분화된 사회권 사안으로 의제가 확대되고 있다. 시민적·정치적 권리에서도 종교의 자유나 표현의 자유 등 전통적 사안과 테러리즘 및 전쟁으로 인한 인권침해 문제로부터 과거 청산(*transitional justice*), 평화, 인신매매(*trafficking*) 등 사회 전반과 관련된 내용으로 논의의 범위가 확대되고 있다.

이 밖에도 소수집단, 여성, 장애인, 선주민, 난민, 이주자 문제 등이 사회권이라는 토대 위에서 광범위하게 논의된다. 사회 차원의 문제가 개인에게 영향을 미친다는 사실을 인식한 결과이다. 국제인권법은 개인의 권리에서 더 나아간 집단의 권리(*collective rights*)라는 개념을 받아들이기 시작했다. 이는 소수집단에 속한 특정 개인의 권리는 그 개인을 집단의 일원으로 파악해야만 더욱 명확해진다는 이해에 기초한 것이다.

1990년, UNDP는 《인간개발보고서》(*Human Development Report*)를 출판하여 인간개발지수(Human Development Index)를 발표하기 시작했다. 인간개발지수는 많은 국가의 상황을 비교분석하기 위해 매우 적은 수의 지표(실질국민소득, 교육수준, 문맹률, 평균수명)만을 사용한다.

---

5 유엔인권최고대표사무소(OHCHR) 웹페이지를 참고하라(http://www.ohchr.org/EN/HRBodies/HRC/Pages/Documents.aspx).

이 지수는 인권을 직접 측정하기 위해 고안된 것은 아니다. 하지만 노동, 교육, 건강 등 경제적·사회적 권리의 핵심을 관통하기 때문에 일반적으로 사회권을 측정하는 국제적 지표 중 하나로 사용된다(정진성 외, 2010: 40).

3) 3세대 인권: 연대의 권리

탈식민주의가 부상하고 독립을 성취한 제3세계 국가들의 개발 노력이 본격화하면서, 1, 2세대 인권과는 구별되는 3세대 인권개념이 주목을 받기 시작했다. 1세대와 2세대의 인권이 개인을 주체로 형성된 개념이라면, 3세대 인권은 권리의 주체로서 개인에 더하여 국가, 민족 그리고 집단에 주목한다. 또한 국제 차원의 협력과 소통을 개인 인권 증진에 중요한 기제로 보기 시작하며 발전권, 환경권, 평화권 등 새로운 권리 개념들이 떠올랐다. 이 권리들은 국가 간 관계를 전제로 개념을 구체화하므로 개별 국가 내부의 권리 침해 및 이에 대한 대응만으로는 이해할 수 없다.

대표적 3세대 인권인 발전권(*right to development*)은 "양도할 수 없는 인권으로서 모든 인권과 기본적인 자유가 온전히 그리고 점진적으로 실현될 수 있는 경제적·사회적·문화적·정치적 발전 과정에 참여하고, 기여하고, 이를 향유할 권리"라고 정의된다(발전권선언, 제1조 1항). 발전권은 1970년대 초에 거론되기 시작했다. 1970년대 말에는 유엔 인권위원회가 본격적으로 이를 논의하였고, 1986년에는 유엔총회가 발전권선언(Declaration on the Right to Development)을 채택하였다. 그 배경에는 1960년대에 대거 식민지 상태를 벗어난 독립국들의 경제적 발전이라는 세계사회의 중대한 과제가 있었다. 또한 빈곤은 다른 인권도 향유할 수 없도록 만든다는 인식이 폭넓게 자리 잡기 시작했는데, 서구 국가들이 개인의 경제적·사회적 권리로 빈곤 문제를 풀어 가려는 데 반해, 제3세계 국가들은 선진국을 비롯한 국제사회의 협력을 강조하며 이를 국제사회의 인권적 의무로 규정짓고자 한다.

선진국과 제3세계가 발전권 개념을 두고 서로 동의한다고 보기는 아직 어렵다. 하지만 개인의 발전이 사회의 발전과 연관되어 있고, 특히 개발도상국의 발전이 선진국의 협력을 통해 달성될 수 있다는 큰 틀에서는 합의가 존재한다. 이러한 점에서 경제적·사회적·문화적 권리가 한 단계 앞으로 나아갔다고 볼 수 있다(박찬운, 1999: 291~295). 1993년 비엔나에서 열린 세계인권회의(World Conference on Human Rights)를 비롯해 많은 세계회의가 발전권을 재차 확인했다. 1998년 유엔 인권위원회(결의 1998/72)와 경제사회이사회(결정 1998/269)는 '발전권에 관한 정부간 실무그룹'(Intergovernmental Working Group on the Right to Development)을 설립했다. 이 실무그룹은 발전권선언이 국가적·국제적 차원에서 잘 실행되고 있는지 점검하고(monitor), 국가와 유엔기구 및 NGO가 제출한 보고서나 기타 정보를 검토하여 매 회기마다 인권위원회에 보고서로 제출하는 임무를 맡았다. 이 실무그룹은 2019년 현재까지 계속 활동 중이다.[6]

발전권을 양도할 수 없는 인권으로 인정해야 한다는 주장은 국가적·국제적 자원을 청구할 권리가 발전권에 포함되어야 한다는 의미이기도

---

6 자세한 내용은 유엔인권최고대표사무소의 웹페이지를 참고하라(https://www.ohchr.org/en/issues/development/pages/wgrighttodevelopmnet.aspx).

하다. 발전권 이행에 기여할 의무를 국가 및 개인을 포함한 행위자에게 부여한 것이다. 이에 따르면 국가는 발전권을 구성하는 각 권리를 이행하기 위해 필요한 정책을 도입하는 것으로 자신의 의무를 시작하여야 한다. 그리고 다자간·양자간 국제협력이 이를 보완해야 한다(센굽타, 2010: 78).

발전권에 대한 세계적 관심이 커지면서 몇 가지 쟁점도 함께 논의되었다. 먼저 발전권이 종종 집단적 권리7로 해석되면서 발전권에서의 개인적 권리가 경시될 위험이 있다는 점이다. 또 다른 쟁점은 다른 대부분의 인권에서는 개인의 권리와 국가의 의무가 비교적 명확한 데 비해, 발전권에서 권리와 의무의 주체가 모호하다는 점이다. 그 외에도 발전권의 내용이 시민적·정치적 권리 및 경제적·사회적·문화적 권리와 많은 부분 중첩된다는 지적도 있다(박찬운, 1999: 300~303).

발전권이 주목받으면서 환경과 평화를 새롭게 권리로 규정한 환경권, 평화권8 등도 등장했다. 국제협력의 필요성도 더욱 강조되었다.

2. 인권의 국제화(*internationalization*)

국제 인권레짐이 유엔을 중심으로 형성되고 실행력을 가질 수 있는 것은 인권의 보편성에 대한 신념, 그리고 인권을 보호하는 기제가 한 국가

---

7 집단적 권리는 개인보다도 집단적으로 주장되었을 때 더 효과적인 권리를 의미한다. 소수집단, 선주민의 권리 등을 중심으로 차츰 인정받기 시작하고 있으나 아직 논쟁적이다.
8 평화권은 제6장에서 자세하게 논의한다.

의 경계를 넘어서도 작동해야 한다는 믿음 위에서 가능하다.

1) 자연법사상

인권의 보편성은 자연법사상에서 확립되었다. 자연법사상은 만인의 만인에 대한 투쟁이라는 자연 상태에서 서로의 권리를 인정함으로써 사회가 등장하였다고 이해한 근대사회의 사상적 기반이었다. 이러한 관념은 17세기 자연법 사상가인 존 로크(John Locke)에게까지 거슬러 올라간다. 국가가 제정하거나 인정한 실정법 및 관습법과는 다르게, 자연법이란 자연의 이치로서 인간 이성을 통해 발견할 수 있는 바른 질서를 구성하는 법이다. 이 자연법은 인간이기 때문에 인정되는 생득적이고 고유한 권리, 즉 자연권을 규정한다. 자연권은 자연의 이치에서 온 본래적 권리이므로 어떤 국가 구조에도 기본이 되며, 모든 정부가 존중하여야 한다. 이를 강조하는 의미에서 자연권을 '천부인권'이라 부르기도 하였다. 세계인권선언과 유엔헌장은 모두 자연법사상에 기초한 천부인권론에 기초한다(Donnelly, 1989: 스기하라, 1995).

2) 국제적 차원에서의 보편적 인권

국제 차원에서 보편적 인권개념이 등장한 것은 사회가 진보한 데에 따른 결과였다(반보벤, 1986: 74). 천부인권 사상이 처음 등장했을 때에는 당시 서구 사회의 시대적 한계, 즉 재산을 소유한 남성의 권리만을 대변한다는 한계를 내포하고 있었다. 17세기 서구 정치이론 및 실천에서 인권이 주류로 떠올랐을 때에도 주로 한 국가 내 문제에 국한되었다.

제 2차 세계대전으로 전 세계가 불안과 혼란을 경험하자, 인권은 세계적으로 심각한 문제로서 인식되며 국제관계에서 중요한 위치를 차지하기 시작했다. 오늘날 인권 문제는 외교에 중요한 변수로 작용하며, 국제인권법과 인권기구들은 국내 및 국가 간 문제를 다룰 뿐 아니라 한 국가 내에서 해결하지 못한 인권 문제를 호소하는 장이 되기도 한다.

1948년 세계인권선언 채택 이후 유엔은 꾸준히 보편적 인권규범을 발전시켜 왔다. 1950, 1960년대에 식민지 국가들이 연이어 독립하면서 유엔 회원국 구성에 큰 변화가 일어났다. 이와 함께 법적 구속력이 없는 세계인권선언의 한계를 극복하기 위해 1965년에 '모든 형태의 인종 차별 철폐에 관한 국제협약'(Convention on the Elimination of All Forms of Racial Discrimination: CERD, 이하 인종차별철폐협약), 1966에는 자유권규약과 사회권규약이 제정되었다. 그 후 변화는 더욱 빨라졌다. 1967년에는 유엔 인권위원회가 특정 국가 내 인권 문제를 논의하고 결의를 할 수 있게 되었고, 1968년에는 이스라엘 점령지의 인권 상황을 확인하기 위해 특별조사위원회가 구성되는 등 여러 움직임이 나타났다. 비록 변화는 제한적이었으나 그 상징적 중요성은 매우 컸다. 인권을 억압하는 국가나 사회에 세계사회가 유엔을 중심으로 개입하는 것을 정당화했기 때문이다. 1979년 '여성에 대한 모든 형태의 차별 철폐에 관한 협약'(Convention on the Elimination of All Forms of Discrimination against Women: CEDAW, 이하 여성차별철폐협약), 1984년 '고문 및 그 밖의 잔혹한 비인도적인 또는 굴욕적인 대우나 처벌의 방지에 관한 협약'(Convention against Torture and Other Cruel, Inhuman or Degrading Treatment or Punishment: CAT, 이하 고문방지협약), 1986년 유엔총회의 발전권선언, 1989년 '아동의 권리에 관한 협약'(Convention on the Rights

of the Child: CRC, 이하 아동권리협약), 1998년 설립이 결의되어 2002
년에 설치된 국제형사재판소(ICC)에 이르기까지 이러한 변화는 계속되
고 있다. 한편 외교에서도 인권 문제가 개입되며 점점 더 중요해진다.
미국의 대외원조 정책이 대표적 사례다(Donnelly, 2003).

  보편적 인권의 국제적 기준이 형성되는 이러한 과정에 주목한 연구도
증가하는 추세다. 특히 신제도주의로부터 발전한 세계정체이론(*world
polity theory*)은 글로벌 문화 및 모델이 특정 국가의 역사적, 문화적 상
황을 넘어서 전 세계로 확산되는 과정에 주목한다. 이 이론은 인권제
도, 인권운동 및 인권과 관련된 문화와 교육 등이 전 세계적으로 확산을
거듭해 왔으며, 정당한 문화체계로서 일상생활에 자리 잡았다고 주장
한다. 특히, 세계사회와 더 밀접하게 연결된 혹은 더 깊게 편입된 국가
와 국민일수록 인권 원칙을 더 적극적으로 받아들인다는 것이다(정진성
외, 2014: 403).

  실증적인 양적연구도 찾아볼 수 있다. 카멘스(Kamens, 2012)는 세
계가치조사(World Values Survey: WVS) 결과를 시계열적으로 분석하
고, 이를 토대로 다양한 사회적 약자에 대한 개인의 관용도가 점차 높아
지고 있으며 이는 개인적 인권 의식이 확산한다는 중요한 근거라고 주
장한다. 점점 더 많은 사람이 근대적 국민국가 패러다임에서 중시하던
권위나 위계에 비판적 관점을 갖고 스스로를 세계시민으로서 호명하고
있다. 카멘스를 비롯한 세계정체 이론가들은 개인들의 인식과 태도에
서 나타나는 이러한 변화의 저변에 '진보'와 '정의'를 핵심적 가치로 하는
세계문화적 원칙이 다양한 제도적 행위자들을 통해 확산되는 구조적 조
건이 자리 잡고 있다고 본다. 합리적 지식과 과학으로 무장한 지식인,
과학자, 전문가 집단이 이러한 세계문화적 원칙을 확산시키는 데 중요

한 역할을 하며, NGO를 포함한 국제기구 행위자들 역시 보편주의적인 세계문화를 전파하는 데 결정적인 역할을 담당한다고 주장한다(정진성 외, 2014: 409).

3. 보편성에 대한 도전

인권개념이 국제화하는 과정에서 인권의 보편성에 대한 문제 제기가 일어났다. 세계인권선언을 비롯하여 국제법상 효력을 갖는 여러 인권조약은 고전적인 서구식 인권개념을 계승하였으며, 유엔을 비롯해 인권을 다루는 많은 국제기구가 강대국을 중심으로 설립·운영되었다는 사실이 지적되었다. 보편적 인권관념이 비서구 지역에 적합한지 의문이 제기되는 것이다. 이에 더해 인권이 외교에서 중요한 문제로 떠오르며 서구 국가들이 드러낸 이중기준, 즉 자신들의 이해와 이익 내에서만 인권을 적용하는 태도는 제3세계의 특수성 주장, 곧 인권이 각 사회의 역사와 문화·정치·경제 상황에 따라 다르게 나타난다는 주장을 더욱 강화하고 있다.

　인권의 보편성에 대한 도전은 특히 아시아 지역에서 강하게 일어났다. 1993년 비엔나 세계인권회의 아시아 지역 준비모임에서 중국 및 말레이시아, 인도네시아 등 동남아 국가를 중심으로 이른바 '아시아적 가치' 논의가 제기되었다. 이는 인권의 보편성 주장에 강하게 도전하며 보편성과 특수성 사이의 논쟁에 불을 지폈다(이원웅, 1998: 12).

　특수성을 주장하는 학자들은 인권이 사회 구성원 간의 부단한 상호작용 속에서 발전하며, 특유한 문화 및 역사적 경험, 경제적·정치적 조건에 영향을 받으므로 각 사회에서 특수한 형태를 띨 수밖에 없다고 강조한다. 또한 보편이라는 이름으로 포장된 서구적 관념을 지적하면서 인권의 특수성에 대한 감수성, 인권의 정의 및 이해를 둘러싼 다양한 논쟁과 토론을 통한 성찰적 이해가 필요하다고 지적한다. 그래서 이들은 때로 세계사회에서 당연시되는 인권개념에 맞서서 도전하고 비판을 가하기도 한다(정진성 외, 2014: 409~410).

1) 문화적 상대주의

문화적 상대주의는 현대 인권이론의 서구 중심성을 비판하고 문화와 가치의 다양성에 기반을 둔 인권의 다원성을 주장한다. 문화적 상대주의 관점에서는 인간의 생물학적 본성 자체가 문화적 상대성을 가진다. 또한 개인을 구성하는 문화적 요소가 미치는 영향은 서로 다른 문화에서 뚜렷이 서로 다른 사회적 유형을 낳는다. 그러므로 문화적 상대주의는 인권이라는 윤리적 가치 역시 보편적 성격만을 가지는 것이 아니며, 역사적·문화적 특수성을 띤다고 전제한다. 그러므로 사회 형태나 발전 단계의 다양성에 따라 인권의 다양성도 인정해야 한다는 것이다. 이를테면 이슬람 여성들이 베일로 얼굴을 가리는 행위는 문화적인 차이일 뿐, 이러한 차이가 인간 본연의 권리를 침해하지는 않는다는 설명이다 (Donnelly, 1989: Donnelly, 2003).

문화적 경계를 넘어선 보편적 기준을 확립하는 데에 가장 어려운 점은 각자의 전통이 그 내적인 구조를 가지고 있고 이를 형성하는 법칙과 기준도 그 내부로부터 기원한다는 사실이다. 하나의 문화적 전통이 다른 문화적 전통과 만나면 서로 적대적인 태도를 드러내기도 한다. 또한 권력을 가진 계급이 그 사회의 구성원을 사회에 순응시키기 위해 공공연히 자기 전통에 대한 우월감을 확립하도록 하고 다른 문화에 속한 사람들을 비인간적 존재로 간주하는 사례도 있다. 이러한 문화적 · 사회적 관행은 많은 사람의 인권이 침해되는 상황을 초래한다. [9]

2) 경제 발전과 안보

기존 인권관념이 서구적 개념이고, 인권을 모든 개별적 인간뿐 아니라 집단에 부여된 권리로 보아야 한다는 주장을 주로 제3세계 지도자들이 정치적 선언처럼 제기해 왔다. 사실상 인권개념의 역사적 기원은 인간이 집단을 형성하기 시작하던 문명 초기로 거슬러 올라간다. 하지만 인권이 처음 구체화된 것은 서구의 근대화 과정에서였다.

오늘날 서구 국가들은 높은 수준의 사회적 · 경제적 · 법적 발전을 성취했지만, 제3세계에서 국민들이 국가에 우선 요구하는 것은 최소한의 의식주이다(Saksena, 1989). 따라서 국가 전체의 안보와 경제 발전을 위해 개인의 인권은 잠정적으로 유보되어도 어쩔 수 없다는 이른바 흥정논리(*trade-off*)가 제3세계를 중심으로 종종 제기되어 왔다. 사실 경

---

9 여러 이슬람 국가와 인도를 예로 들어 보자. 이슬람법인 샤리아(Shari'a)는 역사적으로 형성된 이슬람의 전통으로, 인권의 보편적 가치와 부딪히곤 한다. 특히 여성 및 비이슬람교도에 대한 억압, 종교의 자유 박탈 등은 가장 직접적으로 인권 문제를 야기한다(An-Na'im, 1990). 한편 전통적 인도 사회에서 인간의 존엄성은 인권이 아닌 의무와 위계질서의 문제다. 인간의 의무와 권리는 인간됨이 아닌 특수한 카스트, 나이, 성별에 의해서 구체화된다. 따라서 전통적 인도 사회는 인간 본성을 모든 인간에게 보편적인 속성이 아니라 개인과 개인, 집단과 집단에 따라 다른 것으로 이해한다(Donnelly, 1990).

제 발전과 안보를 명분으로 인권을 탄압하는 사례는 어렵지 않게 만날 수 있다. 최근까지의 한국과 싱가포르, 오늘날의 미얀마와 북한 등은 우리에게 가까운 일부 사례에 불과하다.

이처럼 제3세계 권위주의 국가들은 국가 발전이라는 광범위한 목표를 위해 인권을 제한할 수밖에 없다는 '인권유보이론'을 내세우거나, 아예 경제 발전 자체를 인권이라고 정의하기도 한다(Adamantia, 1989). '정치적 인권'이 인권의 다양한 내용 중 일부이자 특히 서구에서 강조되는 권리일 뿐이라고 주장하며, 생존권을 최우선적 인권으로서 강조하는 것이다. 따라서 이들은 국내 인권 문제에 간섭하는 대신 먼저 경제 개발을 원조하라고 선진국들에게 주문한다.

3) 서구 중심주의

특수성 주장은 종종 인권 억압을 합리화하는 데에 이용된다. 예컨대 경제 발전 및 안보를 위해 인권을 유보해야 한다거나 자국의 문화를 보존하기 위해 특정 문화적·사회적 행태를 억압할 필요가 있다는 주장은 대부분 그 사회의 주류 지배계급이 제기한다. 따라서 인권의 특수성을 주장하는 목소리에는 매우 면밀히 주의해야 한다.

그러나 다른 한편에서 인권개념의 보편성을 더 직접적으로 훼손하는 것은 바로 서구 중심주의이다.

(1) 개인주의적 관점

근대 서구라는 특정 시대, 특정 지역에서 형성된 '인간이기 때문에 가지는 양도할 수 없는 권리'라는 관념이 개인의 사유재산권을 중심으로 한,

지나치게 개인 중심적인 권리 관념이어서 공동체와 책임을 경시한다는 지적이 제기된다. 유엔의 초기 입장은 개인적 권리에 기울어져 있었으며, 1948년 세계인권선언도 마찬가지로 개인을 다양한 사회관계의 중심에 두었다. 이러한 서구적 인권개념은 지나친 개인주의의 폐해에 취약하며 시민사회에 존재하는 약육강식을 은폐하는 허구성을 띨 수 있다. 특히 소수민족 또는 약소국의 집단권을 포용할 수 없다는 점에서 치명적이다.

유엔의 전신인 국제연맹(League of Nations)에도 소수민족을 보호하기 위한 제도가 존재했으며, 그 뒤 민족자결권은 유엔의 전반적인 비식민지화 운동에 큰 역할을 해 왔다. 1968년 세계인권회의가 채택한 테헤란선언은 인권에 대한 이해가 개인주의적 접근을 넘어서 집단주의적 접근으로 발전한 획기적 계기로서 주목할 만하다.[10] 1986년의 발전권선언 또한 같은 맥락에서 이해할 수 있다. 그러나 이러한 집단에 대한 고려에도 불구하고 아직 인권관념은 대체로 서구 강대국 중심의 개인주의에 머물러 있다.

한편 개인과 공동체 중 무엇을 강조하느냐는 문제는 자본주의 진영과 사회주의 진영의 차이와도 연관된다. 서구 자본주의 국가가 주로 개인의 시민적·정치적 권리에 초점을 맞추는 반면, 사회주의 진영은 경제적·사회적·문화적 권리를 우선시했다. 이러한 관점 차이는 1966년 유엔이 자유권규약과 사회권규약을 별도 규약으로 각각 제정하도록 만들었다. 이후 1990년대에 냉전이 와해되자 자본주의와 사회주의 간의

---

10 테헤란선언은 반복해서 다량의 대규모적 인권 부정, 특히 식민주의의 결과로서의 "침략과 무력 분쟁 … 인종 차별 정책 및 관행에 따른 인권 부정"을 언급한다 (반보벤, 1986: 92).

인권관념 논쟁은 약화되었다.

그런데 이때 아시아 일부 지역에서[11] 서구 인권개념의 개인주의 지향을 비판하고 공동체적 가치를 주창하기 시작했다. 이른바 '아시아적 가치'(*Asian value*) 논쟁이다. 이를 지지하는 이들은 서구의 개인주의적 인권관념은 결국 가족과 공동체를 파괴한다고 비판하고, 가족과 공동체를 위해 개인의 욕구를 유보하여 권리와 책임을 동시에 강조함으로써 서구의 개인주의를 넘어서는 아시아적 가치를 추구해야 한다고 주장했다. 아시아적 가치는 민주주의를 부정하고 권위주의 통치를 합리화할 수 있다고 비판받았지만, 한편에서는 개인주의적 서구와 공동체적 아시아를 둘러싼 논쟁이 다각도로 진행되었다. 아시아적 가치가 무엇인지를 둘러싸고도 아시아 여러 나라에서 다양한 논의가 이루어졌다.

(2) 국제기구의 강대국 중심주의

유엔 등 국제기구가 강대국을 중심으로 설립, 운영되어 왔다는 사실은 인권의 보편성에 치명적 타격을 준다. 세계인권선언을 제정할 당시 아프리카와 아시아의 대다수 국가는 식민지 상태에 놓여 있었고 민족자결권조차 없었으므로 세계인권선언 초안 작성 및 채택에 참여할 수 없었다. 독립한 일부 아프리카, 아시아의 여러 국가들도 선언을 작성하는 초기 과정에만 참여했다. 각 대륙을 대표하는 참여국들[12]이 회의에 참석하지 못한 여러 민족의 문화 및 전통을 고려했다 하더라도, 이러한 노

---

11 싱가포르의 리콴유와 말레이시아의 마하티르가 주창자다.

12 제2차 세계대전의 잔혹상에 충격을 받아, 유엔은 인권위원회를 설립하였다. 당시 준비위원회를 구성한 국가는 호주, 칠레, 중국, 프랑스, 레바논, 영국, 미국, 소련의 8개국이었다.

력으로는 해당 민족의 직접적 참여를 대신할 수 없었다.

그 외에 유엔 운영에 미치는 강대국의 힘의 논리는 인권의 보편성을 실현하는 데에 큰 장애가 되고 있다. 대표적 예로 1993년 미국이 이라크를 침공할 당시 유엔은 침묵하였다. 또 강대국에서 어려움을 겪는 취약집단의 인권 문제는 소외되고 있다.[13]

(3) 국제 인권기구의 제도적 한계

한편 국제기구 자체가 강제력을 갖지 못하여 강대국의 패권주의 앞에 무력한 현실도 인권의 보편성 실현을 방해한다. 정치적 현실주의는 특히 이 점을 강조하며, 인간의 본성은 이기적이고 국제사회의 현실은 무정부 상태이므로 국가들의 행위를 제약할 수 있는 보편적 법칙은 존재할 수 없다고 본다.[14]

세계인권선언은 이행을 강제할 수 있는 구속력이 없어 단지 도덕적 가치를 지닐 뿐이다. 규약도 국가에 대한 구속력에 있어서는 다르지 않다. 가장 진보적이라는 유럽인권조약조차 제한적이다. 유럽인권재판소가 인권침해로 기소된 어떤 국가에게 유죄를 선고하더라도 판결을 직접 집행할 수는 없다. 판결과 관련해 적절한 결론을 내리고 조치하는 일은 유럽인권조약 제50조에 따라 해당 국가의 판단에 맡겨야 하기 때문이다(바삭, 986: 31). 국제노동기구도 강제력을 행사할 수 없기는 마찬가지다.[15]

---

13 예컨대 미국의 인디언 문제는 몇 년간의 노력에도 불구하고 회의 의제로 상정되지 못하고 있다.

14 국가에게는 자국의 이익이 우선이고 그러한 이익은 권력과 안보의 관점에서 정의되어야 한다고 현실주의자들은 주장한다(Donnelly, 2003: ch. 6).

4. 보편성에 대한 지향

인권 문제를 숙고할 때에 문화 차이를 고려할 필요는 있으나, 인권의 특수성을 주장하는 일이 인권을 억압하는 수단이 될 위험을 안고 있음을 앞서 확인하였다. 따라서 문화적 차이를 고려한 인권개념의 확충, 강대국 중심주의를 시정할 절차적 보편성의 확대에 주력함으로써 보편성을 지향하는 것이 오늘날 인권 상황에서 실현해야 할 목표라는 데 많은 사람이 동의한다.

1) 보편성 확립을 위한 조건

앞서 살펴보았듯 인권의 보편성을 실현하기 위해서는 문화 차이가 초래하는 인권에 대한 다른 해석, 각 나라들의 이중기준, 인권외교, 인권 문제에 정치적·경제적 이해관계의 논리를 적용하는 관행 등 극복해야 할 과제가 많다.

그럼에도 불구하고 인권이 보편적이라는 인식 또는 보편적 인권을 향한 열망은 점차 확산되는 듯하다. 17세기 자연법사상 이래 인권이라는 개념은 철학과 사회의 발전 및 세계화와 더불어 점차 확대, 발전해 왔다. 인권법과 인권기구도 국제 차원에서 계속 발전하고 있다. 오늘날 각국 경계 안에서 인권을 법제화하고 실현하는 문제는 더 이상 개별 국가의 사안으로만 양해되지 않는다. 인권침해 피해자들은 자신들의 문

---

15 일본군 위안부 문제의 경우, 유엔 인권위원회에서 일본 정부에 수차례 중요한 권고를 했으며, 국제노동기구도 일본 정부에 강력한 권고를 했다. 하지만 모두 글자 그대로 권고에 지나지 않았으며, 국제 여론의 압력을 일으켰을 뿐이었다.

제를 국제기구로 가져와 호소한다. 요컨대 현실에서 인권개념 및 실천을 완전한 보편적 가치로서 다함께 공유하는 것은 여전히 어려운 상황이지만, 보편성을 향한 지향은 분명히 나타나 꾸준히 진전하는 듯하다.

현실적으로 한 사회가 인권을 실현하기 위해서는 국내적으로 법적 체계를 정비하여야 하고, 대외적으로는 자결권을 보장받아야 한다. 이러한 조건은 인권 실현의 주체가 맡는 역할과 밀접히 연관되어 있다(바삭, 1986: 24~31). 또한 인권의 제도화는 공정한 절차를 통해 만인을 동등하게 대우하는 절차적 보편주의에 입각하여 이루어져야 한다(한상진, 1996: 24). 그러나 국내 및 국가 간 불평등이 존재하기 때문에 이러한 인권의 보편적 제도화는 아직 실현이 어렵다. 또한 대부분의 개발도상국에서는 낮은 경제 수준과 자원 부족이 인권, 특히 경제적·사회적·문화적 권리를 실현하는 데 중대한 장애가 된다. 이들 국가에서 사회권은 국가의 발전 수준, 자원의 이용 가능성 및 인구규모에 따라 점진적으로 실현될 수 있을 뿐이다(카타슈킨, 1986). 따라서 오늘날 국제협력과 연대는 인권 발전에 더욱 중요한 요소가 되고 있다.

2) 다문화주의, 상대적 보편주의 관점과 실천적 보편성 기획

한편으로는 인권관념이 천부적인 것이 아닌 지속적으로 발전하는 개념이라는 믿음, 다른 한편으로는 문화 또한 고정불변하는 것이 아니라 본질적으로 변화한다는 관점(Donnelly, 1989: 123)에 비추어, 인권의 보편성도 실천적으로 지향해야 하는 개념으로 이해해야 한다는 주장이 설득력 있다. 이러한 시각에서 보편성은 여러 문화가 가진 특유한 입장들 사이의 끊임없는 대화를 통해 실현될 수 있다. 인권이라는 공동 관심사에 접근하는 다양한 문화의 입장들을 충실히 받아들이는 다문화주의 시각을 가지고 강제 없는 합의의 가능성을 탐색하는 것이다(한상진, 1996: 15). 그 정당화의 방식은 서로 다를지라도, 우리는 각 전통과 문화가 인권의 근본적 내용과 중요성에 합의할 수 있다(테일러, 1996: 57~58)는 긍정적 기대를 할 수 있다.

이를 위하여 먼저 서구 중심주의의 한계를 넘어서는 일이 매우 중요하다. 앞서 보았듯 분명 서구는 다른 지역보다 먼저 확실한 개념으로서 인권을 발전시켰다. 이 인권개념은 기본적으로 개인의 권리 관념에 기초한다. 하지만 시민적·정치적 권리에서 경제적·사회적·문화적 권리로 발전하면서, 또 국제 차원의 권리로 확대되면서 인권은 개인과 집단의 관계를 고려하게 되었다. 보편성을 지향하는 과정에서 자유주의적·개인주의적 권리라는 시각에 공동체주의를 적절히 통합한 것이라 볼 수 있다.

이러한 관점에서, 인권이라는 보편적 가치를 서구적 유산으로 단정하기보다는 이를 여러 문화적 전통에서 적극적으로 찾아내려는 노력이 필요하다. 다니엘 벨은 토착적 전통문화 자원에서 인권이라는 가치를 끌어내는 일이 그 지역의 사람들로 하여금 인권이념과 관행에 더 강력하고 장기적으로 헌신하도록 하는 데에 효과적이라고 지적한다(벨, 1996: 53~55). 자신의 문화적 전통이 보편적 인권이념을 정당화하는 자원을 제공한다는 주장도 이어진다(벨, 1996: 47). 이러한 주장은 문화적 차이에도 불구하고 발견되는 인권의 가치를 제시함으로써 인권의 보편성을 더욱 강력하게 지지한다. 이슬람 여성운동의 입장을 중요한 예로 들 수 있다. 여러 국제적 인권규약 및 선언이 이슬람 사회의 종교적 규범 및 법률과는 대조되는 서구 특유의 문화 및 사상을 나타낼 뿐이라는 관점에 맞서, 이슬람 여성운동은 이슬람 전통이 이미 여성 및 비이슬람교도의 충분한 권리를 인정해 왔다고 주장한다. 코란의 핵심적 가치 및 에토스 또한 합리적·실천적·해방적 정의를 지향한다(오트만, 1996: 187~195)는 이들의 지적은 인권의 보편성을 확인하는 중요한 사례이다.

이러한 다문화주의 논의를 통해 볼 때, 우리는 인권을 천부적이고 고정불변하는 권리나 가치로 이해하기보다는 논쟁과 실천 속에서 범위를 확대해 나가야 할 대상으로 받아들일 수 있다. 절대적 가치와 구분하여 '상대적으로' 보편적인 가치라 인식하는 것이다. 역사적으로도 인권이 완전히 보편적이었던 사회는 존재하지 않았다. 즉, 어느 사회든 인권을 이해하는 데에 나름의 한계를 지니고 있다. 이는 거꾸로 어떤 사회든지 인권이라는 가치를 인정할 수 있는 나름의 도덕적·윤리적 기준을 가지고 있다는 사실로도 해석된다(Donnelly, 1989: 110~111).

상대적 보편주의는 문화적으로 결정된 사회적 규칙에 모든 권리가 완전히 의존한다고 보는 문화적 상대주의, 정치적 안정과 경제 성장을 위해 인권을 부차적인 것으로 보는 인권의 도구화를 전적으로 거부한다. 인간으로서 누구나 지닌 최소한의 권리로서의 인권과 인간의 존엄성도 문화적 차이에 따른 다양성을 융통성 있게 인정하면서 발전시켜 가야 한다는 입장인 것이다.

마크스(Marks) 등은 '보편주의'(universalism)는 특정한 인권개념을 경직되게 주장하는 것인 반면, '보편성'(universality)은 끊임없이 특수성을 포섭하면서 보편적 가치를 추구하는 지향성을 의미한다고 설명하면서, 보편적 인권이란 이러한 '보편성'을 지향하는 실천적 기획이라고 정의한 바 있다(Marks & Clapham, 2005: 385~398).

3) 인권의 여러 차원과 전략적 타협

인권의 개념 및 중요성을 두고 기본적인 합의에 이르렀다 해도 그 내용을 구체화하는 데에 있어서는 많은 문제에 부딪힐 수 있다. 여기서 좀더 폭넓은 해석을 시도하는 것이 중요하다. 상대적 비중이나 중요성을 근거로 인권을 분류하려는 시도는 확실히 위험하다. 그러나 절대 양보할 수 없는 보편적 가치로서 공유해야 할 차원의 인권과 문화적·정치적 상황에 따라 어느 정도 상대성을 인정할 수 있는 차원의 인권을 나누어 볼 수 있다. 예컨대 자유와 안전을 누릴 권리, 법적 지위를 보장받을 권리, 임의적 체포·구금·비인간적 대우로부터 보호받을 권리 등은 어떠한 문화적 조건에서라도 지켜야 할 인권의 내용이다(Donnelly, 1989: 122~123; 벨, 1996: 47). 그에 비해 몇몇 사회적·경제적 권리는 복지 발전에 따라 어느 정도 상대적으로 적용할 수 있을 것이다. 이는 앞서 논의한 인권유보론과는 전혀 다른 시각이다. 인권의 차원을 구분하는 구체적 내용에서는 이견이 있을 수 있다. 하지만 이렇게 차원을 나누어 근본적이라 생각되는 부분에서부터 합의를 이루고 점차적으로 합의 범위를 넓혀 가는 방법은 인권의 보편성을 지향하기에 적합한 전략이 될 것이다.

보편적 인권을 실현하기 위한 전략적 타협은 다양한 형태로 적용될 수 있다. 사회 특유의 문화적 관행과 인권이념 사이의 전략적 타협을 폭넓게 받아들일 수도 있을 것이다. 예컨대 여성 인권을 신장하기 위하여 더 근본적인 권리를 강하게 주장하면서, 그 대신 어떠한 종류의 문화적 관행은 인정할 수 있다.[16] 또 해당 문화를 유지하는 데 얼마나 중요한지에 따라 가치나 관행을 구분하거나, 오래된 가치와 새로운 가치를 분리하여 전략적 타협을 시도함으로써 인권관념을 둘러싼 타협 불가능한 듯 보이는 갈등을 완화할 수 있을 것이다(Donnelly, 1989: 123~124).

4) 제도적 정비와 NGO의 역할

보편적 인권을 어떻게 실현해 갈 것이냐는 문제는 더욱 중요하다. 국가·지역·국제 차원에서 인권 실현을 위한 제도를 정비하는 노력이 꾸준히 이루어지고 있다. 서구는 시민권 관련 제도를 비롯해 만인이 동등한 대우를 받을 수 있는 법적 체계를 발전시켜 왔으며, 그 성과는 최근 복지국가 형성에까지 이른다. 국가마다 사회적 조건이 다르지만, 인권을 실현하는 제도는 민주주의와 복지체제로 수렴하는 듯하다. 민주주의와 법치가 인권 논의에서 중요한 부분을 차지하는 이유이다. 국내적으로 인권을 실현하는 제도는 문화적·경제적·정치적 상황에 따라 다를 수 있으나, 그 차이를 과장하거나 억압의 도구로 사용하는 일이 없도록 세계사회가 감시해야 한다.

지역 인권기구는 효과적으로 인권을 실현하는 도구가 될 수 있다. 지역 내 개별 국가가 인권 상황을 서로 감시하고 개선을 촉구하도록 이끌면서 유엔 등 국제기구의 한계를 보완할 수 있기 때문이다. 임르 스자보는 지역기구가 권위주의를 옹호할 위험성을 경계하는 한편, 권리의 수준이나 이행의 수준 측면에서 보편적 인권체계에 새로운 요소를 더하는 경우에만 지역기구가 의미를 갖는다고 지적했다(스자보, 1986: 59~

---

16 여성할례처럼 여성의 신체에 치명적 영향을 미치는 관행은 즉시, 타협없이 중단되어야 한다. 반면 베일 착용과 같이 상대적으로 덜 시급한 문제에서는 시간을 두고 타협하며 개선해 나가는 전략을 사용할 수 있다.

60). 아시아에는 아직 지역 인권기구가 없지만, 이를 설립하기 위해 많은 이들이 노력을 기울이고 있다.

국내·지역·국제 차원의 인권제도를 정비하기 위해 NGO들이 기울이는 노력은 절대적이다. 이는 다음 장에서 더 자세히 살펴볼 것이다.

제2장　초국적 인권운동과
　　　　유엔에서의 NGO

오늘날 인권개념이 확산하고 인권상황이 진보하는 데 있어서 인권운동
의 역할은 가장 중심적이다. 인권은 실정법을 넘어 좀더 근본적인, 양
도할 수 없는 권리를 말한다. 그러나 이 인권개념을 법체계 안으로 포함
해 규정하려는 노력도 계속되었다. 그 결과, 세계인권선언과 유엔의 여
러 협약을 비롯한 여러 형태의 국제인권법이 설립되었으며, 헌법 등 국
내법도 인권개념을 반영하기 시작했다. 이러한 과정을 선도한 것이 바
로 인권운동이다.

　인권운동은 대표적인 초국적 사회운동이다. 특히 유엔을 중심으로
인권규범이 형성되고 있는 만큼, 인권운동 조직이 유엔에서 차지하는
위상과 역할은 매우 중요하다. 그런 의미에서, 인권운동은 한편으로는
사회운동의 발전 과정, 다른 한편으로는 유엔에서 NGO가 가지는 법적
지위의 정립이라는 두 흐름이 만나는 접점에서 이루어져 왔다고 볼 수
있다. 기존 연구들은 두 흐름 중 한 가지에만 집중하여 초국적 인권운동
의 완전한 모습을 파악하기 힘들었다. 이러한 문제의식에서, 여기에서
는 사회운동을 다룬 다양한 연구와 유엔의 문서를 다각적으로 참고하여

두 흐름을 함께 추적하고자 한다.

1. 초국적 사회운동과 인권운동의 세계화

1) 사회운동과 NGO, NPO

고전사회학에서 사회운동은 마르크스의 혁명론으로 대변되었다. 그러나 오늘날 사회운동은 혁명만으로는 집약될 수 없는 일상적 현상으로 나타난다. 운동의 중심에는 소수집단이나 약자집단이 있더라도, 양심적 지지자들의 협력 없이 사회운동이 성공하기는 이제 힘들다. 일본군위안부 문제나 이주민을 위한 운동이 이 사실을 잘 보여 준다. 또한 소수집단이나 피억압집단과 같은 피해당사자 없이도 어떠한 가치를 추구하며 사회제도를 바꾸려는 합리적 목표를 가진, 조직적이고 다각적인 집단행동이 사회 곳곳에서 형성되고 있다. 계급운동으로 대표되었던 구(舊) 사회운동이 공적 제도로 해결할 수 없는 사회적 모순을 시민들이 참여하여 개선하려는 신(新) 사회운동 또는 시민운동으로 바뀌고 있는 것이다. 서구와 일본에서는 1960년대 후반부터 이러한 변화가 나타났으며, 정부가 할 수 없는 일을 대신 수행한다는 의미에서 제3섹터 또는 시민활동이라고 부르기도 한다. 한국에서는 1990년대에 들어서며 두 형태의 사회운동이 공존하다가 차츰 시민운동이 정착하고 있다. 과거 사회운동이 정부 및 지배계급에 대항한 운동이었다면, 신사회운동은 시민들이 정부에 문제 제기를 하는 성격을 띠고 있으며 문제 해결을 위해 정부와 협력하는 경우도 많다.

이러한 새로운 형태의 사회운동을 설명하기 위해서 유럽을 중심으로는 가치지향이론이 발전하였고 미국에서는 계량적 분석에 기초한 자원동원론이 크게 확산하였다. 이후 양 이론을 종합하려는 시도로 구성주의적 사회운동론이 등장하였다. 이 이론에서는 정치적 기회구조, 동원구조, 인지과정(의미틀) 등이 사회운동을 일으키는 주요 변수로 논의된다.[1] 어떠한 이론이든 같은 가치 지향과 의미틀을 지닌, 또는 같은 목표를 추구하는 개인들이 모여 조직을 이루는 과정을 매우 중요하게 다룬다. 사회운동의 성공은 얼마나 많은 사람을 동원하느냐에 달려 있기 때문이다.

이익을 추구하지 않고 가치를 지향한다는 의미에서 이러한 사회운동 조직을 비영리단체(non-profit organization: NPO) 또는 정부기관이 아니라는 뜻에서 비정부기구(non-governmental organization: NGO)라고 부른다. 한국에서는 NGO라는 용어를 광범위하게 사용하지만 주로 행정 및 정치 분야에서 NPO라는 명칭도 많이 사용하고 있다. 후술할 바와 같이 NGO는 유엔에서 만들어진 용어이다. NPO와 NGO 모두 정의가 명확하지 않아 경계가 애매하지만, 정부기구가 아니며 이윤을 추구하지 않는다는 기본적 테두리는 존재한다.

근대사회에서 계급운동, 노동운동 등이 사회변혁을 이끌었던 것과 마찬가지로, 현대사회에서는 여러 형태의 신사회운동, 시민운동, 시민활동이 사회 개선을 이끌어 내는 중요한 사회적 행위자이다. 인권운동은 그 대표적 사례이다.

---

[1] 사회운동 이론을 정리한 내용은 홍일표(2004)를 참고하라

2) 사회운동의 세계화

(1) 초국적 인권운동

자원동원론이나 가치지향이론, 구성주의적 사회운동론 등은 새로운 형태의 운동을 설명하기 위한 중요한 분석틀을 제공했다. 하지만 사회운동이 점차 세계화되는 상황에는 주목하지 못했다. 그러나 오늘날에는 한 국가의 경계를 넘어서 세계 여러 나라의 단체들이 연대하는 형태의 사회운동이 전개되고 있다. 여성운동, 평화운동, 환경운동, 인권운동 등은 대표적인 초국적 사회운동이다.

인권운동에서는 다른 어떤 분야에서보다 초국적 연대가 중요하다. 예컨대 여성할례와 같은 문화적 관습이 심각한 여성인권침해라는 자각은 그 문화권 내에서는 이루어지기 힘들다. 그러므로 초국적 연대를 통해서만 그러한 관습을 폐지할 수 있을 것이다. 또한 환경 및 평화 문제가 이미 개별 국가의 차원을 넘어섰다는 사실은 앞서 3세대 인권을 논의하며 지적한 바 있다.

각 국가 내적인 시민사회 및 사회운동 역량이 해당 국가의 인권 상황을 개선하기 위해 가장 중요한 기본 조건이지만, 초국적 인권 네트워크는 국내에서 자원을 동원하고 정치권과 국가를 압박하는 일을 용이하게 한다. 이른바 부메랑효과(boomerang effect)나 나선형모델(spiral model)과 같은 개념으로 초국적 사회운동의 양상을 설명하기도 한다. 즉, 어떤 이슈를 한 국가 내에서 해결하기 불가능한 경우, 그 나라의 NGO는 국제NGO를 통해 해당 국가에 압력을 가한다는 것이다(정진성 외, 2010:123). 또한 설득, 압력, 전략적 양보, 규율 수립, 일상화, 제도화 등과 같은 국제적 차원의 장기적 사회화(socialization) 과정이라는 개념으로 초국적 인권운동을 설명하기도 한다(Keck & Sikkink 1998; Risse & Sikkink, 1999).

매캐덤(McAdam, 1982)은 구성주의 사회운동론이 지적한 기회구조가 초국적 사회운동에서는 중첩적으로 이루어진다고 분석했다. 정치적 기회구조란 인권 상황 개선에 대한 정치지도자의 의지, 국가의 정책결정과정에 인권을 지지하는 목소리가 잘 반영되도록 할 수 있는 정당정치의 조건, 법적 체제의 정비 등을 의미한다. 국제정치학과 사회운동론은 정치적 기회구조의 초국적 확장과 상호결합을 설명하기 위해 중첩적 기회구조(nested opportunity structure)라는 개념을 사용한다. 여기서 정치적 기회구조는 국내적(national)-국제적(international)-초국적(trans-national) 차원에 걸쳐 형성된다. 기회구조의 형성은 한 방향으로 이루어지는 것이 아니며 거꾸로 확대되기도 한다. 즉, 초국적 차원의 기회구조는 제한된 국내적 기회구조를 확대할 수 있다는 것이다. 예컨대 국제정치 공간에서 제공되는 새로운 기회구조를 활용하여 국내의 꽉 닫힌 정치적 기회구조를 압박함으로써 정책결정 공간에 접근할 수 있는 새로운 기회를 창출할 수 있다.

이렇게 국제 차원에서 정치적 기회구조는 한 국가 내에 머물지 않고 국제 인권레짐 창출과 관련한 역동적 관계를 발전시킨다. 이때 각 국가가 국제 인권레짐에 합류하도록 압박하는 일이 중요한데, 국내 NGO 및 국제NGO의 연대가 이 과정에서 핵심적 역할을 수행한다. 세계 여러 나라의 단체들이 이슈를 공유하며 인권침해 정부를 압박하는 '국제적 이슈 네트워크'(international issue network)를 구축하는 활동도 중요하다. 다른 한편, 세계화가 그 어느 때보다 국내 사회적·정치적 상황에 영향을 미치는 오늘날, 과거에는 각자 별개 이슈로 전개되었던 시민

적·정치적 권리 관련 운동 및 빈곤·노동·주거·교육 부문의 운동들
이 좀더 포괄적인 '사회정의'(social justice) 혹은 '지구적 정의'(global justice)라는 새로운 틀로 수렴되는 경향도 나타난다. 이에 따라 운동의
폭도 확장되어 국제적·지역적·국가적 층위에서 다양한 부문의 운동
간에 연대가 촉진되고 있다(정진성 외, 2010: 127~128).

　세계화와 함께 확산되는 위험(risk)이라는 차원에서도 인권을 다각적
으로 연구해야 할 필요성이 증대되고 있다. 최근 사회과학 전반에서 사
회적 위험이 주요 연구주제로 주목받는다. 여기서 위험이란 초기 근대
화의 단계를 넘어선 사회가 새롭게 부딪치는 사회적 불안, 모순, 문제
들을 일컫는다. 그러므로 위험은 근대사회에서 배태되어 자란 '근대의
역설'(paradox)이다. 위험사회를 다루는 대표적 논자인 벡(Beck)은 근
대사회가 직면한 위험이 공간적·시간적·사회적 차원에서 경계를 소
멸하며 확장된다고 보았다. 그중에서 특히 공간적 경계의 소멸이란 위
험이 국민국가의 경계를 넘어서 확대됨을 의미한다.[2] 기후변화는 그 중
요한 사례다. 인권침해 역시 국경을 넘어 확산되는 주요한 사회적 위험
으로 인식되며, 국가와 국가를 넘어선 다양한 행위자가 적극적으로 대
응해야 할 문제이다.

---

2 위험은 과거에 국한되는 것이 아니다. 미래로 곧바로 연결되어, 미래에 발생하
　게 될 가능성에 대한 계산으로 정의되기도 한다. 이러한 위험의 구조적 성격 때
　문에 위험은 객관적으로 존재하는 것인 동시에 사회적으로 구성되는 것이기도
　하다. 이는 실제로 존재하는 위험이 한 사회 내에서의 계급과 계층에 따라 다르
　게 인식된다는 사실에서도 확인할 수 있다(벡, 1997).

(2) NGO와 국제NGO의 역할

앞서 언급했듯, 신사회운동은 정부와 NGO들의 협력을 통해 발전하는 경우가 많다. 학자들은 초국적 사회운동 과정에서도 신념과 가치를 공유하는 NGO, 관료, 정부조직, 재단 등의 협력에 기초한 초국적 옹호망(*transnational advocacy networks*)이 매우 중요하다고 지적한다(Keck & Sikkink, 1998).

초국적 사회운동에서 NGO 및 국제NGO의 역할은 특히 중요하다. 슈미츠(Schmitz, 2000)는 국제 인권규범을 구축하는 데에 국제NGO가 중요한 영향을 미치며, 이들이 중심이 되어 초국적 인권 네트워크를 형성한다는 사실을 발견했다. 이 초국적 인권 네트워크는 국제 인권규범과 관련한 정보를 전 세계에 퍼뜨리고, 국가 단위 지역파트너를 후원한다. 더 나아가 국제 규범을 준수하기 꺼리는 국가들의 인권 현실을 폭로하고, 이 국가들에 우회적으로 정치적 압력을 가하기도 한다.

국제 인권규범의 발전과 국내적 이행 및 정착에도 초국적 사회운동의 영향은 중대하다. 국가 주권(*sovereignty*)을 제약받을 가능성에도 불구하고, 많은 국가가 국제적 인권 기준의 국내적 이행을 감시하는 유엔의 협약들을 비준하였다. 국가들이 국제 인권협약을 비준하고 준수하도록 함으로써 결국 국내 인권 상황을 개선하는 데에도 국제NGO의 역할은 중요하다. 세계정체이론(*world polity theory*)을 옹호하는 하프너-버턴(Hafner-Burton)과 츠츠이(Tsutsui)는 국제NGO가 지역시민사회에서 영향력을 강화하고 국가들이 느끼는 규범적 압력을 증대함으로써 점진적으로 인권을 개선하는 데 공헌한다고 주장한다(정진성 외, 2010: 87~88; 120~121).

온라인 공간은 초국적 사회운동이 형성되고 확대되는 데에 매우 중요하다. 통신 기술과 운송 수단의 발달은 초국적 만남의 기회를 물리적 공간을 넘어선 사이버 공간으로까지 확대했다. 이제는 시공간의 제약을 초월한 실시간 만남이 이루어진다. 주요 국제NGO들은 웹페이지에 매우 상세하고 풍부한 내용을 게시하고 전 세계 사람들에게 빠르게 정보를 제공하며 소통한다.[3] 사회운동에 참여하는 단체 간의 네트워크도 다양한 정보와 지식이 항상 공유됨으로써 더욱 강화된다. 이러한 변화와 함께 시민사회, 특히 여러 인권 단체는 미디어와 인터넷을 적극적으로 활용하고자 노력하고 있다. 물론 이러한 네트워크 강화 과정에도 정보인권, 정보격차 같은 한계와 장애물이 존재한다. 사회운동의 초국적 네트워크, 특히 온라인에서 주로 활용하는 언어가 영어라는 점도 문제다. 이는 초국적 사회운동의 서구 중심 경향 및 제3세계 NGO의 수동성을 강화하고 제3세계 활동가들 사이에 언어적 접근성으로 인한 기형적 관계를 발생시키는 요인이 된다.

2. 유엔을 통한 NGO 및 국제NGO의 활동

1) 국제NGO의 발전

국내 시민운동의 성장은 인권 상황을 개선하는 데에 매우 중요하다. 국내 시민사회와 사회운동에 초점을 맞추어 인권을 증진하기 위한 조건을

---

3 물론 온라인은 국내 차원에서도 새로운 형태의 사회운동을 확산한다. 온라인 사회운동에 관해서는 윤성이(2008)를 참고하라.

이해하려는 연구 또한 점차 강조된다. 그러나 앞서 논의한 것처럼, 인권이 세계화하면서 인권 개선을 위해 국제NGO가 맡는 역할도 세계적으로 증대하고 있다. 오늘날 주요 국제NGO는 약소국에 압력을 행사할 정도의 힘을 갖는다.

국제협회연합(Union of International Associations: UIA)은 현대 세계 사회에서 국제NGO의 역할이 커진 요인을 다음 세 가지로 요약한 바 있다. 첫째, 세계 여러 나라에서 시민운동이 활발해지고 NGO들이 급속도로 조직화되었다. 둘째, 세계 여러 나라 정부와 NGO들이 모여서 국제적 의제를 논의하는 유엔의 중요성이 커졌다. 셋째, 커뮤니케이션 기술이 획기적으로 발전했다(주성수 · 서영진, 2000: 18~19).

대표적 국제NGO인 국제앰네스티는 1961년 영국에서 설립되었으며 전 세계에 700만 명 이상의 회원을 가지고 있다.[4] 설립 후 곧바로 전 세계의 정치적 양심수 석방을 위한 운동을 시작했는데 그 반향이 놀라울 정도였다고 한다. 이후 양심수 석방 외에 여러 인권 이슈에 관여하여 의견을 내 왔는데, 이는 해당 정부에 직접적이고 중요한 영향을 미쳤다. 국제앰네스티는 매년 인권보고서를 발간하고, 카스트 차별 문제나 일본군 위안부 문제와 관련한 사회운동에도 참여했으며, 독재 반대 시위를 억압하려는 국가들을 비판했다. 유엔의 인권기구에 참여하여 서면 및 구두 발언을 하며, 세계의 억압받는 사람들을 대변하기 위해 개인통보 실무그룹(Working Group on Communication)[5]에 의견을 보내는 일

---

4 국제앰네스티 웹페이지를 참고하라(https://www.amnesty.org).
5 인권이사회 자문위원회 내에 설치되어 있다. 전 세계 사람들이 자신의 나라에서 해결하지 못한 인권 문제를 이 실무그룹에 제기할 수 있다. 실무그룹이 논의한 사항은 인권이사회가 최종적으로 판단한다.

을 돕기도 한다. 이러한 활동을 평가받아, 1977년에는 노벨평화상을 받았다. 국제앰네스티 외에도 국제법률가협의회(International Commission of Jurists), 휴먼라이츠워치(Human Rights Watch), 옥스팜(Oxfam), 그린피스(Green Peace) 등 여러 국제NGO가 다양한 인권 이슈에 영향을 미치고 있다.

국제NGO의 주된 활동 공간은 유엔과 현장이다. 즉, 이들의 핵심적인 역할은 한편으로는 유엔을 중심으로 인권 이슈를 제기하며 인권정책과 규범을 만드는 데 영향을 주고, 다른 한편으로는 인권침해 현장에서 지역NGO와 피해자를 돕고 침해국에 압력을 행사하는 일이다. 유엔에서 논의를 주도하는 것은 여전히 각 국가의 정부지만, NGO들은 무대 뒤편에서 문제를 발견하여 의미틀을 만들고(framing) 각 정부의 대표가 문제를 제기하도록 로비를 벌인다. 한편 주요 국제NGO들은 세계 각지에 사무실을 두고 현장을 방문한다. 1970년대 초 국제앰네스티 한국사무소 설립이 한국 인권운동의 중요한 기점이 되었다는 사실은 잘 알려져 있다. 국제앰네스티는 미국산 쇠고기 수입 반대 시위 때에 한국을 방문하여 시위 진압이 폭력적이었다고 한국 정부에 경고하기도 했다. 일본군 위안부 문제에도 여러 국제NGO가 개입해 왔다. 국제인권법률가협회는 1990년대 초에 일본군 위안부 문제를 조사하기 위해 한국과 일본, 필리핀을 방문 조사하고 보고서를 간행했다. 국제앰네스티와 휴먼라이츠워치는 2000년대 후반부터 일본군 위안부 문제에 목소리를 내고 유럽 등지에서 인식 확대 활동을 돕고 있다. 크리스틴 친킨(Christine Chinkin)은 이러한 (국제)NGO의 역할을 규범 창출(standard setting), 모니터링(monitoring) 및 실행(implementation)으로 정리했다(황필규, 2002: 10). 머디(Murdie) 등은 400개 NGO의 활동을 조사 분석한 결과, 현장에서 떨어진 유엔에서 문제를 비판하는 활동(*shaming and blaming*) 보다는 현장에서(*local presence*) 직접 지역주민들의 상황에 깊이 관여하는 일(*commitment*)이 지역 인권운동에 훨씬 더 큰 영향을 미친다는 사실을 발견했다(Murdie & Bhasin, 2011).

유엔을 비롯한 세계 무대에서뿐 아니라 지역(*region*) 차원에서도 점점 더 많은 국제NGO가 등장해 활동하고 있다. 이미 유럽, 아메리카, 아프리카는 자체적으로 지역 인권레짐을 형성하여 인권규범과 원칙을 확산하고 있는 데 반해, 아시아는 아직 지역 인권기구를 세우지 못하였다(백태웅, 2017). 따라서 아시아 지역의 국제NGO는 더욱 중요하다. 동아시아의 NGO 네트워크인 '포럼아시아'(Asian Forum for Human Rights and Development), 아세안 정책입안자와 지역NGO의 연합체로 구성된 아세안인민회의(ASEAN People's Assembly), 홍콩에 본부를 두고 아시아의 인권 상황을 조사하여 정부에 권고를 하거나 정책을 제안하는 아시아인권위원회(Asian Human Rights Commission) 등을 통해 여러 나라의 활동가들이 아시아 지역의 인권 문제를 두고 연대한다. 이들은 아시아 지역에 인권기구를 설립하기 위해서도 노력을 기울이고 있다(정진성 외, 2010: 75).[6]

---

6 특기할 만한 것은 헌법재판소 연합체가 아시아의 지역 인권기구를 설립하기 위해 노력하고 있으며, 특히 대한민국의 헌법재판소가 이를 주도하고 있다는 사실이다. 한국 헌법재판소 주도로 2010년에 창설을 결의하고 2012년에 창립된 아시아헌법재판소연합(AACC)은 아시아 지역의 헌법재판기관 간 협의체로, 16개국이 참여하고 있다. 2014년 서울에서 열린 세계헌법재판회의에서 한국의 박한철 헌법재판소장은 아시아 헌법재판기관들이 아시아인권재판소 설립을 위해 협력할 것을 제안했다. 2016년 아시아헌법재판소연합(AACC)은 한국 헌법재판소에 연구사무국을 설립했는데, 이를 토대로 아시아인권재판소를 설립하는 것을 장기적 목표로 하고 있다(헌법재판소 자문위원회 자료. 2015.11, 2016.12.7).

2) 유엔에서 NGO가 갖는 법적 지위

NGO, 국제NGO는 흔히 시민단체, 국제 민간단체로 번역된다. NGO 라는 명칭 외에도 시민사회, 지구시민사회, 시민사회조직(*civil society organization*: CSO) 등 여러 이름이 사용되나, 초국적(*global* 또는 *trans-national*) · 국제(*international*) · 지역(*regional*) · 국내(*national*) · 로컬 (*local*) NGO라는 용어가 일반적으로 사용된다.

최초의 국제NGO는 1855년에 설립된 YMCA, 또는 19세기 초 활동한 '영국 및 해외 반노예 소사이어티'라 한다. 1859년에 세워진 국제적 십자위원회(ICRC)에 주목하기도 한다(주성수 · 서영진, 2000: 38). 19세기말에는 이미 100여 개의 국제NGO가 활동했으며, 1900~1904년 사이에는 61개, 1905~1909년 사이에는 131개 단체가 활동했다고 한다. 1910년 132개의 (오늘날 우리가 국제NGO라 부르는) 단체가 모여 국제협회연합(UIA)을 만들었다. 국제연맹 사무총장은 이들 국내 또는 국제 민간단체들과 지속적으로 소통했다고 밝혔다.[7] 이 단체들은 국제노동기구, 유엔난민기구(UNHCR), 유네스코(UNESCO) 등 여러 유엔 전문기구의 창설을 주도했다. 국제협회연합은 제2차 세계대전 이후 1980년대 초까지 국제NGO가 급격히 늘어나 1984년에는 5천여 개가 되었다고 추산했다. 1992년 브라질 리우에서 개최된 유엔환경개발회의 에는 1,429개, 1995년 코펜하겐에서 열린 유엔사회개발정상회의에는

---

7 1929년, 국제협회연합 소속 단체들을 포함해 국제연맹과 교통해 온 여러 단체 는 제네바에 설립된 민간 및 반관 국제조직연합(Federation of Private and Semi-Official International Organizations Established at Geneva)을 조직했다 (Willets, 1996: 6~7).

2, 300여 개의 NGO가 참여했다(주성수·서영진, 2000: 10~13).

많은 민간단체가 국제연맹과 소통하면서 활동했고, 유엔헌장을 작성하기 위한 기초 작업에도 많은 NGO가 참여했다. 이들의 노력으로 유엔헌장에 인권조항이 포함되었고, 경제사회이사회(Economic and Social Council: ECOSOC)와 NGO 간의 협의 관계가 제도화되었다.[8] 그러나 1945년 유엔헌장이 만들어지기 이전까지 NGO라는 용어는 존재하지 않았다. 유엔헌장은 57조와 70조에서 국제보건기구(World Health Organization: WHO)처럼 국가 간 합의에 의해 설립된 조직을 "전문기구"(specialized agencies)라고 이름 붙였다. 그리고 71조를 통해 "비정부기구"(non-governmental organizations)라는 새로운 용어를 만들었다.[9] 이후 여러 단체가 스스로를 NGO로 규정하기 시작했으며, 이로써 유엔에서 강력한 역할을 수행할 수 있는 첫발을 디딜 수 있었다.

(1) 경제사회이사회와 인권이사회

1946년 1월에 경제사회이사회가 첫 회의를 열기도 전에 4개의 NGO가 출석을 신청했다. 유엔총회는 경제사회이사회에 적절한 제도를 서둘러 만들도록 요구했다. 경제사회이사회는 곧바로 NGO위원회(Committee on NGOs)를 만들었다. NGO위원회를 통해 첫해에는 4개의 NGO가 협의지위(Consultative Status)를 획득했고, 1948년에는 협의지위를 가진 NGO가 41개로 늘어났다. 이들은 1948년 NGO협의회(CONGO)를

---

8 이에 관련한 자세한 논의는 주성수·서영진(2000: 42~43)을 참고하라.
9 유엔헌장 71조는 "경제사회이사회는 비정부기구로부터 자문(consultation)을 받기 위해 적절한 조처(arrangement)를 취할 수 있다"고 규정했다.

설립하여 오늘에 이른다(주성수·서영진, 2000: 45).

1946년 6월 경제사회이사회는 결의 3(II)에서 NGO를 "정부 간 합의에 의해 만들어지지 않은 모든 국제 조직"으로 정의를 내리고, 정부 등록 기준으로 설립된 지 2년 이상이고 민주적 의사결정구조를 가지며 단체 및 개인의 기부로 재정을 구성하는 NGO가 협의지위를 받을 수 있다고 규정했다. 경제사회이사회는 협의지위를 A, B, C 세 그룹으로 나누었다. 1950년(Res. 288 B(X)), 1968년(Res. 1296 (XLIV))을 거쳐 1996년(Res. 1996/31)에 이르러서는 협의지위 범주를 일반(General) 협의지위, 특별(Special) 협의지위, 명부상(Roster) 협의지위로 바꾸고 협의지위 신청 절차도 간소화했다. 각 협의지위의 분류 및 권한과 의무를 정리하면 다음과 같다.

① 일반 협의지위: 초청 없이도 경제사회이사회 및 그 산하 위원회의 공개회의에 옵서버로 참석하는 것이 가능하다. 구두 및 서면 진술 권리와 의제제안권을 인정받는다. 협의지위 범주에 따라 NGO가 갖는 주요 권한과 의무는 〈표 2-2〉와 같다.

② 특별 협의지위: 특정 분야에서 활동하는 NGO에게 주어지는 지위이다. 관련한 공개회의에 옵서버로 참석할 수 있으며 구두 및 서면 진술을 할 수 있다.

③ 명부상 협의지위: 경제사회이사회 및 그 산하기관으로부터 초청을 받은 경우에 한해 참석하여 전문 분야와 관련한 논의에 일정한 기여를 할 수 있다.

협의지위를 가진 NGO들은 인권 관련 회의에서 서면 의견서를 제출하거나 구두 발언을 신청하여 발언한다. 그 외에도 회의 외 시간에 발표회(NGO Briefing)를 열고 자신들의 이슈를 홍보한다(보통 오후 1시부터

3시까지의 점심시간을 이용한다). 문제 제기를 하기 원하지만 협의지위를 갖지 못한 NGO는 협의지위를 가진 다른 NGO의 이름 아래 발언하기도 한다. 1992년 8월 한국정신대문제대책협의회(이하 정대협)가 유엔 인권소위원회에서 일본군 위안부 문제를 제기할 때 세계교회협의회

〈표 2-1〉 유엔 경제사회이사회가 부여하는 NGO 협의지위의 범주

1946~1950년	1950~1968년	1968~1996년	1996년 이후	NGO의 특징
협의지위 A	협의지위 A	협의지위 I	일반 협의지위	많은 회원을 거느리고 다양한 영역에서 활동하는 국제 조직
협의지위 B	협의지위 B	협의지위 II	특별 협의지위	일반적 이슈를 다루는 지역 기구, 또는 특정 이슈에서 높이 평가받는 조직
협의지위 C	등록(Register) 협의지위	명부상 협의지위	명부상 협의지위	규모가 작고 특정 이슈에 매우 전문화된 조직, 또는 유엔기관과 활동 중인 조직

출처: Willetts, P.(http://www.staff.city.ac.uk/p.willetts/NGOS/NGO-GRPH.HTM#data).

〈표 2-2〉 협의지위에 따른 NGO의 권한과 의무

권한 및 의무	일반	특별	명부상
유엔 국제회의에 초대	○	○	○
경제사회이사회에 의제 제안	○	×	×
경제사회이사회와 그 산하기구에 참석	○	○	○
경제사회이사회에 의견서 제출	2,000단어 이내	500단어 이내	×**
경제사회이사회에 구두 진술	○	×*	×
경제사회이사회 산하기구에 의견서 제출	2,000단어 이내	1,500단어 이내	×***
경제사회이사회 산하기구에 구두 진술	○	○	×****
4년마다 NGO의 상황을 보고서로 의무 제출	○	○	×

　* 관련 산하기관이 없을 경우에는 진술 가능하다.
　** 사무총장, 경제사회이사회 및 NGO위원회의 요청이 있을 경우, 500단어 이내로 제출 가능하다.
　*** 사무총장과 해당 기관의 요청이 있을 경우, 1,500단어 이내로 제출 가능하다.
**** 사무총장과 해당 기관의 요청이 있을 경우, 의무적으로 제출해야 한다.
출처: 주성수·서영진, 2000: 56.

(World Council of Churches: WCC)의 이름으로 발언하고 담당NGO가 정대협임을 밝힌 바 있다.[10]

경제사회이사회 NGO위원회의 사무는 경제사회국(Department of Economic and Social Affairs: DESA)의 NGO분과(NGO Branch)가 담당한다.[11] NGO들은 NGO분과와 서면으로 접촉하여 원서를 받고 작성, 제출한다. 경제사회이사회 NGO위원회가 이 서류를 전달받아 심사하여 이사회에 권고를 하면, 이사회가 최종 결정을 내린다(주성수·서영진, 2000: 58). 협의지위를 획득한 NGO는 매 4년마다 경제사회국 NGO분과에 활동을 보고하고 심의를 받아야 한다. 정치적 의도를 띤 활동을 했거나, 범죄에 연루되었거나, 어떠한 긍정적 기여도 하지 못한 NGO를 대상으로 NGO위원회는 3년간 협의지위 정지 또는 지위 박탈을 경제사회이사회에 권고한다. 마찬가지로 최종 결정은 경제사회이사회가 내린다(UN ECOSOC, 1996: para. 57).

하지만 1946년 경제사회이사회가 규정한 NGO의 정의는 불완전하다. 대표적으로 적십자사(League of Red Cross Societies)[12]는 1950년에 NGO로 인정받았는데, 이는 경제사회이사회의 정의와 부합하지 않는 결정이었다. 제네바조약(Geneva Convention)에서 모든 국가가 국가 차원(*national*)의 적십자사를 설립하도록 의무화했기 때문이다. 다시 말

---

10 정대협은 2014년에 협의지위를 획득했다.

11 자세한 내용은 유엔 웹페이지를 참고하라(http://esango. un. org/civilsociety/login. do).

12 앞서 언급한 국제적십자위원회(ICRC)와는 다른 단체다. 지금은 국제적십자·적신월연맹(International Federation of Red Crescent Societies: IFRC)으로 불린다(Willets, 1996: 14).

해 적십자사는 국가 간 협의에 의해 세워진 기구이다. 그 외에도 자금을 얻기 위해, 또는 NGO 커뮤니티를 통해 정부 정책과 관련한 목소리를 내려는 목적에서 정부가 NGO를 설립하는 일도 생겼다.[13] 1960년대에는 NGO위원회에 자리를 차지한 권위주의 정부가 특정 국가나 특정 피억압집단의 인권을 위해 활동하는 인권 NGO에게 협의지위를 부여하지 못하도록 거부하는 상황도 벌어졌다. 1968년 결의안에서는 협의지위 II(이후 특별 협의지위)의 NGO는 인권 분야에서 일반적 사안이나 국제 차원 이슈에 관심을 가져야 하며, 특정 집단 및 특정 국가에 관심을 국한해서는 안 된다고 선언하기도 했다. 이 부분은 이후 1996년에 유엔헌장, 세계인권선언 및 비엔나선언의 정신을 추구해야 한다는 내용으로 상당히 완화되었다.[14]

1980년대 후반부터 세계은행(World Bank), OECD, UNDP, 식량농업기구(FAO) 등 여러 기관이 NGO의 정의에 도덕적인 의미를 강화하기 시작했다. 정부로부터 독립적이고, 이윤을 추구하지 않으며, 공익을 위해 활동해야 한다는 내용들이었다. NGO가 이윤을 추구해서는 안 된다는 사항을 유엔이 명시적으로 결의한 일은 없다. 하지만 세계사회는 이러한 요건을 당연한 것으로 받아들인다. NGO를 정의하는 데에 도덕적 기준이 반드시 필요하다는 데에 광범위한 동의가 이루어지고 있는 것이다.

---

13 이러한 기관을 GONGO(*government organized non-governmental organization*) 라고 부르기도 한다(Willetts, 1996: 14).
14 자세한 내용은 윌릿(Willetts, 1996: 8~9)을 참고하라.

〈표 2-3〉 유엔 경제사회이사회 협의지위를 받은 NGO 수

(단위: 개)

연도	전체	일반 협의지위	특별 협의지위	명부상 협의지위
1946	4	4	0	0
1947	41	7	32	2
1950	197	9	78	110
1960	334	10	119	205
1970	419	16	137	266
1980	608	30	205	373
1990	893	36	331	526
2000	1,995	120	1,003	872
2005	2,720	136	1,640	944
2010	3,382	139	2,218	1,025
2014	4,045	142	2,926	977

출처: Willetts, P.(http://www.staff.city.ac.uk/p.willetts/NGOS/NGO-GRPH.HTM#data).

〈그림 2-1〉 유엔 경제사회이사회 협의지위를 받은 NGO 수 변화(1946~2014년)

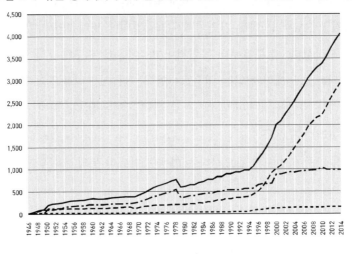

— 전체   ······ 일반 협의지위   --- 특별 협의지위   -·- 명부상 협의지위

경제사회이사회는 처음에는 국제NGO에 국한하여 협의지위를 부여했지만, 차츰 모든 NGO로 부여 범위를 확대하였다. 1990년대 들어서 유엔 경제사회이사회의 협의지위를 얻은 NGO의 수가 크게 늘어났으며, 대부분 특별 협의지위를 부여받았다.[15] 현재 5,083개 NGO가 협의지위를 받아 활동하고 있다.[16] 기업은 NGO로 인정받을 수 없다.

한편 1997년에 유엔 사무총장에 취임한 코피 아난(Kofi Annan)은 유엔의 전반적 구조 및 운영을 개혁하기 시작하면서 시민사회 및 민간 부문(*private sector*)과 협력해야 한다고 강조한 바 있다. 그러나 유엔은 경제사회이사회 산하에 있던 인권위원회를 2006년에 유엔총회 직속 인권이사회로 바꾸면서 NGO들의 인권소위원회 참여를 결과적으로 축소했다. 인권이사회는 과거 인권위원회에 비하여 회기 및 특별 절차를 대폭 늘리고 보편적 정례검토(*universal periodical review*: UPR)를 신설하였다. 반면 민간 전문가로 구성되어 활발히 활동하던 인권소위원회를 인권이사회 자문위원회(Advisory Committee)로 개편하고 기능을 대폭 축소했다. 인권이사회는 경제사회이사회의 NGO 협의지위를 그대로 계승했지만 회기와 활동 범위가 늘어난 인권이사회에 출석하는 것만으로도 벅찬 NGO들은 자문위원회에 출석하기 점점 더 힘들어졌다.

(2) 조약기구

유엔에서 별도 조약기구의 설립을 수반하는 협약을 채택할 때, NGO의 역할은 매우 중요했다. 특히 아동권리협약, 장애인의 권리에 관한 협약

---

15 국제앰네스티를 비롯한 인권 NGO는 대체로 특별 협의지위를 받는다.
16 유엔 경제사회국 웹페이지를 참고하라(http://csonet.org).

(Convention on the Rights of Persons with Disabilities: CRPD, 이하 장애인권리협약) 등 최근 설립된 규약의 채택 과정에서 NGO들의 활동이 결정적이었다.

각 조약기구가 가입국의 보고서를 심의하는 과정에서도 NGO들의 역할은 빼놓을 수 없다. 각 정부가 보고서를 제출할 때[17] NGO들은 이에 대한 반박보고서(*alternative report* 또는 *shadow report*)를 내고[18] 심의회의에 참석한다. 조약기구는 심의 회의 중에 NGO들이 발언할 수 있는 시간을 따로 정해 놓는다. 보고서를 제출한 회원국의 정부 대표가 발표하고 조약기구의 위원들이 정부 대표에게 질의하는 동안 NGO들은 발언권 없이 참관만 한다. NGO들은 회의 외에도 점심시간이나 회의가 시작하기 전 아침시간을 활용하여 국가별 브리핑을 하기도 한다. 조약기구 위원들이 권고안(*concluding observation*)을 작성하는 데 참고하도록 하기 위한 것이다. 국내NGO는 물론, 국제NGO도 개별 국가의 인권 상황을 논평하고 관련 정보를 제공한다. 개인통보(*individual communication*)를 규정한 선택의정서를 갖춘 조약기구에서는 NGO가 피해자를 대리해 청원서를 제출하기도 한다.[19]

---

17 대체로 각 협약은 회원국이 조약기구에 4년마다 보고서를 제출하고 심의를 받도록 한다(인종차별철폐위원회는 매 2년마다 제출하도록 하는데, 최근에는 두 차례의 보고서를 묶어 한 번에 제출하는 관행을 만들었다). 하지만 4년마다 보고서를 제출하지 못하는 경우가 대부분이다.

18 한국의 NGO들은 대체로 조약기구의 심의회의를 대비해 공동으로 임시준비위원회를 조직하여 보고서를 작성해 제출하고, 심의회의에 참석한다.

19 예컨대 자유권규약위원회의 절차규칙(*rules of procedure*)에 따르면 일반적으로 통보(청원)는 피해자 본인 또는 그 대리인이 제출해야 한다. 이때 대리인은 피해자로부터 정당하게 권한을 위임받았다는 사실을 문서로 증명해야 한다(황필규, 2002:53~59).

(3) 유엔총회, 안전보장이사회, 국제노동기구, 유엔 국제회의 등

NGO들은 유엔 인권이사회 외에도 여성지위위원회, 유엔총회, 안전보장이사회, 유엔 전문기구 회의, 유엔의 여러 국제회의에 참여할 수 있다. 유엔총회와 안전보장이사회는 NGO의 참석을 공식적으로 보장하지는 않는다. 다만 유엔 특별총회가 참여를 제한적으로 허용한 사례가 있다. 안전보장이사회 또한 원칙적으로는 NGO의 참여를 허용하지 않으나, 이사회가 관여하고 있는 사안에 대하여 청원을 하는 일은 가능하다. 유엔이 주최하는 국제회의 및 그 준비회의에는 NGO가 참여하여 발언할 수 있다. 한편 국제노동기구는 노동자·사용자·정부 3자가 참여하는 세계기구로서 노동조합이라는 비정부기구가 3분의 1의 비중을 점유하는 유일한 기구이다. 유네스코는 정책결정과정에 NGO가 참여하도록 공식적으로 보장한다. [20]

3. NGO 및 국제NGO의 과제

1) 여전히 정부 중심인 국제 인권레짐

그러나 이 거대한 국제NGO들도 국내 NGO와 같이 여러 문제를 겪고 있다. 특히 유엔을 중심으로 한 국가 간 기구에서 NGO의 권한이 명확

---

20 유엔 각 기관에서 NGO가 보장받는 법적 지위 및 활동은 황필규(2002: 21~32)를 참고하라. 유엔 외에 유럽평의회(Council of Europe)나 미주국가기구(Organization of American States)와 같은 지역기구도 NGO와 협의관계를 맺고 있다(박재영, 2001:302).

하지 않은 데서 발생하는 문제가 가장 크다. NGO와 유엔, 국제 레짐 (*global governance*)의 관계를 연구한 바이스(Weiss) 등은 아직도 유엔에서 발언자는 정부 대표이며, NGO들은 여러 차원의 모호성과 딜레마를 겪고 있다고 지적했다(Gordenker & Weiss, 1996). 물론 인권 이슈를 발견하여 제기하는 역할은 주로 NGO들이 하고 있다. 이들은 유엔의 여러 회의에서 구두 및 문서로 발언할 수 있도록 공식적 권한도 부여받는다. 하지만 문제를 제기하고 해결하는 과정에서 항상 정부를 상대로 로비를 벌여야 한다. 민간 전문가를 위원으로 하는 조약기구에서도 NGO의 상대는 정부 대표들이다. 조약기구에 제출한 반박보고서를 조약기구의 위원들이 세심하게 고려하더라도, 공식적 대응은 어디까지나 정부의 권한이다. 제2부에서 소개하는 사례연구에서 드러나듯, 지난한 노력 끝에 문제를 제기한 이후에 국가 간 관계라는 역학으로 인해 논의가 벽에 부딪히는 상황을 NGO들이 무력하게 바라봐야만 하는 경우도 적지 않다.

이러한 정부 중심 구조가 최근 유엔 인권 메커니즘의 변혁 과정에서 더욱 강화되었다. 유엔의 헌장기구 중 인권소위원회는 민간위원으로 구성되어 국가 및 이슈별로 결의안을 채택할 수 있었다. 하지만 점차 힘을 잃어 국가별 결의를 낼 권한이 없어졌고, 이후 인권이사회 자문위원회로 개편된 뒤로는 결국 자문위원회 스스로 문제 제기를 할 수도 없게 되었다. NGO들로서는 상대적으로 용이하게 접근할 수 있었던 민간위원 조직이 없어져 직접 정부를 설득해야 하는 구조가 형성된 것이다.

이러한 변화는 다음 두 가지 문제와도 관련이 깊다. 먼저 정부에 의존해야 하는 상황은 각 NGO의 내부 문제, 즉 조직 내 민주주의와 투명성에 영향을 미친다. 또한 이러한 구조는 선진국의 강력한 국제NGO와 제3세계 NGO 사이에 위계가 형성되는 상황과도 관련이 있다. 정부를 직접 상대해야 하는 구조에서는 많은 자원을 가진 NGO와 그렇지 못한 NGO 사이에 격차가 깊어지기 때문이다.

2) 조직 내 민주주의와 투명성 문제

NGO 조직 내부의 문제로 조직 내 민주주의 및 투명성이 자주 지적된다. 국내 NGO는 보통 규모가 작고 재정 상황이 열악하다. 서구나 일본에도 회비나 기부금을 기반으로 활동하는 조직 못지않게 정부 보조금에 의존해야 하는 NGO가 많다. 따라서 정부의 방침에 비판적인 NGO가 활동을 지속하는 일은 매우 어렵다. 대표적으로 일본군 위안부 문제를 제기하기 위해 활동하는 일본 NGO들은 회비 및 기부금에 의존해야 한다. 그래서 극소수 단체를 제외하고는 설립과 소멸을 반복한다.[21] 한국의 NGO, 특히 인권 NGO들도 마찬가지로 회비만으로는 운영이 힘들어 정부나 기업의 프로젝트에 의존하는 경우가 많다. 제3세계 NGO들은 회비 및 기부금으로 운영을 지속하기가 더욱 힘들며, 서구 선진국 정부나 재단, 국제NGO의 도움을 받는 곳이 많다. 감독기관이 없기 때문에 NGO의 내부적 투명성과 민주주의는 항상 자발적 책임성에 맡길 수밖에 없는데, 국내 NGO들은 이를 달성할 역량까지 확보하기 힘들다.

거대 국제NGO도 조직 내 민주주의 및 투명성 문제에서 자유롭지 않다. 거대 국제NGO가 거느린 수백만 회원은 대부분 지지자 혹은 후원자(supporter) 수준에 머물고, 실제 활동하는 회원은 소수이다. 이로 인

---

21 일본 내 활동가들이 필자와의 면담에서 지적한 내용이다.

해 조직 내 민주주의와 관련한 문제가 종종 제기된다(Willetts, 2011: 1~3). 조직의 효율성과 도덕성도 관리하기 힘들다. 이러한 상황은 NGO들이 자신의 활동을 보고해야 할 권위 있는 주체가 없다는 사실과도 관련이 깊다. 최근 아이티 성매매 문제로 물의를 빚은 옥스팜 사태는 이를 극단적으로 드러낸 사례이다.

3) 선진국 NGO와 개발도상국 NGO 사이의 위계 문제

조직 간 문제는 더욱 중요하다. 국제NGO 대부분이 선진국에서 설립된 조직이다. 반면 제3세계 NGO 중에는 이들 선진국 NGO의 지부로서 설립된 곳이 많다(주성수·서영진, 2000: 16). 따라서 제3세계의 NGO 중에는 여전히 서구 NGO의 영향을 받으며 소극적 위치에 머물러 있는 단체가 적지 않다. 제3세계의 국내 NGO 간에도 계층이 존재한다. 언어나 자원 문제 등으로 인해 서구 NGO와 소통할 수 있는 조직과 그렇지 못한 NGO가 나뉘기 때문이다.

유엔에서 인권 이슈를 만들고 제기하는 과정에서 서구 국가 NGO들의 영향력이 큰 것도 문제이다. 제네바에 상주하는 인권 NGO는 대부분 서구 NGO인데, 이러한 서구 NGO들과 제3세계 NGO들의 주안점은 서로 다르다. 서구 NGO가 시민적·정치적 권리를 중시하는 데 비해 제3세계 NGO들은 발전권이나 경제적·사회적·문화적 권리를 더 시급히 요청하는 경우가 많다. 제3세계 NGO들의 목소리를 더 잘 듣기 위해, 코피 아난 유엔 사무총장은 제3세계 NGO들이 유엔 회의에 참여하기 위해 사용할 수 있는 신탁기금을 설치하자고 제안한 바 있다(UN General Assembly. 1998).

학계의 연구 활동에서도 격차가 반영된다. 예를 들어 인권운동 연구 분야는 초국적 사회운동과 국제NGO에 초점을 맞추는 경향이 크다. 국내 NGO와 인권운동의 관계, 또는 국내 NGO가 국내 시민운동의 발전에 미친 구체적 영향을 분석한 연구는 미미한 실정이다. 특히 제3세계 국가는 시민사회 및 사회운동과 관련하여 국가 간 비교에 활용할 수 있는 신뢰할 만한 데이터를 갖추지 못한 경우가 많다. 자원 문제가 연구에도 존재하는 것이다.

4. 한국의 인권운동과 NGO

1) 한국 인권운동의 발전

식민 지배와 군사독재하의 산업화를 거치면서, 한국에서는 민족독립운동, 사회주의운동, 노동운동, 학생운동, 민주화운동이 발전해 왔다. 사회운동의 이러한 경향은 1980년대 말 본격적인 민주화 이후 바뀌기 시작했다. 한국에서 인권운동이 시작된 것은 국제앰네스티가 한국지부를 설립한 1970년대라고 하지만, 1980년대부터 1990년대 초에 일어난 인권운동은 가히 폭발적이었다. 대표적으로 여성평우회(1983년), 여성단체연합(1987년), 여성민우회(1987년), 민주사회를 위한 변호사 모임(1988년), 경제정의실천시민연합(1989년), 인권운동사랑방(1993년), 참여연대(1994년) 등이 이 시기에 등장한 인권단체들이다. 이밖에 그동안 억눌렸던 환경운동, 장애인운동 등 새로운 사회운동이 봇물 터지듯 떠오른 한편, 노동운동과 학생운동도 지속되었고 민주화운동 또한

〈표 2-4〉 한국에 등록된 비영리 민간단체의 수

(단위: 개)

구분	2010년	2011년	2012년	2013년	2014년	2015년	2016년
등록누계	9,603	10,209	10,889	11,579	12,252	12,894	13,464
중앙행정기관	1,092	1,189	1,319	1,413	1,494	1,561	1,599
시·도	8,511	9,020	9,570	10,166	10,758	11,333	11,865
전년대비 증감 수	600	606	680	690	673	642	570
증감비(%)	6.7	6.3	6.7	6.3	5.8	5.2	4.4

주: 〈비영리민간단체지원법〉 제4조에 근거하여 비영리 민간단체로 등록한 단체의 수이다.
출처: e-나라지표 웹페이지(http://www.index.go.kr/potal/main/EachDtlPageDetail.do?idx_cd=
2856), 2017년 6월 27일 접속.

양심수 석방운동, 양심적 병역거부운동, 평화운동, 과거청산운동, 입법운동 등의 형태로 새롭게 발전했다. 1990년대 한국의 사회운동 상황을 신·구사회운동의 혼재라고 지적하는 학자가 많다.

성폭력 반대운동, 일본군 위안부 문제 해결운동과 같은 여성운동은 1990년대에 시작되어 오늘날에 이른다. 1990년대 후반에는 한국 사회가 처음으로 외국인 노동자 문제를 겪으며 관련 논의가 수면으로 떠올랐고, 곧이어 결혼이주 여성에 대한 차별 및 폭력에 반대하고 이들을 돕는 운동이 일어났다. 이러한 힘이 결집하여 2001년 인권기구(국가인권위원회)가 설립돼 한국 인권운동사에 큰 획을 그었다. 이에 따라 시민단체의 수도 급증하여 2016년에는 비영리 민간단체 수가 13,464개에 이르렀다.

2) 유엔 협의지위를 가진 NGO

인권 문제를 제기하기 위해 유엔에 진출한 첫 한국 NGO는 정대협(한국정신대문제대책협의회)이다. 당시 정대협은 경제사회이사회 협의지위를 갖고 있지 않았으므로 세계교회협의회의 이름으로 발언권을 얻었다. 1992년 인권소위원회 및 그 산하의 현대형노예제 실무그룹에 참석한 정대협은 일본군 위안부 문제를 제기하고 유엔이 적절한 조치를 취해야 한다고 주장했다. 다음 해에는 인권위원회의 여성폭력 특별보고관과 접촉하여 위안부 문제를 보고서에 반영해 달라고 요청했다. 인권소위원회는 미국 부대표인 게이 맥두걸(Gay McDougall)을 '전시하 체계적 강간과 성노예제 및 그와 유사한 관행 특별보고관'으로 임명했다. 1998년, 그는 일본 정부를 향한 강력한 권고를 담은 보고서를 제출했다. 인권위원회의 라디카 쿠마라스와미(Radhika Coomaraswamy)도 1996년 보고서에서 이 문제를 특별히 다루었다. 유엔의 논의와 잇따른 권고는 일본 정부에 큰 부담을 주었고 세계 여성인권운동에도 중요한 기여를 하였다.

1993년 비엔나에서 열린 세계인권회의에는 참여연대를 비롯한 한국의 주요 NGO들이 공동준비위원회를 구성하여 참석해 국가보안법 등과 관련해 문제를 제기했다. 1996년 굿네이버스를 시작으로 한국의 NGO들이 협의지위를 받기 시작했다. 2017년 6월까지 73개의 NGO가 경제사회이사회 협의지위를 획득하였다. 〈표 2-5〉는 2017년 6월 기준으로 협의지위를 가진 한국 NGO 목록이다.

앞서 언급한 대로, 이 NGO들은 매 4년마다 경제사회국 NGO분과에 서면으로 활동 사항을 보고해야 한다. 하지만 NGO들이 한국 및 세계 사회의 공익과 인권을 증진하기 위해 투명하고 성실하게 활동하는지, 유엔이 정확하게 검토하는 일은 쉽지 않다. NGO 상호간에 격려, 감시하며 스스로 성찰해야만 할 것이다.

〈표 2-5〉한국 NGO의 경제사회이사회 협의지위 취득 현황(2017년 6월)

구분	NGO	협의지위 취득년도
일반 협의지위	굿네이버스(Good Neighbors International)	1996년
특별 협의지위 (68개 단체)	세계자원봉사협회(International Association for Volunteer Effort)	1987년
	한국여성정책협의회(Korean National Council of Women)	1998년
	환경운동연합(Korean Federation for Environmental Movement)	
	경실련(Citizens' Coalition for Economic Justice)	1999년
	한국여성정치문화연구소(Korean Institute for Women and Politics)	
	민주사회를 위한 변호사모임(Lawyers for a Democratic Society)	2001년
	한국여성단체연합(Korea Women's Associations United: KWAU)	
	한국국제봉사기구(Korea International Volunteer Organization: KVO)	2002년
	한국자유총연맹(Korea Freedom Federation)	
	원불교여성회(Won-Buddhism Women's Association)	2004년
	참여연대(People's Solidarity for Participatory Democracy)	
	환경정의(Citizens' Movement for Environmental Justice)	
	전국지속가능발전협의회(Korean Council for Local Agenda 21)	2005년
	한민족복지재단(Korean Foundation for World Aid)	
	굿피플(Good People International: GPI)	2007년
	우리민족서로돕기운동(Korean Sharing Movement)	
	한국JTS(Join Together Society)	
	환경실천연합회(Environment Action Association)	2008년
	청소년 폭력예방재단(Foundation for Preventing Youth Violence)	2009년
	푸른아시아(Green Asia Network)	2010년
	코피온(Cooperation and Participation in Overseas NGOs)	
	국제아동돕기연합(United Help for International Children)	2011년
	국민일복운동본부(National Association for Work Bless)	
	녹색에너지촉진시민포럼(Clean Energy Promoting Citizen's Forum)	
	경희대학교(Kyung Hee University)	2012년
	일천만이산가족위원회(Korean Assembly for Reunion of Ten-million Separated Families)	
	성공적 통일을 만들어 가는 사람들(People for Successful Corean Reunification)	
	아시아협력기구(Institute of Asian Culture and Development)	
	대한은퇴자협회(KARP)	

구분	NGO	협의지위 취득년도
특별 협의지위 (68개 단체)	열매나눔재단(Merry Year Foundation)	2013년
	한국정신대문제대책협의회(The Korean Council for the Women Drafted for Military Sexual Slavery by Japan)	2014년
	해외원조단체협의회(Korea NGO Council for Overseas Development Cooperation)	
	피스빌리지네트워크(Peace Village Network Association)	
	유엔인권정책센터(Korea Center for United Nations Human Rights Policy)	
	한국 장애인단체 총연맹(Korea Differently Abled Federation)	
	로터스월드(Lotus World)	
	흥사단(Heungsadahn)	
	SDGs 지원 한국협회(Korean Association for Supporting the Sustainable Development Goals)	2015년
	삼동 인터내셔널(Samdong International Association)	
	돕는 사람들(Good Helpers)	
	환경재단(Korea Green Foundation)	
	대한변호사협회(Korea Bar Association)	
	국제여성가족교류재단(International Women & Family Foundation)	
	휴먼인러브(Human In Love Corporation)	
	밀알복지재단(Miral Welfare Foundation)	
	아시아행정학회(Asian Association for Public Administration)	2016년
	지구촌 나눔운동(Global Civic Sharing)	
	한국 YWCA 연합회	
	태화복지재단	
	뷰티풀마인드(Beautiful Mind)	
	아시아 사이언스파크협회(Asian Science Park Association)	
	베터월드(Better World)	2017년
	월드쉐어(World Share)	
	국제서번트리더십교류협회(Foundation of International Servant leadership Exchange Association)	2017년
	온해피(On Happy)	
	홀트아동복지회(Holt Children's Services)	
	진실의힘(Truth Foundation)	
	구생회(Gusenghwe)	

<표 2-5> 한국 NGO의 경제사회이사회 협의지위 취득 현황(2017년 6월)(계속)

구분	NGO	협의지위 취득년도
특별 협의지위 (68개 단체)	국제개발협력시민사회포럼(Korea Civil Society Forum on International Development Cooperation)	2017
	한국재난구호(Korea Disaster Relief)	
	기아대책(Korea Food for Hungry International)	
	한국척수장애인협회(Korea Spinal Cord Injury Association)	
	선플달기운동(Sunfull Movement)	
	내일을 여는 멋진 여성(Women Striving for Brighter Tomorrow)	
	세계무술연맹(World Martial Arts Union)	
	하늘문화세계평화광복(Heavenly Culture, World Peace, Restoration of Light)	
명부상 협의지위 (4개 단체)	새마을운동중앙회(National Council of the Saemaul-Undong Movement)	2002년
	소비자시민모임(Citizens' Alliance for Consumer Protection of Korea)	2004년
	인구보건복지협회(Planned Population Federation of Korea)	
	한국뇌과학연구원(Korea Institute of Brain Science: KIBS)	2007년

출처: 외교부 인권사회과(2017년 10월 25일).

5. 전망

국제앰네스티, 휴먼라이츠워치 등 주요 국제NGO의 활동 규모는 점점
더 커지고 있다. 이러한 전 세계적 추세와 비교해 보더라도 한국 NGO
들의 유엔 인권 메커니즘 활용은 매우 활발하다. 국제NGO의 영향력이
절대적이던 1970년대와는 확연히 다르게, 한국 NGO들은 인권이사회
나 여러 조약기구에 의견서를 제출하고 활발히 로비를 펼치는 등 적극
적으로 활동하고 있다. 유엔으로부터 협의지위를 받은 NGO 수도 계속
증가하는 추세이다. 일반적으로 서구 선진국의 본부에서 의제를 결정
하는 국제NGO가 국내 문제에 시의적절하게 대응하지 못한다는 점, 특

히 유엔에서 한국 관련 문제가 제기되는 사례가 드물다는 점을 고려할 때, 이는 놀라운 발전이다. NGO들이 유엔 메커니즘을 통해 우리 사회의 문제점을 제기하는 과정은 그 자체만으로도 시민사회의 발전을 이끌므로, 발전의 선순환을 만들어 낸다. 더욱 중요한 점은 여러 단체가 하나의 팀을 이루어 보고서를 준비하는 등 체계적으로 협력함으로써 운동의 영향력을 강화한다는 사실이다.

그러나 앞서 논의한 대로 우리 NGO들은 조직 내 민주주의와 투명성, 책무성을 강화해야 할 과제를 안고 있다. 많은 NGO가 적절한 거버넌스를 세우지 못해 조직 내 분쟁을 경험한다. 회비만으로 재정을 유지하기 어려운 현실 때문에, 조직의 독립성을 유지하면서도 정부와 기업의 지원을 받기 위해 노력을 기울이지 않을 수 없다. 의제의 정치화 위협도 넘어서야 할 장애물이다. 한국 기업의 해외 진출이 증가하는 상황에서, 기업이 진출한 개발도상국 현지의 인권 문제를 제기하는 한국 NGO는 수적으로도 매우 적고 힘도 약하다. 아시아 여러 나라의 민주주의 발전을 위한 조직 및 기금을 설립하려는 노력이 시민사회 일부에서 이제야 시작되었다.

제 3 장   유엔의 인권 메커니즘

유엔은 정부, 시민사회, 개인 등이 참여해 인권 문제를 제기하고 해결하는 핵심적 장(場)이다. 세계 곳곳에서 일상적이고 지방화(localized)한 형태로 벌어지는 인권침해 사안들을 세계 각지의 NGO가 유엔에서 제기한다. 이때 유엔은 인권의 국제적 규범과 해결 메커니즘을 내포한 국제기구일 뿐 아니라, 세계 여러 곳의 시민사회 구성원들이 함께 만나 소통하는 장으로서 기능하는 복합적 국제레짐이기도 하다.[1]

1. 유엔의 인권 메커니즘

국제 차원에서 인권이 등장한 것은 사회적 진보의 결과였다. 19세기에 일어난 몇몇 반(反)노예제 활동[2]을 제외하면, 인권은 거의 국내 문제로

---

[1] 제3장은 정진성(2003)을 많이 참고하여 서술하였다.

[2] 1815년 비엔나 회의에서 주요 강대국은 노예무역을 그만두자고 결의했다. 1890년 브뤼셀 회의에서는 노예무역금지조약이 체결됐다(Donnelly, 1990: 6).

만 인식되었다. 하지만 제1차 세계대전 이후 국제노동기구가 국제 차원에서 노동자 권리를 다루면서 상황이 달라지기 시작했다. 전쟁 후에 국제연맹은 국경이 바뀐 지역에 거주하는 소수민족의 권리를 보호하는 규정을 만들었다. 제2차 세계대전과 나치의 대학살은 인권 문제를 더 분명히 국제 차원으로 끌어올린 계기가 되었다.

전쟁 이전, 또는 전쟁 중에 제시된 여러 제안은 유엔이 결성되면서 결실을 맺었다. 유엔은 크게 '평화', '발전', '인권'이라는 세 기둥으로 이루어져 있다. 이를 따라 유엔은 총회에 더해 안전보장이사회, 경제사회이사회, 인권이사회라는 세 기구를 두고 각 목적을 위해 활동하도록 하였다. 인권 이슈는 주로 인권이사회가 논의한다. 하지만 안보와 발전 없이는 인권을 실현할 수 없으므로 세 이사회의 이상은 서로 통한다고 볼 수 있다. 실제로 안보(security)는 전통적인 무력 분쟁으로부터의 안전뿐만 아니라, 기아와 공포를 야기하는 모든 요소들로부터의 안전을 의미하는 인간안보(human security) 개념으로 발전해 왔다. 발전(development) 또한 경제적 발전에서 더 나아가 자유를 가질 능력을 기를 수 있는 가능성을 모두 포함하는 인간개발(human development)의 개념으로 확장되었다. 이제 안보-발전-인권은 삼각형의 세 꼭짓점처럼 서로 연결된다.

유엔헌장에 기초하여 인권의 내용을 구체화하고 실천하기 위해 인권위원회가 설치되었고(2006년에 인권이사회로 개편되었다), 1948년에는 세계인권선언이 채택되었다(반보벤, 1986: 20). 인권위원회와 그 아래의 인권소위원회(2007년에 인권이사회 자문위원회로 개편되었다) 및 여러 실무그룹(인권이사회 설립 후 인권이사회의 특별절차로 편입되었다)을 중심으로 이루어진 인권기구를 헌장기구라 부른다. 그러나 냉전기에는

〈그림 3-1〉 유엔의 메커니즘

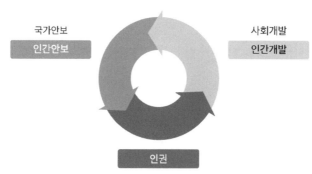

인권 이슈가 강대국 간 세력 대결의 장이 되었으며, 세계인권선언은 구속력이 없어 효과를 발휘할 수 없었다.

1950~1960년대에 식민지 국가들이 잇달아 독립하면서 유엔 회원국 구성에도 큰 변화가 일어났다. 이후 법적 구속력이 없는 인권선언의 한계를 극복하기 위해 국제인권규약[3]이 제정되기 시작했다. 1965년 인종 차별철폐협약, 1966년 자유권규약과 사회권규약이 설립된 후, 오늘날까지 9개의 주요 인권규약이 설립되었다. 각 규약에는 이를 모니터링하는 위원회가 있는데, 이 위원회를 조약기구라 부른다.

헌장기구는 세계 모든 나라의 모든 인권 문제를 논의하여 결의안을 만들고 유엔 회원국들의 표결을 통해 이를 채택한다. 반면 조약기구는 개별 국가가 유엔 가입과는 별도로 선택하여 가입한다. 조약기구(위원회)에 가입국(정부)이 정기적으로 보고서를 제출하면 위원회는 심의를 거쳐 권고를 한다.

일본이 1956년에 가입한 데 비해, 한국은 그보다 훨씬 늦은 1991년에

---

3 이 책에서는 조약, 규약, 협약 등의 용어를 별다른 구분 없이 사용했다.

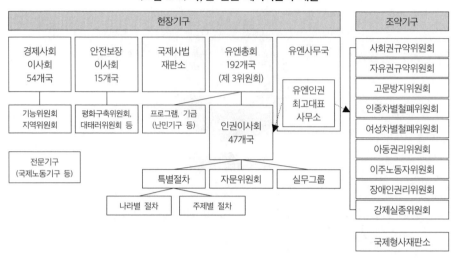

〈그림 3-2〉 유엔 인권 메커니즘의 개괄

야 유엔에 가입했다. 남한과 북한의 국가 정통성을 둘러싸고 서구 민주
주의계 국가들과 사회주의권 나라들 간에 논란이 있었기 때문에 남북한
은 1991년, 동시에 유엔에 가입한 것이다. 그러나 한국은 유엔 가입 이
전에 이미 4개의 조약기구에 가입했다.

위와 같은 헌장기구 및 조약기구 외에도, 유엔 인권 메커니즘에는
UNDP, 유니세프, 국제보건기구, 국제노동기구, 세계은행, 국제통화
기금(IMF) 등 수많은 프로그램과 전문기구(*specialized agency*)가 있다.
또한 1993년 비엔나에서 진행된 세계인권회의, 5년마다 열리는 세계여
성회의, 2001년 남아프리카 공화국에서 개최된 세계인종차별철폐회의
등 유엔 세계회의(*world conferences*)에서도 인권을 논의한다. 유엔의 모
든 인권 업무를 총괄하는 기관은 유엔 사무국 내의 유엔인권최고대표사
무소(Office of High Commissioner for Human Rights: OHCHR)다.

여러 기구는 각자 내린 판단을 서로 참조하며 인권 이슈를 논의한다.

예컨대 조약기구가 국가보고서를 심의할 때에는 다른 조약기구들의 최종견해나 인권이사회의 보편적 정례검토 의견 등을 참조한다. 제 2부에서 논의할 사례 중 하나인 일본군 위안부 문제는 인권위원회, 인권소위원회(2007년부터는 인권이사회 자문위원회), 국제노동기구, 자유권규약위원회, 여성차별철폐위원회 등에서 논의되었는데, 각 기관의 보고서 및 권고안은 서로 참고가 되어 인용되기도 했다. 다른 사례인 카스트 차별 문제도 마찬가지로 인권소위원회, 인종차별철폐위원회 등에서 논의되었다.

2. 헌장기구

헌장기구는 유엔에서 인권개념의 설립과 발달을 추진하는 핵심 기관이라 할 수 있다. 유엔총회는 헌장기구의 최상위 기관이다. 유엔총회는 1948년 세계인권선언을 채택한 이후로 여러 인권 관련 선언 및 조약을 채택했다. 총회는 6개 분과위원회(Main Committees)를 두고 있는데, 인권 관련 의제는 제 3위원회가 다룬다. 총회 외의 주요 기구로는 안전보장이사회, 경제사회이사회 그리고 인권이사회가 있으며 각각 평화, 개발, 인권 업무를 담당한다.

유엔에서 인권을 다루는 핵심 기구는 인권이사회다. 앞서 언급한 대로 인권이사회는 2006년, 인권위원회의 후신으로 설립되었다. 인권위원회보다 회기도 길고 여러 강력한 특별절차를 운영한다. 인권위원회는 유엔 설립 후 곧바로 설립된 인권기구로, 세계인권선언 초안을 작성했으며, 이후 중요한 인권규범을 만들었다.

1) 인권위원회 및 인권소위원회

인권위원회는 1946년 경제사회이사회의 결의에 따라 설치되어 1947년에 첫 회의를 열었다. 53개국 정부 대표로 구성된 인권위원회는 첫 번째 회의에서 여러 인권 문제를 분석하고 권고를 작성하기 위해 전문가로 구성된 소위원회를 두자고 제안했다. 이때 3개의 소위원회, 곧 여성의 권리를 위한 소위원회, 정보와 언론의 자유를 위한 소위원회, 소수집단 차별 방지와 보호를 위한 소위원회(Sub-Commission on Prevention of Discrimination and Protection of Minorities)를 설치하였다. 그중 여성의 권리를 위한 소위원회는 여성지위위원회(CSW)로 발전했고, 정보와 언론의 자유를 위한 소위원회는 1952년에 폐지되었다. 처음에는 이름처럼 소수집단의 권리에 집중했던 소수집단 차별 방지와 보호를 위한 소위원회는 인권위원회 산하의 유일한 소위원회로 남게 되어, 인권 문제 전반을 연구 및 분석하고 이에 기초해 인권위원회에 적절한 제안을 하는 포괄적 인권기관으로서 자리 잡았다. 1999년에 경제사회이사회가 이 위원회의 이름을 '인권 증진과 보호를 위한 소위원회'(Sub-Commission on the Promotion and Protection of Human Rights)로 바꾼 것도 그러한 까닭에서였다. 인권소위원회는 현대형노예제 실무그룹을 비롯한 몇 개의 실무그룹을 하부기관으로 두었다. 각 실무그룹은 인권소위원회에서 다룰 여러 인권 문제를 미리 심도 있게 논의했다. 2006년 이전까지 유엔 인권 이슈 논의 구조는 대체로 실무그룹 - 인권소위원회 - 인권위원회 - 경제사회이사회 - 유엔총회 순이었다(Hannum et al. 2017: 61).

그러나 인권위원회 아래 단 하나의 소위원회만 존재했기 때문에 때때로 인권위원회와 인권소위원회의 기능과 활동이 중첩되었으며, 구조적으로 인권위원회와 인권소위원회의 갈등 가능성이 잠재해 있었다. 인권위원회가 정부 대표로 구성된 반면, 인권소위원회는 26명의 독립 민간 전문가로 구성되었다. 26명의 구성은 유엔의 지역 균형을 정확하게 반영하여 결정되었다. 즉, 아시아, 아프리카, 중남미, 서유럽 및 미국, 동유럽의 회원국 수에 비례하여, 각 지역별로 5, 6, 6, 3, 6개국의 전문가로 인권소위원회 위원을 구성했다. 각 국가의 정부가 자국의 전문가를 지명하여 후보로 등록하면 인권위원회가 투표로 최종 결정을 내렸다. 정부가 지명하고 정부 대표가 투표하여 선출되므로 소위원회 위원은 국가로부터 완전히 자유로울 수 없었다. 하지만 일단 위원으로 선출된 이후에는 임기 동안 독립적으로 활동할 수 있었으므로, 위원 개인과 국가의 성격에 따라, 위원은 정부의 입장과 상반되는 행동도 할 수 있었다. 이로 인해 인권소위원회와 인권위원회 사이에 갈등이 생길 잠재성이 내재했던 것이다.

2000년부터 인권소위원회의 기능을 축소한 것은 이러한 인권소위원회와 인권위원회의 갈등을 우려한 조치였다. 인권위원회는 이전까지 4주간 진행되었던 인권소위원회 회의를 3주로 단축하였다. 그리고 인권소위원회의 기능 중 하나였던 결의(resolution) 작성에서 주제별 인권침해 사항에 대한 결의만 남겨두고, 국가별 인권침해 사항에 대한 결의안 작성 권한을 없애 버렸다. 또한 개인통보 실무그룹 - 인권소위원회 - 인권위원회 순으로 이루어졌던 개인통보제도인 1503절차[4]에서도 인권소

---

4 경제사회이사회 결의안 1503호에 근거하여 시작된 절차로서 개별 국가의 인권침해 사항을 비공개로 다룬다. 여러 가지 국내 제도 및 유엔 절차를 통하여 해결하지 못한 인권침해 사항을 개인통보 실무그룹에 제기한다. 인권소위원회가

위원회를 배제했다. 실무그룹 위원은 여전히 인권소위원회 위원 중에서 선출하지만, 실무그룹의 논의 결과는 인권소위원회를 거치지 않고 곧바로 인권위원회가 전달받게 되었다.

2000년에 인권소위원회는 3주로 축소된 기간에 맞추어 의제들을 새롭게 구성하기 위해 심각한 토론을 진행했다. 1503절차에서의 역할을 잃어버린 데 따른 대응도 긴 시간 숙의했다. 여러 가지 의제를 병합 또는 생략하여 그간 큰 변화가 없던 의제 구성을 대폭 변경하였으며, 개별 국가의 인권침해 사항에 대해 결의를 낼 권한은 더 이상 없지만 논의는 그대로 하고 그 내용을 보고서에 기록하기로 결정했다.

인권소위원회의 기능이 축소되자 유엔 인권기구는 세계시민사회의 이상과 달리 민간 전문가가 아닌 정부를 중심으로 한 논의 구조를 강화하는 방향으로 변하고 말았다. 인권소위원회의 국가 별 결의안과 1503 절차에 신경을 곤두세웠던 정부는 인권소위원회 참여를 현저하게 줄였고, 이러한 상황에 이의를 제기해야 할 NGO들마저 인권위원회로 발길을 돌렸다. 그 결과, 인권소위원회의 위상은 크게 손상되었다.

그동안 인권소위원회가 해 온 역할을 고려하면 이는 심각한 문제였다. 민간 전문가로 구성된 인권소위원회는 각 국가의 이해관계에서 벗어나 비교적 독립적으로 인권 문제에 접근할 수 있던 기관이었다. 예를 들면 일본군 위안부 문제, 카스트 차별 문제 등 정부 간 기구인 인권위원회가 논의하기 힘든 사항들이 인권소위원회를 통해 처음 제기되었다. 지금은 유엔총회에서도 중요하게 다루는 북한 인권 문제도 인권소위원

절차에서 제외된 후에도 인권소위원회 위원 중 각 지역을 대표하는 5명이 여전히 개인통보 실무그룹에 참여한다. 이 관행은 인권이사회 자문위원회로 개편된 후에도 이어지고 있다.

회에서 가장 먼저 논의되기 시작했다. 이렇듯 인권소위원회 위원들은 각자 국적이 있음에도 불구하고, NGO로 대변되는 세계시민의 목소리와 정부기관을 연결하는 교량 역할을 할 수 있었다. 실제로 많은 위원이 인권 침해 문제를 제기하거나 연구 분석을 수행하면서 여러 NGO와 공식, 비공식적으로 접촉했다.

인권소위원회의 이러한 기능과 가능성은 국가 간 논의를 중심에 두려는 유엔의 전체적 흐름에 압도되어 축소되었다. 유엔의 국가 중심적 경향성은 인권이사회 자문위원회가 설치된 이후 더욱 선명해졌다.

2) 인권이사회와 자문위원회

2000년대 들어 세계적으로 테러, 집단학살(genocide), 이주노동, 인신매매 등 인권 문제가 급증하면서 유엔은 인권기구 개편을 논의하기 시작했다. 2005년에 유엔 사무총장 코피 아난은 '더 큰 자유를 위해'(In Larger Freedom)라는 보고서를 발표하여 개편 취지를 밝혔다. 2006년, 총회는 인권위원회를 폐지하고 대신 인권이사회를 설립하기로 결정했다(UN General Assembly, 2006).

경제사회이사회 산하에서 연 1회 회의를 연 인권위원회와는 달리, 2006년에 총회 직속기관으로 설립된 인권이사회는 연 3회 정기회의를 하고 수시로 특별회기를 여는 준상설기구이다. 지역에 따라 분배하여 선출한 47개의 이사국으로 구성되며, 세계 모든 나라의 인권 문제를 다룬다. 이전에 인권위원회가 운영한 특별보고관 제도에 더해, 인권소위원회의 여러 포럼(Social Forum 등) 및 실무그룹(Working Group on Minority, Working Group on Indigenous People 등)까지 흡수하여 더욱 강력한 인권기구로 재탄생하였다. 특히 매년 유엔 회원국 4분의 1을 대상으로 보편적 정례검토를 실시함으로써 세계 모든 나라가 4년마다 인권 상황을 점검받게 된 것은 특기할 만하다. 인권위원회에서 주로 약소국의 인권 상황만을 논의한다는 불만을 해소하고, 세계 모든 나라들의 인권을 다루게 된 것이다.

한편 인권소위원회는 인권이사회 자문위원회로 개편되었다. 기능이 계속 축소되던 인권소위원회가 존폐 논쟁을 거쳐서[5] 자문위원회로 생존하게 되었다. 인권이사회 자문위원회는 이전에 인권소위원회가 가졌던 기능을 대부분 잃었다. 자문위원회는 새로운 인권 이슈를 제안하여 결의안을 통과시키지 못한다. 대신 인권이사회에서 자문위원회에 권고한 문제를 연구하고 실질적 제안을 하는 싱크탱크 역할만 한다. 개인통보 실무그룹에 위원을 보내 전 세계에서 접수되는 여러 문제를 논의하도록 하지만, 논의 결과는 자문위원회를 거치지 않고 인권이사회로 직접 송부된다. 각국 정부가 자문위원회 위원 후보를 지명하면 인권이사회에서 총 18명의 위원을 지역 균형에 따라 배분하여 선출한다(아시아 5명, 아프리카 5명, 중남미 3명, 동유럽 2명, 서유럽 및 기타 3명).

2006년 이전에 NGO들은 인권위원회에 비해 국가의 이해관계로부터 자유로운 인권소위원회를 무대로 활발하게 활동할 수 있었다. 이는 인권 의제를 다루는 데에 있어서 국가 중심적 논의 구조를 견제하고 보완할 수 있었음을 의미하였다. 그러나 2006년 이후 개편된 인권이사회는 인권위원회보다 회기를 늘렸고, 그 결과 NGO의 자문위원회 참여가 줄

---

5 선진국은 민간 전문가의 예측불가성 때문에 인권소위원회를 폐지하기 원했고, 비서구 및 개발도상국은 선진국이 논의를 압도할 것을 우려하여 이를 존립시키기 원했다.

<표 3-1> 인권소위원회와 인권이사회 자문위원회의 위상

구분	인권소위원회	인권이사회 자문위원회
지위	인권위원회 산하기관	인권이사회 산하기관
위원 구성	26개국의 위원(아시아 5명, 아프리카 6명, 라틴아메리카 6명, 동유럽 3명, 서유럽 및 기타 6명)	18개국의 위원(아시아 5명, 아프리카 5명, 중남미 3명, 동유럽 2명, 서유럽 및 기타 3명)
위원 선출 방법 및 임기	· 각 국가가 자국의 전문가를 후보로 지명 · 인권위원회에서 지역그룹별로 투표하여 다득표 순으로 선출 · 4년, 연임 제한 없음	· 각 국가가 자국의 전문가를 후보로 지명 · 인권이사회에서 지역그룹별로 투표하여 다득표 순으로 선출(2008년 3월) · 3년, 2회에 한해 연임 가능 · 시민사회, 국가위원회와 협의
회의 개최 빈도	연 1회(매년 8월), 3주	연 2회, 10일(2008년에 첫 회의 개최, 2009년에는 1월과 8월 각 1주일씩 진행)
임무 및 기능	· 자체적으로 정한 주제로 연구, 논의함 · 인권위원회가 요청하는 활동도 수행하지만, 실무그룹을 편성하는 등 대부분의 결정을 직접 내림 · 자체적으로 결의를 채택하고 이후에 인권위원회의 허가를 받음 · 주제별 결의만 가능함	· 주로 인권이사회가 요구하는 전문적 연구, 분석에 기반을 둔 자문을 함 · 인권이사회가 요구하는 특정 이슈만 다룸 · 규범보다 실행 중심으로 논의함 · 자체적으로 결의 및 결정을 채택할 수 없음

어들었다. 정부의 자문위원회 참여는 물론 더욱 줄어들었다. 이러한 자문위원회의 축소는 NGO 및 시민사회의 역할 축소로도 이어졌다고 할 수 있다.

3. 조약기구

인권이사회는 세계 어느 나라에게든 인권 문제를 제기하고 논의하여 결의안을 채택하고 권고를 할 수 있지만, 좀더 효과적인 인권 실현을 위해 특정 사안별로 조약이 체결되었다. 각 국가는 유엔과는 별도로 다양한 인권조약을 비준하고, 각 조약의 준수를 감독하는 위원회들은 해당 조약이 정하는 범위 안에서 조약 가입국의 조약 준수 상황을 정기적으로 검토한다.

현재 유엔의 조약기구는 9개의 인권조약을 감독하는 각 위원회와 고문방지소위원회로 구성된다. 1965년에 '모든 형태의 인종 차별 철폐에 관한 국제협약'(이하 인종차별철폐협약)이 가장 먼저 설립되었다. 1966년에는 '경제적·사회적 및 문화적 권리에 관한 국제규약'(사회권규약)과 '시민적 및 정치적 권리에 관한 국제규약'(자유권규약)이 각각 체결되었다. 이후 '여성에 대한 모든 형태의 차별 철폐에 관한 협약'(이하 여성차별철폐협약), '고문 및 그 밖의 잔혹한 비인도적인 또는 굴욕적인 대우나 처벌의 방지에 관한 협약'(고문방지협약), '아동의 권리에 관한 협약'(아동권리협약)이 체결되었다. '모든 이주노동자와 그 가족의 권리 보호에 관한 국제협약'(International Convention on the Protection of the Rights of All Migrant Workers and Members of Their Families, 이하 이주노동자권리협약)은 1990년에 설립되었으나 첫 회의는 2004년에서야 열렸다. 아직 54개국만 가입해 있는데 대부분 이주노동자를 보내는 국가들이다. 이주노동자를 받아들이는 선진산업국은 거의 가입하지 않았으며, 한국 또한 이 조약에 가입하지 않았다. 한편 한국은 '강제실종으로부터 모든 사람을 보호하기 위한 국제협약'(International Convention for the Protection of All Persons from Enforced Disappearances, 이하 강제실종협약)과 고문방지소위원회 가입을 검토하는 중이다.

조약기구들은 각 국가가 국제 인권조약을 이행하도록 이끈다. 각 조약기구는 지역별 균형을 고려하여 선출한 민간 전문가 18명으로 구성된다(고문방지위원회는 10명, 여성차별철폐위원회는 23명, 이주노동자위원회

<표 3-2> 유엔 조약기구의 현황 및 조약별 한국의 가입 상황

조약기구	설립	한국 가입
인종차별철폐위원회(Committee on the Elimination of Racial Discrimination: CERD)	1965년	1987년
자유권규약위원회(Human Rights Committee)	1966년	1990년
사회권규약위원회(Committee on Economic, Social and Cultural Rights: CESCR)	1966년	1990년
여성차별철폐위원회(Committee on the Elimination of Discrimination against Women: CEDAW)	1979년	1984년
고문방지위원회(Committee against Torture: CAT)	1984년	1995년
아동권리위원회(Committee on the Rights of the Child: CRC)	1989년	1991년
이주노동자권리위원회(Committee on Migrant Workers: CMW)	1990년	미가입
장애인권리위원회(Committee on the Rights of Persons with Disabilities: CRPD)	2006년	2008년
강제실종위원회(Committee on Enforced Disappearances: CED)	2006년	미가입
고문방지소위원회(The Subcommittee on Prevention of Torture and other Cruel, Inhuman or Degrading Treatment or Punishment: SPT)	2002년	미가입

는 14명). 정부가 아닌 민간 전문가가 위원회의 중심이라는 사실은 인권 논의의 정치화를 최소화할 수 있는 가능성을 보여 준다.

각 국가는 협약에 가입하되, 특정 조항은 유보할 수 있다. 예컨대 1995년 한국이 고문방지협약에 가입했을 때 21조와 22조를 유보했으며, 이후 2007년에 이 두 조항을 비준했다. 오늘날 여러 국제 인권조약의 가입국이 증가하고 있는데, 각 가입국이 유보한 조항도 점차 감소 중이라는 사실은 매우 고무적이다.

또한 국제 인권협약은 새로운 요소들을 선택의정서 형태로 계속 추가한다. 자유권규약은 개인통보를 규정하는 선택의정서와 사형제 폐지를 목적으로 한 선택의정서를 포괄한다. 고문방지협약은 구금 장소에 대한 정기적 방문을 위한 선택의정서, 여성차별철폐협약과 장애인권리협약은 개인통보를 위한 선택의정서를 별도로 정하였다. 각 조약에 참여한 가입국은 본 규약과는 별도로 이 선택의정서에 가입할지 결정한다. 예컨대 한국은 자유권규약에 가입했지만, 사형제 폐지를 위한 선택의정서에는 가입하지 않았다.

한편 각 조약기구는 개별 국가보고서에서 공통적으로 발견한 중요 인권 문제에 관하여 일반권고(General Recommendation)를 만든다. 그 예로 인종차별철폐위원회는 2013년에 인종차별적 혐오발언(*hate speech*)에 관해 일반권고를 채택했다(CERD, 2010). 제35호 일반권고였다. 일반권고는 국제 인권규범 형성에도 중요한 영향을 미친다.

조약 가입국은 해당 위원회에 최초보고서를 내고 이후 매 4~5년마다 정기적으로 보고서를 제출해야 한다. 예를 들어 자유권규약에 가입한 국가는 자국의 인권 상황을 정리한 보고서를 조약에 가입한 때로부터 1년 안에 자유권규약위원회에 제출해야 하며 그 후 5년마다 추가보고서를 내야 한다. 이때 해당 국가의 인권단체나 초국적 활동을 하는 국제 인권단체가 반박보고서를 해당 위원회에 제출함으로써 조약기구 위원들이 정확한 정보를 가지고 국가보고서를 검토하고 올바로 권고할 수 있도록 돕는 것이 하나의 관례가 되었다. 위원회는 회의에서 보고서를 제출한 정부 대표에게 질의하며 해당 국가의 인권 상황을 검토한다. 이후 최종견해를 작성하고 해당 정부가 이를 따르도록 권고한다. 또 조약기구들은 가입국이 최종견해의 권고 사항을 잘 따르도록 하기 위한 후속(*follow-up*) 메커니즘을 각자 가지고 있다. 예컨대 인종차별철폐위원회는 최종견해 중에서 시급한 조치가 필요한 사안 3~4가지를 지정하여 1년 안에 후속보고서를 제출하도록 해당 정부에 요구한다.

헌장기구 중 인권위원회가 인권이사회로 개편되는 과정에서 조약기구 재편도 진지하게 논의되었다. 특히 여러 조약기구에 제출할 보고서를 작성하는 데에 각 국가 정부와 NGO들이 너무 많은 시간과 노력을 써야 한다는 점, 그로 인해 보고서 제출이 지연되는 일이 허다하다는 점이 비판받았다. 조약기구는 조약기구대로 보고서를 제때 검토하지 못하고 권고를 시의적절하게 내지 못하는 일이 많았다. 이에 따라 유엔인권최고대표사무소는 각 국가가 5년 주기로 보고서를 제출하여 1년에 2개 이하의 보고서만을 내도록 하는 '종합보고 캘린더'를 제안하였다. 또한 보고서 분량을 줄이도록 하는 등 정부와 조약기구 및 NGO 모두의 부담을 줄이기 위한 개혁을 시도하고 있다(필레이, 2017). 보고서 간소화를 포함해, 이러한 논의는 지금까지 계속되고 있다. 유엔총회는 2020년에 관련 논의를 점검한다는 결의를 2014년에 통과시켰다(UN General Assembly Resolution 68/268).[6]

4. 유엔 프로그램 및 전문기구, 국제노동기구

헌장기구와 조약기구 외에도 유엔의 여러 프로그램, 기금, 전문기구가 다각적으로 인권 신장을 위해 활동한다. 여기에서는 그중 다음 두 기구만 언급하기로 한다.

---

[6] 조약기구 강화와 보고서 간소화에 관해서는 정진성(2019), 신혜수(2019)를 참고하라.

1) 유엔여성기구(UN Women)

유엔에는 여성지위위원회와 여성차별철폐위원회 등 젠더 문제를 다루는 기구가 많다. 2011년, 반기문 유엔 사무총장은 그중 4개의 주요 기구를 통합하여 유엔여성기구(UN Women)를 발족해서 더 강력하고 효율적으로 활동할 수 있도록 했다. 통합된 기구는 경제사회국의 여성지위향상과(DAW), [7] 유엔여성발전기금(UNIFEM), [8] 국제여성연구훈련원(INSTRAW), [9] 젠더 문제에 대한 사무총장 특별자문관실(OSAGI) [10]

---

7 여성지위향상과는 유엔사무국의 경제사회국에서 여성 관련 업무를 맡아 온 기관이다. 양성평등과 여성 권한 강화를 위해 다양한 정책과 규범을 제안하고, 여성 관련 협약이 잘 이행되는지 검토하며, 유엔 시스템 안팎 전 분야에 걸쳐 성 주류화를 증진하고자 노력하였다.

8 유엔여성발전기금은 여성의 능력을 신장하고 양성평등을 달성하기 위한 프로그램을 시행하도록 1976년 유엔총회 결의안을 통해 창설되었다. 17개 개발도상국에 지역사무실을 설치하여 해당 지역의 사업을 돕고, 15개 원조공여국에 국가위원회를 두어 기금의 활동을 지원하도록 했다. 또한 각 국가가 여성을 위한 혁신적 프로그램 및 전략을 개발할 수 있도록 자금 및 기술을 제공했다.

9 국제여성연구훈련원은 양성평등과 여성의 권한 강화를 목표로 여성 관련 조사를 수행하던 연구기관이다. 경제사회이사회가 1975년에 설립하였다. 1983년에는 도미니카 공화국 산토도밍고에 본부를 설치했다. 각 지역의 정부기관, 유엔기구, 정부 간 기구, 지역 조사기관, 시민사회 조직 등과 협력하여 연구 프로젝트를 실행해 왔다.

10 젠더 문제에 대한 사무총장 특별자문관실은 유엔사무국의 경제사회국(DESA)에서 여성지위향상과와 함께 여성 관련 업무를 담당하던 기관이다. 여성지위향상과에 지침을 주고 감독하며, 각종 유엔 프로그램 및 활동에 성 인지 관점이 반영되어 밀레니엄선언과 베이징선언 및 행동강령이 효과적으로 실행되도록 지도하고, 양성평등 및 여성 권한 강화를 위한 여러 프로그램의 이행을 감독하고, 관련 정책을 제안해 왔다.

이다. 유엔여성기구는 이 네 기구가 수행하던 기능을 통합적으로 수행함으로써, 회원국에 정책 자문 및 구조적 지원을 제공하고, 회원국의 국제협약 이행을 지원하고 점검하며, 유엔의 여러 양성평등 사업을 수행하거나 서로 조정한다. 또 양성평등 증진을 위한 경험과 정보를 공유하는 허브 역할을 수행하는 한편 여성의 역량을 강화하기 위한 연구와 교육훈련을 제공한다.

2) 국제노동기구

국제노동기구는 1919년, 유엔보다 먼저 설립되었다. 노동자의 지위를 향상하는 일이 세계의 항구적 평화를 달성하는 데에 반드시 필요하다는 인식에 따라 제1차 세계대전 직후 베르사유조약에 의해 설립된 것이다. 국제노동기구에는 노사정(勞使政)이 대등한 입장으로 참가한다. 따라서 국제노동기구는 비정부기구가 단위구성으로 참여하는 유일한 국제기구이자 세계 각국의 노동조합이 서로 연대하는 장이기도 하다. 노동에 관한 여러 국제조약을 관리하며 국제 노동기준을 정한 189개의 조약과 205개의 권고를 갖고 있다(2018년 기준).[11] 회원국이 조약을 위반할 때에는 문제를 제기하고, 판단 및 강력한 권고를 내릴 수 있다. 2018년 기준으로 187개국이 가입해 있다.

국제노동기구에는 노동에 관한 문제를 제기하도록 설치한 여러 기관과 통로가 있다. 그중 일본군 위안부 문제를 제기한 과정을 예로 들어

---

11 조약은 비준한 회원국에게 준수 의무를 부여하고 이행 여부를 감시하는 국제법이다. 반면 권고는 강제력이 없는 가이드라인이다.

보면, 이사회(Governing Body)를 통하는 방법과 조약권고적용 전문가 위원회(ILO Committee of Experts on the Application of Conventions and Recommendations, 이하 전문가위원회)에 문제를 제기하는 방법이 활용되었다. 이사회를 통한 방법이란 국제노동기구의 조약을 비준한 국가를 직접 제소(representation)하는 것이다. 국제노동기구 헌장(Constitution) 제24조는 노동자 및 사용자 조직이 조약 위반을 이유로 회원국을 제소할 수 있도록 하였다. 국제노동기구 사무국은 이를 접수해 해당 국가의 정부에 통보하고 이사회에 전달한다. 이사회는 먼저 접수 가능한 사안인지(receivability) 판단한 후, 접수 가능하다면 사안 관련 위원회(Ad-Hoc Committee)를 노사정 삼자로 구성하여 설치한다. 위원회는 해당 정부와 접촉하는 등 문제를 조사하고 이사회에 보고서를 제출한다. 이사회는 보고서를 검토하며 해당 정부에 대표를 보낼 것을 요청하기도 한다. 이사회는 이 제소를 출판할 것인지 결정한다.[12] 또 하나의 통로는 전문가위원회이다. 전문가위원회는 국제노동기구의 조약이 잘 준수되는지 감독하는 정규체계(regular system)이다. 20명의 노동법 전문가로 구성되며 조약 및 권고의 이행에 있어 제기된 문제들을 국가별로 검토한다. 노동조합만이 전문가위원회에 문제를 제기할 수 있다. 전문가위원회는 문제 제기된 사항을 해당 정부에 알리고 이에 대한 정부의 의견을 받은 후 종합하여 매년 보고서를 출판한다. 이 보고서는 세계 여러 나라의 다양한 문제들에 대해 내린 법적 판단을 담고 있어 그 자체로서도 판례(case law)적 의의 및 기능을 지니며, 큰 영향력을 발휘할 수

---

12 자세한 내용은 국제노동기구 웹페이지를 참고하라(http://www.ilo.org/public/english/50normes/enforced/reprsnt/index.htm).

있다. 매년 6월에 개최하는 국제노동기구 총회(International Labor Conference)[13]에서 기준적용위원회(Committee on the Application of Standards)[14]는 제기된 여러 안건 중 20~30건의 주요 사항을 추려 집중적으로 논의하고 보고서를 총회에 제출한다. 총회는 보고서를 최종적으로 채택한다.

5. NGO의 역할

유엔의 인권 논의에서 NGO의 활동은 빼놓을 수 없다. 유엔이 설립되기 전부터 NGO들은 인권을 보호하고 증진하기 위한 세계조직을 구성하고자 노력했다. 유엔이 설립되고 곧바로 유엔 인권위원회가 세워지자, NGO들은 인권위원회에 옵서버(observer)로 참여하며 세계인권선언과 여러 인권조약을 초안할 수 있도록 자료 및 아이디어를 제공했다. 이때부터 이미 NGO들은 기준 설립(standard setting), 연구, 사실 규명 및 인권침해 폭로, 인권조약 실행 등에 기여해 왔다. 이들이 없었다면 유엔은 자신의 사명을 다할 수 없었을 것이다(Ramcharan, 2011).

유엔헌장은 경제사회이사회에게 비정부기구(NGO)와 협의할 수 있

---

13 총회는 국제노동기구 최고의사결정기구이다. 매년 6월 첫째 주부터 3주간 열리며, 상설위원회인 기준적용위원회와 3~4개의 의제위원회로 구성되어 진행된다(윤영모, 2003).

14 기준적용위원회는 결사의 자유위원회와 함께 국제노동기구의 감독기구이다. 결사의 자유위원회는 결사의 자유 관련 기본협약 제87호와 제98호를 비준하지 않은 회원국의 위반 사례를 감시·감독하며, 기준적용위원회는 비준한 모든 협약의 위반을 감시하는 기구이다(윤영모, 2003).

는 권한을 부여했다(제71조). 이후 유엔 인권위원회는 정부 관료들만으로는 달성하기 힘든 특정 인권 사안을 다루기 위해 각국 정부 전문가와 인권 전문가 외에 인권 NGO들도 논의에 참여할 수 있는 길을 열어두었다. 앞 장에서 논의한 대로 협의지위를 받은 NGO가 회의에서 의견을 제시할 수 있도록 한 것이다(UN ECOSOC, 1968). 협의지위를 가진 NGO는 투표권은 없으나 회의에서 서면 및 구두 발언권을 받는다. 또한 유엔에서 의제에 관해 간단한 발표회를 할 수 있다. 이러한 권한은 1996년에 재확인되고 더욱 확장되었다(UN ECOSOC, 1996). 인권이사회가 설립된 후에도 이 관행은 지속되었다. 인권이사회는 2007년 새로운 기구를 설립하는 과정에서 앞서 언급한 보편적 정례검토 및 실무그룹 등에 NGO들이 참여하여 의견과 정보를 제공할 수 있도록 하였다.

헌장기구뿐 아니라 조약기구의 활동에도 NGO들은 중요한 역할을 한다. 앞서 언급한 것처럼 국가보고서를 심의하는 과정에서 NGO들의 반박보고서가 면밀히 검토된다.

NGO의 역할 중 매우 중요한 것은 인권 이슈의 정치화를 막는 일이다. 각 국가의 정부들만 모여 다루면 자칫 정치화되기 쉬운 인권 논의 과정에서 NGO들은 인권의 보편성을 지향하도록 방향을 제시한다. 예컨대 1993년 비엔나 세계인권회의를 준비하는 아시아 지역모임에서 발표된 방콕정부선언(Bangkok Governmental Declaration)은 정치적 압력의 도구로서 인권 문제를 사용하지 말아야 한다고 주장했다. 또한 인권을 다룰 때에는 각 나라와 지역의 특수성 및 다양한 역사적·문화적·종교적 배경을 중시하여 고려해야 한다고 강조했다. 이에 NGO들은 방콕NGO선언(Bangkok NGO Declaration on Human Rights)에서 여성의 권리를 비롯한 보편적 인권을 훼손하는 문화적 실천을 관용해서는 안

된다고 강조했다. 1993년 비엔나선언(Vienna Declaration) [15]은 양자를 절충하여 나라와 지역의 특수성 및 다양한 역사적 · 문화적 · 종교적 배경의 중요성을 인식하되, 각 국가는 모든 인권과 기본적 자유를 증진하고 보호해야 한다고 명기했다(박찬운, 1999: 50~52).

NGO가 비교적 접근하기 쉬운 민간 전문가 위원의 논의는 정부 간 논의보다 정치화 위험이 낮다. 각 정부가 후보를 지명하고 정부 간 기구에서 표결하여 선출하는 민간 위원이 정부로부터 완전히 독립적일 수는 없지만 정부를 대표하지 않는다는 사실만으로도 상당한 틈새를 만들 수 있다. 이러한 의미에서, 앞서 논의한 것처럼 유엔 인권기구의 개편으로 인권이사회 자문위원회의 기능이 축소된 데에는 우려스러운 점이 많다. 인권 전문가들의 역할이 축소되고, 그 결과 각국 정부나 인권위원회에 문제를 제기하던 NGO의 역할도 약화되었기 때문이다. 인권 논쟁이 한편에서 민간 위원과 NGO 사이의 대화 및 타협을 통해 '보편적' 인권개념으로 수렴해 갈 가능성도 함께 약화되었다.

---

15 유엔총회(UN General Assembly, 1994)를 참고하라.

제 2 부

유엔에서 이뤄진
인권 논의

-

초국적기업의 인권규범
-

식량권과 농민권리선언
-

평화권 논의의 구조와 전망
-

보편적 노인인권 의제
-

카스트 차별
-

일본군 위안부 문제
-

제 4 장

초국적기업의 인권규범

최근 세계사회에서뿐 아니라 한국에서도 가장 많이 논의되는 인권 이슈 중 하나가 '기업과 인권'이다. 자본주의를 구성하는 핵심 요소가 노동과 자본이라 할 때, 기업이 인권을 중시하는 행태와 방침을 취하는 일은 오늘날 인권을 존중하는 사회를 만드는 데 근간이 된다. 세계사회가 기업의 인권 존중 문제를 들고 나온 것은 1970년대이다. 이는 당시 점차 중요성을 더해 가던 다국적기업[1]에 대한 우려 때문이었다. 임금 상승, 자원 부족 및 공해 문제 등으로 인해 한 국가 내에서 자본을 축적하는 데에 한계를 느낀 선진국의 기업들은 때마침 발전 중이던 교통 및 통신 기술에 힘입어 이송 비용을 절감할 수 있는 기회를 이용하여 개도국으로 노동 과정의 일부를 옮겼다. 이른바 국제노동분업이 진행된 것이다. 예컨대 한국 청계천에서 값싼 인력으로 제작한 상품에 프랑스나 미국 기업

---

1 다국적기업(*multinational corporation*)은 여러 국적을 가진 기업이 아니라 국가의 경계를 넘어서서 활동하는 기업을 일컫는 용어이다. 점차 초국적기업(*transnational corporation*)으로 불리고 있다. 이 글에서는 다국적기업과 초국적기업을 함께 사용한다.

의 상표가 붙게 되었다. 한국의 임금이 상승하면서 한국에서 이루어지던 제작 과정은 임금이 더 저렴한 지역으로 옮겨 갔다.

1970년대부터 유엔 인권기구와 국제노동기구, OECD 등은 다국적기업이 인권을 존중하도록 만들기 위해 여러 가지 노력을 시작했다. 이러한 노력이 다시금 강화된 것은 1990년대 냉전체제가 와해되면서 세계화가 엄청난 속도로 진행되었기 때문이다. 다국적기업은 세계화의 주역이라 해도 과장이 아닐 정도로 전면에 등장했고, 다국적기업과 인권이 관련된 양상도 다면화하였다. 여러 국가에 각기 다른 법인으로 지사를 둔 기업들이 설립되었고, 자유무역협정(FTA) 이면에서 이득을 취하는 다국적기업, 분쟁 지역에서 갈등을 부추기는 기업도 나타났으며, 천연자원 약탈은 더욱 심각해졌다. 이를 둘러싸고 국제NGO도 다양하게 활동하게 되었다. 유엔은 이제까지 기업의 자발성에 기초한 기업의 윤리적 책임을 강화하는 한편, 법적 강제규범의 설립도 시도하였다. 2003년 인권소위원회가 법적 규범을 제정하려 도전하였지만 다국적기업들 및 선진국 정부들의 강력한 반대에 부딪혔고, 결국 상위 기관인 인권위원회에서 좌절되었다.

이 일은 다국적기업에 관련된 인권 문제의 심각성을 전 세계에 일깨운 계기가 되었다. 유엔은 사무총장 특별대표를 지정하여 기업의 인권 책무를 규정하는 업무를 맡겼다. 2011년에 이행원칙(UN Guiding Principles on Business and Human Rights: UNGP)이 작성되었고, 이후 이 원칙의 정착을 담당하는 실무그룹이 인권이사회 내에서 꾸준히 활동하고 있다. 기업에 의한 자율적 규제와 국제기구 및 해당 국가의 법적 규제의 조화를 시도한 이 지침은 강제규범에 기겁을 한 정부와 기업들의 전폭적인 지원을 업고 엄청난 성공을 거둔 듯하다. 이행원칙은 세계 모든 나라의 정부로부터 동의를 얻었으며, 이를 반대하던 NGO들도 점차 지침의 유용성을 인정하는 쪽으로 돌아섰다. 지역사회도 이 지침을 활용하기 시작하였다.

이행원칙에는 세 가지 축(*pillar*)이 있다. 즉, 기업을 포함한 제3자로부터 인권을 지켜야 할 인권 보호의무, 기업도 인권을 존중해야 한다는 책무 그리고 인권침해 피해당사자가 구제를 받을 수 있는 제도 및 장치를 만들어야 할 책임이다. 국제인권법상 기업에게 인권 존중, 보호 및 이행에 대한 법적 책임이 없는 현재 상황에서는 가장 실효성 있는 틀이라 평가할 만하다. 그럼에도 불구하고 자발주의를 극복했다고 보기는 힘든 것 또한 사실이다.

기업들이 인권을 존중하는 문화를 만들어 가는 것은 매우 바람직하다. 그러나 기업 문화 조성에는 긴 시간이 필요하다. 더욱이 기업의 인권 존중을 기업 스스로의 도덕성에만 기대어 실현할 수는 없다. 특히 다른 나라에서 활동하며 그 지역의 문화 및 자원을 보호하고 인권을 존중하기 위해서는 기업의 인내와 희생이 필요하다는 점에서 더욱 그러하다. 따라서 유엔의 아동권리위원회(CRC, 2013), 사회권규약위원회(CESCR, 2017), 여성차별철폐위원회(CEDAW, 2018) 등 조약기구는 기업의 역외적 의무(*extraterritorial obligation*)를 강조한다. 이러한 맥락에서 이행원칙에 법적 규제를 추가할 필요성이 점차 제기된다. 인권이사회는 법적 규제를 세우기 위한 기구 설립을 준비할 정부 간 실무그룹을 운영하기 시작했다.

이 글은 오늘날 기업의 인권 책무에 대한 세계사회의 인식과 노력이 자율 규제에서 법적 규제로, 다시 자율 규제로, 그리고 또 다시 법적 규제로 순환할 수밖에 없는 상황을 추적했다. 그리고 기업에게 인권 존중을 강제하려는 시도에서 나타난 정부, 유엔, 지역사회, NGO, 국제 NGO 및 기업 간의 역학에 주목했다.

1. 기업의 인권 존중에 문제를 제기한 배경

1) 신자유주의 세계화와 인권

오늘날 우리의 일상은 세계화의 영향으로 꾸준히 변화하고 있다. 세계화 시대에 중요한 주제는 국민국가의 미래, 국제이주, 인권과 여성, 문화와 정체성, 극단적 권리를 향한 운동, 미국의 일방주의 등이다. 이러한 주제들을 이해하고 논의하기 위해 우리는 고정된 영토 내에 주권과 국민을 가진 국민국가라는 근대적 패러다임을 넘어 지적 지평을 확장시켜야만 한다.

세계화에 대해 다음과 같은 점에 주목할 필요가 있다. 첫째, 현재의 세계화는 누군가는 이득을 얻고 누군가는 불이익을 당하는 불평등한 특징을 갖는다. 세계화 속에서 우리는 정치적이고 경제적인 구조적 요인들이 어떻게 세계를 소수의 '가진 자들'과 다수의 '가지지 못한 자들'로 양극화하는지 볼 수 있다. 좀더 높은 생활수준을 성취하고 몇몇 지역에서 빈곤을 줄일 기회를 제공하는 데에 긍정적인 영향을 미쳤지만, 전반적인 불평등, 빈곤, 갈등, 주변화, 착취, 의존 등을 심화하는 부정적 결과를 야기한 것이다. 금융시장은 국가 간 불평등과 국민국가의 경제적 불안정성을 가속화했고 정부의 자율성에도 영향을 미쳤다. 금융·생산·재화 및 서비스의 무역·노동시장 세계화로 인해 거대 규모의 이주노동자가 등장했고, 이들은 다양한 형태로 인권침해를 당했다. 둘째, 이 과정에서 비정부 행위자들의 역할이 커졌다. 한편으로는 국제통화기금과 세계은행, 세계무역기구 등 비정부 국제기구, 다른 한편으로는 국제적 경제협약의 가장 주요한 수혜자인 초국적기업의 중요성이 대폭 증대한 것이다. 이들 비정부 행위자들은 강력한 권력을 쥐고 있음에도 불구하고 국민국가 혹은 국제 인권기구들의 통제로부터 자유롭다는 점이 심각한 문제로 대두된다.

그러나 이러한 부정적인 측면이 존재하는 한편, 세계화는 결과가 확정되지 않은 '과정'이다. 또한 인간 행위자의 행동, 역사적 우발성, 논쟁적인 정치적 선택의 산물로서 의도를 띤 기획이기도 하다. 따라서 세계화는 인권에 심각한 영향을 미치고 있지만, 다른 한편 세계 여러 공동체가 그러한 세계화의 과정과 양상을 바꿀 수도 있다. 인권은 이러한 세계화의 변형을 위한 도구가 될 수 있다(Marks et al., 2005: 179~196).

2) 국제투자 및 무역협약의 확대와 약소국 정부의 취약성

다양한 방식의 외국인 투자 증진과 보호를 위한 양자 간 협약(BTPPIs)[2] 및 자유무역협정(FTA)은 세계무역기구(WTO) 협정과 같은 국제협약이

---

2 외국인 투자 증진과 보호를 위한 양자 간 협약(BTPPIs)은 국가 간에 체결되지만 그 혜택과 권리는 개인에게 부여된다. 따라서 외국인 투자자와 투자를 받는 국가 간에 발생할 가능성이 있는 갈등을 해결하기 위한 기제 역시 포함한다. BTPPIs의 주요 요소는 첫째, 외국인 투자자가 가장 큰 수혜를 받도록 할 것, 둘째, 외국인 투자자를 내국인 대우할 것, 셋째, 최혜국 조항을 적용할 것, 넷째, 행위 요건을 금지할 것, 다섯째, 보상의 몰수 혹은 이에 상응하는 다른 수단을 사용할 것 등이다. 이 모든 요소가 자유무역협정에 적용된다.

아니므로 유엔을 비롯한 국제적 규제로부터 특히 자유롭다.[3] 세계무역기구 체제의 완전한 이행을 위한 협상이 복잡해지고 더디게 진행되자, 많은 국가가 시간도 더 적게 들이고 좀더 효율적으로 다른 국가와 열린 무역관계를 확립하기 위해 대안적 수단으로 돌아섰다. 이러한 노력은 북미자유무역협정(NAFTA), 중미자유무역협정(CAFTA) 등 다양한 지역경제협정과 여러 국가 간의 양자간 자유무역협정으로 이어졌다. 이전과 달리, 1990년대에 체결된 새로운 자유무역협정들은 재화의 교류, 상품시장에 대한 접근뿐 아니라 농산품·의약품·서비스·교육·지적재산권 등 거의 모든 경제적 활동, 탈규제 조치와 서비스 거래의 자유화, 그리고 경쟁 장려 정책의 실행을 포함했다. 이러한 의미에서 자유무역협정은 단순한 '무역'협정이 아니라 당사자인 양국 간의 포괄적 경제적 통합을 위한 협정이다. 이에 더해 자유무역협정은 정치적, 군사적, 안보적 함의도 가진다. 자유무역협정은 협정 당사자인 정부의 정치적 약속에 의해 시작되는데, 특히 9·11 이후 신보수주의적 경제 정책이 안보 문제와 밀접하게 관련된 지역에서 활발히 체결되기 시작했다.

이러한 상황에서 초국적기업은 의심의 여지없이 세계화의 최전선에 서 있다. 특히 세계무역기구 체계와 비교했을 때, 자유무역협정과 같은 양자 간 경제협정에서 초국적기업들이 더 높은 수준의 영향력을 미친다고 할 수 있다. 초국적기업이 끼친 긍정적 영향을 최대한 인정하더라도, 이들을 비롯한 비국가 행위자들이 주도적으로 참여한 세계화 및 다양한 경제협정이 인권을 존중하기 위한 법적 책임과 의무를 충족하지

---

3 이 부분은 유엔 인권소위원회에 제출한 정진성의 보고서를 요약, 정리한 것이다 (Chung, 2009).

못했다는 사실은 확실하다.

그 결과 침해된 권리에는 노동권, 생존권, 식량권, 건강권, 물에 대한 권리, 전통지식을 수호할 권리 등이 포함된다. 초국적기업은 투자한 국가에서 일자리를 창출하는 동시에 경제 발전을 이끄는 긍정적 역할도 하지만, 심각한 노동착취와 인권침해를 저지르기도 한다. 아동노동, 여성 노동자에 대한 성적 학대, 인신매매, 생존을 위협하는 낮은 임금 등 다양한 문제가 일어나지만 이는 쉽게 은폐된다. 더 나아가 비정규직화 및 노동의 비공식화 역시 광범위하게 발생한다.

그 외에도 초국적기업들은 제3세계 지역에서 전통적 지식을 상품화한 뒤 이윤을 독점하곤 한다. 국제 차원에서 정부들은 전통지식에 관한 국제적 합의를 어떻게 마련할 것인지 논의해 왔으나 진전은 미미하고 현실성도 떨어진다. 여성 문제도 심각하다. 교역 자유화를 위한 여러 정책은 기존의 젠더 권력관계를 반영하거나 강화했으므로 여성은 빈곤에 더 쉽게 노출되게 되었다. 농업 부문에 종사하던 여성들은 값싼 식량과 재화의 수입으로 인해 심각한 타격을 입었으며, 증대하는 노동 유연화 및 비정규직화로 인해 여성 노동자들의 고용은 더욱 취약해졌다.

나아가 대다수 가난한 국가들은 외국인 자본을 유치하려는 열망 때문에 사회적·환경적·문화적·인권적 관점을 고려하지 않은 채 협상에 달려든다. 그 결과, 약소국 정부는 자국 천연자원이 약탈당하고, 환경이 파괴되며, 인권이 침해되는 현실 앞에서도 속수무책인 경우가 많다. 뒤에서 설명하는 대로, 2011년에 유엔 사무총장 특별대표 자격으로 초국적기업의 인권 책임에 관한 이행원칙을 만든 존 러기(John Ruggie)는 2008년에 "기업과 인권에 대한 프레임워크"를 발표하며 이미 이러한 투자협약의 위험성을 지적했다. 그에 따르면 대체로 개발도상국 정부들은 초국적기업의 투자를 유치하기 위해 투자자 보호를 위한 여러 조건을 약속하는데, 이 과정에서 인권과 관련한 사회적·환경적 기준을 거의 고려하지 못한다는 것이다.

이러한 양자 간 불균형은 협약과 관련한 분쟁이 발생하여 국제중재에 들어갔을 때에도 마찬가지이다. 이때 분쟁은 인권 등을 고려할 필요가 없는 상업적 갈등으로 취급된다(UN Human Rights Council, 2008). 존 러기는 '책임 있는 계약의 원칙'을 개발함으로써 국제투자협약의 불균형성 때문에 초국적기업의 자발성이 불충분하다고 여기는 개발도상국 정부들의 지지를 받았다.

3) 무력분쟁 지역에서 다국적기업의 역할

무력분쟁이 진행 중인 지역에서 활동하는 다국적기업이 인권침해를 일으킬 가능성은 더 높다. 의도적이든 아니든 다국적기업은 분쟁지역에서 어느 한편에 영합해 이득을 취할 수밖에 없는데, 이는 심각한 인권침해로 이어진다. 사례는 수없이 많다. 쉘(Shell)은 나이지리아에서 채굴을 반대하는 주민들로부터 보호받기 위해 군대의 지원을 받았고, 결국 수많은 사람을 죽음에 이르게 했다(러기, 2014: 100~105). 특히 부존자원이 풍부한 개발도상국에서는 자원을 둘러싼 외세의 개입으로 분쟁이 생기는 일이 많다. 이런 상황에서 다국적기업이 외세의 선두에 서기도 한다.

2. 1970~1990년대 초국적기업과 사회적 책임의 공론화: 기업의 자율 규제

초국적기업이 초래하는 인권 문제가 점점 심각해짐에 따라 다양한 대안이 검토되었다. 핵심은 국제적 · 지역적 · 하위-지역적 · 양자적 경제협정과 국제인권법으로 구성되고 국제적으로 통합된 법적 체제였다.

먼저 초국적기업의 인권침해를 제한하기 위해 유엔 인권 메커니즘을 통해 국가의 책임에 호소하고자 하는 움직임이 있었다. 유엔에 가입한 국가들은 유엔 인권규범을 준수해야 하기 때문이다. 또한 인권영향평가(Human Rights Impact Assessments: HRIAs)를 국제적 경제협정 협상 과정에 더 적극적으로 통합하려는 운동도 있었다. 인권영향평가는 각 행위자가 자신의 권리 및 책임을 더 깊이 이해하도록 하려는 목적에서 수행되는데, 많은 이들이 자유로운 경제협정과 관련한 각 차원의 협상에서 인권영향평가를 의무로 삼아야 한다고 주장했다. 하지만 모든 국가가 인권영향평가를 토대로 초국적기업의 인권 수호의무를 이해하고 받아들이기는 쉽지 않았다. 이러한 상황에서 유엔 인권기구, 국제노동기구, OECD 등은 기업의 자발적 인권 존중을 촉구하는 행동 지침을 제시하였다.

1) 1970년대 유엔, OECD, 국제노동기구의 초국적기업 자율규제 지침

1974년에 유엔 경제사회이사회는 정부 간 기구로서 초국적기업위원회 (UN Commission on Transnational Corporations)를 설립하고 매년 보고서를 제출하도록 했다(UN ECOSOC, 1974). 1983년, 초국적기업위원회는 초국적기업에 관한 행동강령(UN Code of Conduct on Trans-national Corporations)을 만들었다. 이 강령은 초국적기업이 자신이 활동하는 나라의 자율성을 존중하고 국내법과 규율 및 행정 지침을 따르는 것은 물론, 인권과 기본적 자유를 존중하도록 규정했다. 나아가 인종주의 정권과 협력하지 말고, 정치에 관여하지 말며 부패를 차단하라고 지적하고, 소비자와 환경을 보호할 것도 제시하였다(UN ECOSOC, 1983). 이 행동강령은 초국적기업위원회가 1994년에 유엔무역개발회의(Conference on Trade and Development: UNCTAD)에 통합되면서 폐기되었다.

1976년에는 OECD가 다국적기업 가이드라인(OECD Guidelines for Multinational Enterprises)을 채택했다. 이 가이드라인은 다국적기업 자신이 책임 있는 기업으로서 행동하기 위해 따라야 할 자발적(*voluntary*) 원칙과 기준이었다. 피고용자(*employee*)에 대한 존중과 환경보호, 뇌물 척결, 소비자 보호 등을 권고하였다. 또한 가입국에 국내 연락사무소를 설치하여 기업이 가이드라인을 위반할 때 문제를 제기할 수 있도록 했다. OECD는 이 가이드라인을 2000년, 2011년에 개정하면서 내용을 확충하였다.

국제노동기구의 노력도 중요하다. 1977년, 국제노동기구는 '다국적기업과 사회정책 원칙에 관한 삼자선언'(Tripartite Declaration of Prin-ciples concerning Multinational Enterprises and Social Policy)을 발표하여 다국적기업이 세계인권선언 및 여러 국제조약을 존중해야 한다고 선언했다(2017년에 이 선언의 5차 수정본을 만들었다). 1998년에는 '작업장에서의 근본원칙과 권리에 관한 국제노동기구 선언'을 채택하였다. 이 선언은 관련 국제노동기구 협약의 비준과 관계없이 각 회원국에게 결사의 자유 및 단체교섭권의 실효적 인정, 강제노동 및 의무노동의 철폐, 아동노동 폐지, 고용과 직무에서의 차별 제거 등 4가지 원칙과 권리를 보호하고 증진할 의무를 부과했다(러기, 2014: 134). 2008년에는 '공정한 세계화를 위한 사회정의선언'을 채택했으며, 2019년 1월에는 국제노동기구 100주년을 기념하여 '더 밝은 미래를 위한 일'(Work For a Brighter Future)이라는 제목의 보고서를 발표했다. 이러한 선언과 보고서가 법적 강제력은 없지만, 기업문화 개선에 기여한 것은 사실이다.

2) 1999년 유엔 글로벌콤팩트

초국적기업의 영향력이 점점 강해지는 가운데 기업의 사회적 책임 논의도 활발해졌다. 기업이 경제적 이윤 추구를 넘어 사회적 가치를 실현해야 한다는 생각이 확산하였다. 1999년, 유엔 사무총장 코피 아난은 기업들이 참여하는 유엔 글로벌콤팩트(UN Global Compact: UNGC)를 제안했다. 글로벌콤팩트는 인권, 노동기준, 환경, 반부패라는 4개의 범주로 구분되는 10개 원칙으로 구성된다. 인권 범주에는 ① 기업은 국제적으로 선언된 인권 보호를 지지하고 존중해야 하고, ② 기업은 인권침해에 연루되지 않도록 적극 노력한다는 원칙이 포함된다. 노동기준 범주에는 ③ 기업은 결사의 자유와 단체교섭의 실질적 안정을 지지하고, ④ 모든 형태의 강제노동을 배제하며, ⑤ 아동노동을 효율적으로 철폐하고, ⑥ 고용 및 업무에서 차별을 철폐한다는 원칙이, 환경 범주에는 ⑦ 기업은 환경 문제에 대한 예방적 접근을 지지하고, ⑧ 환경적 책임을 증진하는 조치를 수행하며, ⑨ 환경친화적 기술의 개발과 확산을 촉진한다는 원칙이 있다. 반부패 범주로는 ⑩ 기업은 부당취득 및 뇌물 등을 포함하는 모든 형태의 부패에 반대한다는 원칙이 포함된다(UNGC, 2009).

유엔 글로벌콤팩트는 현재 만 개가 넘는 기업이 참여하고 50개국 이상에 네트워크를 가진 매우 큰 조직이 되었다. 한국도 글로벌콤팩트에 가입하여 2007년에는 사단법인 유엔 글로벌콤팩트 한국협회[4]를 설립했다. 협회는 256개 단체를 회원으로 두고 있다. 두산중공업, 포스코, 유한킴벌리 등과 같은 기업뿐 아니라 대학, 공사, 재단 등 여러 기관이 참여함으로써 사회적 책임을 실현하려는 의지를 밝혔다. 후술할 바와 같이 유엔에서 기업의 인권 보호책임을 강화하기 위해 여러 가지 시도가 이루어지는 가운데서도, 글로벌콤팩트는 기업의 사회적 책임을 촉진하는 중요한 규범으로서 확산하고 있다.

3. 2003년 인권소위원회의 인권규범: 자발주의에서 법적 규제로

1) 논의의 배경: 초국적기업의 자율 규제에 대한 회의

글로벌콤팩트는 세계사회가 기업의 인권 책임을 인식하도록 이끄는 매우 훌륭한 규범으로 자리 잡았으며, 새천년발전목표(MDGs), 지속가능발전목표(SDGs) 등 유엔의 더 포괄적인 사회적 목표들을 적극적으

---

4 유엔 글로벌콤팩트 한국협회에 관한 더 자세한 정보는 웹페이지를 참고하라 (http://www.unglobalcompact.kr/wp).

로 수용하면서 지속적으로 활동을 확대했다. 그러나 스스로 이야기한 것처럼 글로벌콤팩트는 아무런 법적 강제력이 없는 자발적 기업시민 계획이다. 즉, 기업의 자발적 선의에 의지해야 한다. 이전의 OECD 가이드라인, 유엔 행동강령도 마찬가지였다.

앞에서 언급한 대로, 초국적기업들이 전방위적으로 활동 영역을 넓혀 간 1990년대에는 더 이상 기업의 선의에 의존하는 것으로는 인권침해 문제를 통제하기 어려운 상황에 다다랐다. 초국적기업의 인권침해 희생자가 늘어나고 희생 범위도 커져 갔다. 나이키는 1970년대부터 일본, 한국, 대만을 거쳐 1990년대 인도네시아, 베트남으로 생산 거점을 옮기면서 폭력적 노동 조건, 아동노동, 호흡기질환 등을 유발하는 노동 환경으로 비판받았다. 1984년 인도 보팔에서는 유니온 카바이드의 살충제 공장에서 유독가스가 유출되어 수천 명이 사망했다. 나이지리아에서 쉘은 원주민 커뮤니티를 파괴하고, 내부 분열을 초래하여 무능하고 권위적인 정부에 의해 엄청난 수의 주민이 죽도록 만들었다(러기, 2014: 100~109). 이 사례들에서는 각 기업이 후에 사회적 책임을 통감하고 인권 증진을 위한 관행을 스스로 만들었다. 그러나 그 사이에 얼마나 많은 희생이 일어났을지, 또 이외에 수많은 기업들이 숨기거나 무시한 인권침해 사례는 얼마나 많을지 생각하면, 인권 보호와 증진을 기업의 자발주의에만 맡길 수 없는 시대가 되었다고 판단할 만하다.

이러한 상황에서 2003년 유엔 인권소위원회는 자발주의를 과감히 타개하고 조약과 비슷한 수준의 강제력을 띤 인권규범을 제안했다. 인권소위원회는 "초국적기업의 개발도상국에 대한 후기 식민지적 착취가 더 이상 참을 수 없는 단계에까지 이르렀다. … 유엔의 체계 내에서 규제(regulation)가 필요하다"며 규범의 설립 동기를 밝혔다(UN Commission on Human Rights, 2002). 기업들이 준수할 의무를 지고 상황을 보고하고, 이를 검토한 유엔의 기관이 기업에게 권고를 하는 법적 체계를 상위 기관인 인권위원회에 제안한 것이다. 이 규범은 NGO들로부터 엄청난 지지를 받았으나 인권위원회에서 거부되었다. 논의 과정을 자세히 짚어 보자.

2) 인권소위원회의 논의 과정

인권소위원회는 1998년 처음으로 1999년부터 3년간 초국적기업의 활동을 검토할 실무그룹을 설립한다는 결의안(1998/8)을 채택했고, 2001년에는 이 실무그룹의 활동을 3년 더 연장하는 결의안(2001/3)을 통과시켰다. 첫 3년의 연구 기간을 거친 후, 두 번째 임기 동안 실무그룹은 사실상 인권규범 초안을 만드는 작업에 집중했다. 2003년에 실무그룹은 '초국적기업과 기타 기업들의 책무에 대한 인권규범'(Norms on the Responsibilities of Transnational Corporations and Other Business Enterprises with Regards to Human Rights, 이하 기업인권규범) 초안을 완성해 인권소위원회 승인을 받았다(UN Sub-Commission on the Promotion and Protection of Human Rights, 2003). 인권소위원회는 이를 인권위원회에 제출했다. 하지만 초국적기업 관련 NGO들로부터 열렬한 지지를 받은 이 초안은 인권위원회에서 거부되었고, 인권소위원회는 실무그룹의 활동을 더 이상 연장하지 않기로 결정했다.

(1) 유엔 인권소위원회의 위상
인권소위원회가 기업인권규범 초안을 작성할 수 있었던 이유로 먼저 인권기구로서의 법적 위상을 짚을 필요가 있다. 인권소위원회는 인권위원회의 하위 기관이었으나, 인권위원회와 마찬가지로 자체 결의안을 만들고 보고서를 작성할 수 있는 권한이 있었다. 정부 대표로 구성된 인권위원회와는 달리, 인권소위원회는 민간 전문가로 구성되었다. 세계 5개 지역(아시아, 아프리카, 중남미, 서유럽 및 기타, 동유럽)의 균형을 맞추어 정부로부터 추천받은 민간 전문가들을 위원으로 선출했지만, 인권소위원회 위원들은 각국 정부로부터 독립적으로 활동하도록 되어 있었다. NGO들은 각국 정부의 대표가 모인 다른 국제기구나 유엔 인권기구에 비해 민간 위원으로 구성된 인권소위원회에 더 쉽게 접근할 수 있었다. 그러므로 새로운 인권 의제를 제기하여 논의하도록 이끄는 통로로서 인권소위원회를 찾는 경우가 많았다.[5] 기업의 자발주의에 기초한 규범만 존재하던 상황에서 다국적기업에 강제성 있는 인권규범을 부여하려 한 것도 인권소위원회의 이러한 위상과 관련 깊다.

당시 인권소위원회는 세계화의 인권적 측면에 대한 분석, 이주노동자 및 난민 등을 포괄한 비시민(non-citizen)의 인권 문제, 자유무역협정 등 경제협약에서 다국적기업의 역할과 인권 문제 등 다국적기업과 관련된 여러 다른 논의들을 다루었다. 이러한 논의는 NGO의 문제 제기와 민간위원들의 의지에 기인했다. 인권소위원회가 1998년부터 2003년에 걸쳐 다국적기업의 책임을 다룬 일도 위로부터의 요청이 아니라 인권소위원회 위원과 NGO의 협력에 의한 것이었다.

---

5 한국 시민사회에서 가장 앞서서 유엔 인권 메커니즘을 활용한 정대협이 제일 먼저 찾은 곳도 인권소위원회였다. 북한 인권 문제, 강제실종 문제 등 현재 유엔에서 매우 중요하게 논의되는 인권 의제들도 대체로 NGO들이 인권소위원회에서 먼저 제기하였다.

2006년 유엔 개혁 과정에서 인권위원회가 인권이사회로 바뀌자 인권소위원회는 인권이사회 자문위원회로 개편되면서 자체 결의안을 채택할 권한을 잃어버렸고, 인권이사회가 지정하는 과제를 연구해 이사회에 보고하는 단순한 기능만을 수행하게 되었다. 그 결과, 2007년 인권이사회 자문위원회 설립 이후로는 이러한 강력한 논의가 다시 나오지 못했다. 대신 2014년부터 인권이사회가 새롭게 법적 규제를 논의하기 시작했다.

(2) 인권소위원회 위원의 역할

인권소위원회가 초국적기업 관련 활동을 시작했을 때부터 기업인권규범 초안을 만들기까지의 기간(1998~2003년)은 미국 미네소타대학교 교수인 바이스브로트(David Weissbrodt)가 인권소위원회 위원으로 일한 기간과 정확히 일치한다. 기업인권규범 작성에 바이스브로트의 역할이 얼마나 중요했는지 알 수 있다. 당시 인권소위원회 실무그룹의 의장은 아프리카에서 온 기세(El-Hadji Guisse) 의원이었으나,[6] 기업인권규범 작성에서는 바이스브로트가 초안 및 주석 작업을 주도하고 실무그룹 활동 보고를 주로 맡는 등 중심적 역할을 했다. 2003년, 바이스브로트는 인권소위원회 위원으로 재선되지 못했고, 2004년에는 기세 위원이 초국적기업 실무그룹 위원장으로 재선출되었으며, 쿠바의 마르티네스(Miguel Alfonso Martinez)를 제외한 실무그룹 구성 위원이 모두 교체되었다.[7] 실무그룹 외 인권소위원회 전체에 개방해 진행한 회의에서 위

---

6 당시 위원은 박수길(아시아), 바이스브로트(서유럽 및 기타), 마르티네스(중남미) 및 카타슈킨(Vladimir Kartashkin, 동유럽)이었다.

원들은 인권위원회의 반응을 의식하는 한편, 바이스브로트 없이 실무 그룹을 지탱할 자신이 없음을 자인했다. 결국 실무그룹을 해체하고 초국적기업 이슈는 인권소위원회의 다른 어젠다 아래로 옮기기로 의견을 모았다(UN Sub-Commission on the Promotion and Protection of Human Rights 2004). 한편 2004년에 인권위원회는 인권소위원회가 만든 규범안이 어떤 법적 위상도 갖지 못하며, 인권소위원회는 해당 규범의 실천 상황을 모니터링할 어떠한 권한도 없다고 못 박았다(UN Commission on Human Rights, 2004). 바이스브로트가 떠나며, 인권소위원회는 사실상 초국적기업 이슈를 더 이상 논의할 수 없었다.

(3) 국제NGO의 활동

국제사회가 초국적기업의 인권 문제를 자각하도록 이끈 가장 중요한 행위자는 NGO다. 지역 NGO와 국제NGO의 노력은 초국적기업 논의의 밑받침이었다 해도 과언이 아니다. 국제앰네스티, 휴먼라이츠워치, 국제법률가협의회, 옥스팜, 국제인권연맹(FIDH), 유럽-제3세계센터 (Europe-Third World Centre: CETIM), 인권옹호자들(Human Rights Advocates), 미네소타 인권옹호자들(Minnesota Advocates for Human Rights), 세계평화협회(World Peace Council) 등 유럽 및 미국의 주요 인권단체들이 세계 각지에서 벌어지는 초국적기업의 횡포를 강도 높게 고발하고 피해자들을 지원하는 활동을 벌였으며, 인권소위원회와 초국적기업 실무그룹에 참석하여 의견을 개진하고 실무그룹의 기업인권규

---

7 당시 위원은 알프레드슨(Alfredsson, 서유럽 및 기타), 바이로(Biro, 동유럽), 정진성(아시아) 이었다.

범에 큰 지지를 보냈다. 뿐만 아니라 OECD워치(OECD Watch), 레이드(Rights and Accountability in Development: RAID), FTA워치(FTA Watch), 등 다국적기업 문제와 직접 관련 있는 NGO들도 세계화, 국제개발 등과 연관한 활동을 계속해 왔다. 다국적기업 활동에 피해를 입은 각 지역에서 결성된 현지 NGO들도 매우 활발하게 활동했다. 이 가운데서도 유럽-제3세계센터는 선진국-개도국 관계에 집중했고, 자유무역협정 등 경제협약과 관련된 다국적기업의 활동에 주목하며 기업인권규범을 만드는 과정에서 구두발언, 서면의견을 많이 냈다.[8] 미네소타 인권옹호자들은 조직 내에 기업과 인권 자료센터(Business and Human Rights Resource Centre)를 세우고 기업인권규범을 만드는 작업에 중요한 도움을 주었다.[9]

인권위원회에서 규범안이 거부된 후 2004년 7월 말에 열린 실무그룹에는 NGO 참여가 대폭 줄어들었지만, 여전히 적지 않은 NGO가 참석하여 기업인권규범이 활성화되어야 한다는 희망을 나타냈다. 세계평화협회는 적절한 모니터링 메커니즘 없이는 기업인권규범이 효과적으로 작동할 수 없다고 강조했으며, 팍스로마나(Pax Romana)는 이미 기업인권규범이 널리 유포되었고 시민사회는 이를 실행하고 모니터링하고 있다고 발언했다. 세계사회포럼(World Social Forum) 또한 이 규범을 광범위하게 논의했다고 이야기했다. 유럽-제3세계센터는 조약기구, 인권소위원회 또는 경제사회이사회가 기업인권규범을 모니터링할 가능

---

8 자세한 내용은 유럽-제3세계센터 웹페이지를 참고하라(http://www.cetim.ch).

9 자세한 내용은 기업과 인권 자료센터 웹페이지를 참고하라(https://business-humanrights.org/en/minnesota-advocates-for-human-rights).

성을 제안했다. 미네소타 인권옹호자들은 이 규범이 이미 중요한 영향력을 미치기 시작했다고 지적했다(UN Sub-Commission on the Promotion and Protection of Human Rights, 2004). 국제앰네스티 미국 지부는 기업인권규범이 기업의 책임을 구체화할 국제법적 틀을 세우기 위한 중요한 진전이라 평가하고, 규범의 최종적 채택을 지원하는 지구적 운동을 위한 소책자를 발간했다. 100개국이 넘는 나라에 150개 이상의 조직을 거느린 국제인권연맹은 "우리는 현재의 규범 관련 논쟁에서 중심적 역할을 고수할 것이다"고 말했다. 이렇게 국제 인권 NGO들이 유엔의 규범 폐기를 수용하지 않고 격렬히 반발하였기 때문에, 인권위원회가 기업인권규범을 거부한 이후 잠시의 휴지기도 없이 곧바로 사무총장 특별대표의 임무가 이어진 것이다(러기, 2014: 62).

존 러기는 2005년, 인권위원회로부터 사무총장 특별대표 자격과 함께 기업과 인권에 대한 임무를 부여받았다. 그는 인권소위원회가 만든 규범이 자기 작업의 기초가 아닌 방해물이라 단정하고, 규범의 어두운 그림자로부터 기업과 인권 논의를 해방시킬 것이라고 말했다. 국제법률가협의회는 휴먼라이츠워치, 국제앰네스티 등 인권 NGO를 모아 수차례 회의를 열면서 한편으로는 2007년에 존 러기의 임무가 연장되는 일을 막고, 다른 한편으로는 NGO들 자체적으로 새로운 법규를 만드는 방안을 논의했다(러기, 2014: 141~142). 물론 이러한 시도는 유엔과 정부 및 기업들의 지지를 받지 못한 채 실패했다. 이후 초국적기업에 대한 법적 규제가 필요함을 절감하여 인권소위원회의 규범에 환호하던 NGO들은 정부와 기업으로부터 전폭적인 지지와 지원을 받으며 활동한 존 러기의 새로운 자발주의 이행원칙을 따르는 방향으로 기울어졌다.

3) 기업인권규범의 내용[10]

(1) 기존에 확립된 인권규범

기업인권규범은 이미 국제사회에 존재하는 인권규범에서 출발한다. 규범은 서문에서 "초국적기업과 다른 기업들, 직원(*officer*)들 및 그들을 위해 일하는 사람들은 유엔 협약들과 다른 국제기구들이 포괄하는 책임 및 규범을 모두 존중할 의무가 있다"고 선언한다. 그리고 존중해야 할 협약 등을 길게 예시한다. 인종차별철폐협약, 여성차별철폐협약, 새천년발전목표, 환경과 개발에 관한 리우선언, 유엔 글로벌콤팩트, 국제노동기구의 다국적기업과 사회정책 원칙에 관한 삼자선언, OECD의 가이드라인 등 앞서 논의한 기업 책임에 관한 자발적 규범을 모두 받아들인 것이다. 기업인권규범은 지켜야 할 사항을 본문에서 더 명확하게 명시한다. 평등한 기회 및 비차별 대우에 대한 권리, 안전에 대한 권리, 노동자 권리, 국가주권(*national sovereignty*) 및 인권 등을 존중하고 소비자와 환경을 보호해야 한다고 선언한다.

(2) 의무 주체는 국가와 기업

인권을 보호할 의무는 일차적으로 국가(*state*)가 담지하지만, 기업도 부차적으로 함께 의무를 진다. 이때 의무(*obligation*)는 단순한 책임(*responsibility*) 이상의 것이다. 유엔 글로벌콤팩트 등 자발주의에 기반을 둔 규범은 각 책임을 "should"로 표현하지만, 인권소위원회의 기업인권

---

10 이 부분은 유엔 인권소위원회(UN Sub-Commission on Promotion and Protection of Human Right, 2003)를 정리한 것이다.

규범은 의무의 강력함을 표현하기 위해서 "should" 대신 "shall"을 사용한다.[11]

(3) 의무의 실천과 모니터링

기업인권규범의 핵심은 인권을 보호할 기업의 책임을 자발주의를 넘어서 의무화하고 그 실천(*implementation*)을 유엔 기관이 모니터링하는 것이다. 이 규범은 기업의 책임을 제시한 이전의 자발적 지침들과는 달리, 유엔 및 다른 국제·국내 기관이 기업을 주기적으로 모니터링하도록 규정한다(제16조).[12] 이 항목의 주석(*commentary*)에서는 "유엔 인권위원회가 전문가 집단을 구성하여 모니터링을 시행한다. 인권소위원회와 실무그룹도 NGO, 노동조합, 개인 등으로부터 정보를 제공받고, 기업에 대응할 기회를 준 후, 기업이 규범을 잘 지키는지 모니터링하고 모범사례를 개발해야 한다. 더 나아가 인권소위원회와 실무그룹 및 다른 유엔 기관들은 이 인권규범을 실행하고 모니터링하는 효과적 기술 및 메커니즘을 개발하고, NGO·노동조합·개인 등이 이에 잘 접근할 수 있도록 해야 한다"고 부연 설명한다.

---

11 예를 들면 제2조에서는 "초국적기업과 다른 기업들은 평등한 기회와 대우를 보장해야 한다(shall ensure equality and treatment)"고 선언하며, 제15조에서는 "초국적기업과 다른 기업들은 계약이나 다른 조치에서 이 인권규범을 적용하고 포함시켜야 한다(shall apply and incorporate these Norms)"고 규정했다.

12 원문은 다음과 같다. "Transnational corporations and other businesses enterprises shall be subject to periodic monitoring and verification by United Nations, other international and national mechanisms already in existence or yet to be created, regarding application of the Norms. … 〔하략〕"

4) 인권소위원회의 규범 채택과 인권위원회의 거부, 실무그룹 해체

2003년 8월 13일 인권소위원회는 초국적기업 실무그룹이 제출한 인권 규범안을 만장일치로 승인하고 이를 인권위원회에 제출했다. NGO들은 이 규범안을 대대적으로 지지했다. 어떤 단체들은 모니터링을 더욱 강하게 해야 한다, 구속력이 너무 미미하다 등 의견을 내고 실행 측면을 강화하자고 촉구하기도 했다. 그러나 2004년 4월 20일, 제56차 인권위원회는 이 규범안이 인권위원회에서 요청한 것이 아니며 어떤 법적 근거도 없고, 인권소위원회는 이 규범과 관련한 어떠한 모니터링 기능도 수행할 수 없음을 확인했다(UN Commission on Human Rights, 2004). 제네바에 모인 선진국 정부 대표들은 인권소위원회의 '무모한' 시도를 비판하며 소위원회를 없애야 한다는 발언도 서슴지 않았다. 자국 기업을 규제하려는 시도를 참을 수 없다는 분위기였다.[13] 필립 올스턴도 규범이 기업의 자율성, 위험 감수, 기업가 정신을 잠식할 우려가 있고 개별 정부의 재량권을 침해할 수 있다고 지적했다(Alston, 2005: 13~14).

2004년 8월의 인권소위원회 회기 중 열린 초국적기업 실무그룹 회의에서 NGO들은 초국적기업의 규범 이행을 강력히 감시해야 한다고 주장하며, 인권소위원회가 여러 장애를 극복하고 이를 위한 노력을 계속하기 바란다고 발언했다. 그러나 다른 한편에서 기업들은 NGO들과 정반대의 주장을 펼치며 인권소위원회의 규범안을 비판했다. 인권소위원

---

13 2003년, 마침 인권소위원회 위원 후보가 된 필자는 선거를 위해 제네바를 찾아 많은 정부 대표를 만났다. 인권에 대한 심도 있고 진지한 질문을 기대했지만, 기대와 달리 대부분의 정부 대표가 초국적기업에 대한 인권소위원회의 행동에 대해 입장을 표명하라고 요구했다.

회는 실무그룹을 해산하고 초국적기업 문제를 인권소위원회의 어젠다 중 하나로 옮기기로 결론을 내렸다.

NGO와 시민사회는 기업을 규제할 규범을 요구하고 기업은 꾸준히 이에 반대하는 가운데, 인권위원회는 2005년에 존 러기를 기업과 인권에 대한 유엔 사무총장 특별대표로 임명했다. 이로써 초국적기업을 법적으로 규제하고자 한 인권소위원회의 시도는 완전히 무산되었다.

4. 유엔 사무총장 특별대표의 프레임워크와 이행원칙: 다시 자발주의로

1) 2005~2008년, 프레임워크 제정

2005년, 존 러기가 임무를 시작하며 맞닥뜨린 것은 NGO와 기업, 선진국 정부 간의 대립이었다. NGO는 기업의 의무를 규정하고 심사하는 국제조약을 원했고, 기업은 자발주의에 기초한 모범사례 개발을 원했다. 인권소위원회의 규범안이 무산된 상황에서 러기가 특별대표로 임명되자 NGO는 강력히 반대했지만, 정부 및 기업들은 막대한 지원을 제공했다. 러기가 정부와 기업으로부터 받은 지원 때문에 자신의 작업이 가능했다고 직접 이야기할 정도였다.

선진국 정부 및 기업의 지원은 러기가 이끄는 연구를 탄탄하게 뒷받침했고, 유엔 내에 조직된 '기업과 인권 포럼'(Forum on Business and Human Rights)에도 NGO를 포함한 많은 관련자의 참석을 이끌어냈다. 많은 로펌이나 학자가 자원하여 연구에 참여했다. 유엔은 자문단을 구성하는 등 전폭적 지원을 제공했다. 국제투자협약에서 약소국의 입장을 보호하는 '책임 있는 계약의 원칙'을 개발함으로써 그동안 반대했던 개도국 정부의 지지까지 획득했다. NGO들도 초기의 완강한 반대에서 점차 현실주의적 협력으로 태도를 바꾸었다.

러기는 현지 방문, 포럼 토의, 연구 등을 기반으로 '보호, 존중, 구제: 기업과 인권에 대한 프레임워크'(Protect, Respect and Remedy: A Framework for Businesses and Human Rights)를 2008년에 완성했다. 이 프레임워크는 국가는 기업으로부터 인권을 **보호**할 의무가 있고, 기업은 인권을 **존중**할 책임이 있으며, 기업으로부터 인권침해를 당한 피해자는 **구제**받을 권리가 있다는 세 가지 원칙에 기초한다. 그 내용을 좀 더 자세히 보자.[14]

첫째, 국가의 보호책임은 가장 중요한 원칙이다. 국가에게는 기업의 인권침해로부터 사람들을 보호해야 할 법적 · 정책적 의무가 있다. 정부는 인권 존중을 기업 활동의 중요한 부분으로 여기는 기업 문화를 강화해야 한다. 유엔 등 국제사회도 정부가 이러한 인권 보호 기능을 수행할 수 있도록 도움을 주어야 한다.

둘째, 국가의 보호책임이 가장 중요하더라도, 기업의 적극적인 참여 또한 매우 중요하다. 기업은 활동하고 있는 나라의 국내법을 준수하는 것은 물론, 인권[15]을 존중할 책임이 있다. 이는 가장 기본적인 의무이다. 기업들은 그 국가의 사회적 맥락을 주의해서 어떤 인권의 측면이 중

---

14 세 원칙에 대한 설명은 유엔 인권이사회 보고서(UN Human Right Council, 2008)를 정리한 것이다.
15 러기는 인권을 노동권과 비노동권으로 나누고 자세한 목록을 제시했다.

요한지, 기업의 활동이 인권에 어떤 영향을 미치는지, 인권침해를 하고 있지는 않은지 등에 주의를 기울어야 한다. 러기는 이를 '적절한 배려' (due diligence) 라고 표현했다. 기업은 이를 위해 인권정책을 세우고, 인권영향평가를 실시하며, 인권을 기업 활동에 통합하고 지속적으로 개선해야 한다.

셋째, 효과적인 인권 구제는 국가와 기업 모두의 중요한 책임이다. 국가는 사법적, 비사법적 구제 메커니즘을 만들어야 하고, 기업도 자체적으로 효과적인 구제 메커니즘을 만들어야 한다. 여기에 국제사회, 대학, 국가 인권기구, NGO 등도 협력해야 한다.

2) 2008~2011년, 이행원칙 제정

프레임워크는 인권이사회에서 좋은 평가를 받았고, 러기의 임기는 3년 연장되었다. 2011년, 그는 프레임워크를 기초로 하여 기업과 인권에 대한 이행원칙 (UNGP) 을 만들었는데 그해 6월에 인권이사회에서 만장일치로 통과되었다. 이행원칙은 프레임워크가 제시한 국가의 인권 보호의무, 기업의 인권 존중책임, 접근 가능한 구제책이라는 세 가지 큰 축 내에 31개의 세부 원칙을 넣어 구체화했다 (UN, 2011). 각 세부 원칙에는 주석을 달아 실행 방안을 더 자세하게 설명했다. 기본적 내용은 프레임워크와 같다.

이행원칙이 만장일치로 통과되었다는 사실에서 유엔, 선진국 정부 및 기업의 전폭적 지지가 발휘한 막대한 힘을 확인할 수 있다. 이들은 기업의 인권규범 이행을 감시하려 했던 인권소위원회의 시도를 무화하는 데에 노력을 기울였다. 하지만 다른 한편, 러기가 6년간 특별대표로 활동하며 개발도상국 정부 및 시민단체를 설득하기 위해 얼마나 많은 노력을 기울였는지도 알 수 있다. 비록 초국적기업의 인권 보호 메커니즘은 자율적 규제로 회귀했지만, 다양한 이해관계가 얽힌 기업과 인권 문제를 국제 인권 논의의 중심에 놓은 것 또한 사실이다. 이는 이행원칙 제정이 가진 가장 큰 의미라 할 수 있다.

5. 이행원칙 이후의 논의

이행원칙이 발표된 후 유엔 안팎에서 기업의 인권 책임을 위한 움직임이 가속화되고 있다. 러기의 이행원칙이 한층 추진력을 얻는 한편, 기업인권규범을 설립하려는 시도도 새롭게 이뤄지고 있다. 가장 고무적인 일은 영국, 프랑스를 비롯한 개별 국가들이 기업의 인권 존중을 요구하는 국내법을 도입하기 시작했으며, 크고 작은 실천 프로그램도 등장하고 있다는 사실이다.

1) 인권이사회 내 기업과 인권 실무그룹 설립

유엔 인권이사회는 이행원칙이 완성된 후 2011년, 기업과 인권 실무그룹(Working Group on the issue of human rights and transnational corporations and other enterprises. 약칭 Working Group on Business and Human Rights)을 설립하는 결의를 채택했다. 이 실무그룹은 각 지역에서 한 명씩 선출한 5명의 전문가로 구성된다. 결의에 따르면 이 실무그룹은 이행원칙을 광범위하게 효과적으로 확산하여 실행을 촉진하고,

이행원칙 실천의 좋은 실례를 확인하여 공유하며, 이행원칙 실행을 위한 역량을 강화하고, 기업과 인권 포럼을 진행하는 등의 임무를 맡는다 (UN Human Rights Council, 2011). 이에 따라 기업과 인권 실무그룹은 2012년부터 매년 기업과 인권 포럼을 개최하고 있다. 이 포럼은 2011년 인권이사회에서 발표된 이행원칙의 실행과 관련된 경향 및 난점 등을 토의하고, 기업과 인권에 관련된 이슈들을 둘러싼 대화 및 협력을 촉진하는 것을 목적으로 한다. 인권이사회는 2014년과 2017년에 기업과 인권 실무그룹을 지속하는 결의안을 통과시켰고, 기업과 인권 포럼 또한 오늘날까지 이어지고 있다. 2017년 결의안에서 인권이사회는 실무그룹이 2030 지속가능발전 어젠다의 맥락에서 이행원칙이 제대로 실행되고 있는지 검토하도록 요청했다(UN Human Rights Council, 2017). 한편 기업과 인권 포럼은 정부, 기업과 시민사회 조직, 노동조합, 언론 등 모든 사람들에게 열려 있어 해마다 수많은 사람이 참가한다.[16]

2) 인권이사회 내 기업에 대한 법적 규제를 위한 새로운 시도

2014년, 기업과 인권 실무그룹의 첫 번째 임기가 끝났을 당시에 에콰도르와 남아프리카 공화국이 쿠바, 베네수엘라, 볼리비아의 동의를 얻어 법적 구속력이 있는 구제방안(*legally binding instrument*)을 만들 실무그룹을 설립하자는 결의안을 인권이사회에 제출했다. 무려 500개 이상의 NGO가 이 제안을 지지했다. 그러나 인권이사회는 합의에 이르지 못한

---

[16] 기업과 인권 포럼에 대한 더 자세한 내용은 유엔인권최고대표사무소 웹페이지를 참고하라(http://www.ohchr.org/EN/Issues/Business/Pages/WGHRandtransnationalcorporationsandotherbusiness.aspx, 검색일: 2018. 6. 14).

채 결의안을 표결에 부쳤다. 중국, 러시아, 인도 및 주로 제3세계 국가들이 찬성했고(20개국), 유럽, 미국, 한국, 일본 등 14개국이 반대, 13개국이 기권함으로써 결의안이 통과되었다(UN Human Rights Council, 2014). [17] 이에 따라 인권이사회는 다음 해인 2015년부터 매년 '초국적 기업과 기타 기업체의 인권에 관한 개방형 정부간 실무그룹'을 열고 논의에 들어갔다. 2017년에 제3회기를 맞은 이 실무그룹 회의에는 초국적기업의 영향력 확대에 대한 조치의 필요성을 공유한 여러 정부와 NGO들이 참여하여 상당한 진전을 이루었다. [18]

3) 이행원칙의 확산

시민단체 등이 여전히 법적 규제의 필요성을 제기하는 가운데, 이행원칙이 발표됨으로써 기업과 인권 이슈는 국제사회에서 하나의 패러다임이라 할 정도로 부상했다(정은주, 2017: 2). 유럽의회는 2014년 4월에 주요 기업들이 매년 인권, 사회 및 환경에 미치는 영향을 정리해 보고서로 제출하도록 의무화하는 법안을 통과시켰다. 또한 유럽연합 집행위원회는 이행원칙 실행에 관한 국가인권행동계획(National Action Plan: NAP)을 제출하도록 요구했으며, 영국을 비롯한 여러 나라가 국가인권행동계획을 발표했다. [19]

---

17 이러한 표결 결과에서 평화권 등에서도 나타나는 전형적인 선진국-개발도상국 대립 구도를 발견할 수 있다. 고질적인 인권의 정치화와 관련 깊다.

18 더 자세한 내용은 유엔인권최고대표사무소 웹페이지를 참고하라(http://www.ohchr.org/EN/HRBodies/HRC/WGTransCorp/Pages/IGWGOnTNC.aspx, 검색일: 2018. 6. 14).

OECD는 다국적기업 가이드라인을 새롭게 보완, 발전시키고 있으며 2011년에도 내용을 개정했다(OECD, 2011). 국제노동기구도 1977년의 삼자선언을 2000년, 2006년, 2017년에 개정하였다. 2017년 개정에서는 유엔 인권이사회의 이행원칙이 정부와 기업의 인권 존중책임을 제대로 규정했다고 지적하였으며, 정부의 보호의무, 기업의 존중의무 및 구제를 위한 구체적인 방안과 '적절한 배려'도 함께 다루었다.[20] 2018년 5월 14일에 열린 국제노동기구 일의 미래 세계위원회(Global Commission on the Future of Work)의 정책 대화에서는 OECD 가이드라인과 유엔 이행원칙, 그리고 국제노동기구 삼자선언을 기업 책임의 주요 국제 기준으로 제시했다.

또한 국내법으로 이행원칙을 실현하려는 움직임도 시작되었다. 프랑스 의회는 2017년 〈기업의 상당주의 책임법〉을 제정하여 기업이 인권 및 환경침해를 파악하고 예방하기 위한 계획을 의무적으로 수립하도록 했다. 직원 5천 명이 넘는 약 100~150개의 기업이 대상이 되었다(나현필, 2017). 한국에서도 주로 시민단체를 중심으로 기업과 인권 논의가 활발해지고 있다.

4) 그 밖의 실천적 시도들

기업이 사회적 책임에서 더 나아가 인권 보호책임을 수행해야 함은 오

---

19 영국의 국가인권행동계획에 대한 더 자세한 내용은 나현필(2014: 189~200)을 참고하라.

20 삼자선언 개정안 제10항, (a)와 (b)의 내용이다.

늘날 세계사회에서 당연한 윤리로서 받아들여진다. 여기에 이행원칙은 단연 가장 중요한 역할을 하고 있다. 그러나 앞서 언급했듯, 이를 더 강력하게 요구할 기구(규약) 설립을 위한 움직임이 있는 한편, 좀더 직접적이고 실천적인 프로그램도 시도된다. 몇 가지 예를 들어 보자.

노동 관련 문제에 집중하는 국제노동기구는 1946년에 유엔의 전문기구로 편입되었지만, 1919년에 유엔보다 먼저 설립되었다. 자체적으로 노동과 관련된 189개의 조약을 관리한다. 집회의 자유, 최저임금, 노동시간, 강제노동, 아동노동, 가사노동 등을 다룬 각 조약에 가입한 국가는 조약에서 규정한 인권 책임을 수행하도록 기업을 규제해야 한다. 이에 더해 국제노동기구는 권고와 선언[21] 등을 통해 기업의 책임을 강조한다. 국제노동기구는 2007년 국제금융공사(International Finance Corporation: IFC)와 함께 더 나은 일(Better Work) 프로젝트를 캄보디아, 아이티, 요르단, 레소토 등 여러 지역에서 진행한다. 프로젝트는 다음 세 요소, 즉 국제노동기구 노동 기준 및 국내노동법 등의 준수, 경영자와 노동자의 대화를 통한 지속적 활동 개선, 정부·경영자·노동자·국제 바이어 등 모든 이해당사자의 참여로 구성된다. 프로그램은 그곳에 거주하는 많은 사람의 삶의 수준을 향상시킨다고 평가받는다.[22]

ISO 26000도 중요한 사례다. 국제표준화기구(International Organ-

---

21 1944년 필라델피아선언은 "노동은 상품이 아니다"로 시작한다. 2008년에는 '공정한 세계화를 위한 사회정의 선언'(ILO Declaration on Social Justice for a Fair Globalization)을 발표했다.
22 더 나은 일 프로젝트에 대한 더 자세한 내용은 국제노동기구 웹페이지를 참고하라(http://www.ilo.org/washington/areas/better-work/lang-en/index.htm, 검색일: 2018.6.14).

ization for Standardization : ISO)는 1946년 25개의 국가가 산업 기준의 국제 조정 및 통일을 위해 창설한 기구로서 1947년부터 공식적으로 기능하기 시작했다. 현재 161개국이 참여하고 있으며, 기술 및 제도의 다양한 부분을 포괄하여 국제 기준을 만들었다. ISO 26000은 국제표준화 기구가 2010년에 개발한 기업 책임에 대한 기준이다. 특히 사회적 책임에 특화하여 모든 조직에 적용되도록 하였다. 사회적 책임의 개념, 용어, 정의, 배경, 경향 및 특징, 원칙과 실천, 사회적 책임의 핵심 주제와 이슈 등에 대한 지침을 제공한다. 나아가 조직이 지속가능한 발전에 기여할 수 있도록 돕는다. [23]

방글라데시의 화재 및 건물 안전에 대한 합의(The Accord on Fire and Building Safety in Bangladesh : The Accord)는 또 다른 예이다. 2013년 4월, 의류 공장이 있던 방글라데시의 라나플라자(Rana Plaza) 건물이 붕괴해 1,100명 이상이 사망하고 그보다 더 많은 사람이 다쳤다. 이를 계기로 더 안전한 노동 환경을 만들기 위한 합의가 이루어졌다. 현재 400개가 넘는 공장이 참여하여 환경개선 및 안전을 위한 여러 조치를 따르고 있다. [24]

이렇듯 여러 실천적 프로그램들이 초국적기업의 인권 책임을 실현하기 위해 형성된 것은 유엔 기업인권규범 논의가 미친 중요한 영향이다.

---

23 ISO 26000에 대한 더 자세한 내용은 국제표준화기구 웹페이지를 참고하라 (https://www.iso.org/standard/42546.html, 검색일 : 2018. 6. 14).

24 더 자세한 내용은 화재 및 건물 안전에 대한 합의 웹페이지를 참고하라(http://bangladeshaccord.org/2017/04/accord-statement-april-2013-rana-plaza-building-collapse, 검색일 : 2018. 6. 14).

6. 전망

기업과 인권 논의의 궤적을 추적하면서, 우리는 다음 몇 가지 사실을 확인할 수 있다. 첫째, 유엔 및 OECD 등 국제기구, 정부, NGO가 끊임없이 교통하면서 논의를 만들어 갔으며, 여기에 이해당사자인 기업 및 인권침해 피해자(대부분은 NGO와 연대), 대학, 연구원, 재단 등 다양한 비국가 행위자가 깊은 영향을 미쳤다. 국제사회에서 초국적기업의 인권 문제가 오래전부터 논의되어 온 배경에는 인권침해 피해자와 그들을 돕는 NGO가 있었다. 초국적 인권운동과 유엔에서의 NGO 발언권 확대 또한 중요한 맥락이다. 1970년대 이후 초국적기업의 인권규범과 관련한 활동은 정부, 국제기구, NGO 중 어느 행위자에게 주도권이 있었는지 판단하기 힘들다. 끊임없이 상호과정이 축적되며 진행되었기 때문이다. 이러한 측면에서, 인권 논의가 비록 여러 문제점을 안고 있음에도 점진적으로 진보하고 있다고 평가할 수 있다.

모든 행위자가 함께 논의하는 중요한 장이 바로 유엔 인권 메커니즘이라는 점은 확실하다. 총회, 인권이사회(인권위원회), 인권이사회 자문위원회(인권소위원회)에서의 역동적 논의가 사실상 기업과 인권규범을 만드는 데 핵심적인 역할을 해 왔으며, 이러한 논의는 여전히 진행 중이다. 특히 2006년 인권이사회와 자문위원회가 설립되기 전, 인권소위원회는 새로운 이슈가 제기된 산실이었다. 인권이사회가 설립된 후에도 유엔은 인권이사회 산하의 민간 전문가로 구성된 인권특별절차(그중에서도 특별대표제도), 실무그룹 및 기업과 인권 포럼 등 다양한 형태를 활용하여 정부, NGO, 연구자 등이 모여 기업 관련 규범을 함께 논의하는 장을 제공한다. 논의를 실질적으로 지원하고 구체화하는 역할을 하는 유엔인권최고대표사무소 또한 유엔에서 논의를 진행하는 데에 핵심적인 역할을 한다. 이러한 제도적 틀 안에서 특정 개인의 의지와 활동이 두드러지는데, 이는 모든 사회 변화 과정에서 발견되는 개인-제도 간 역학과 동일하다.

그런데 명확한 정치적 균열이 유엔 논의 과정 곳곳에서 발견된다. 인권소위원회가 만든 규범안이 인권위원회에서 부결될 때 NGO들이 격렬히 저항한 것 등이 대표적이다. 정부와 시민사회 사이뿐 아니라 국가와 국가 사이에 분리가 일어나는 문제도 심각하다. 에콰도르 등이 기업 활동을 직접 규제하는 조약을 도입하자고 제안한 2014년의 결의안에 찬성한 국가는 개발도상국 및 중국, 러시아였다. 기권한 13개국 역시 모두 개발도상국이었다. 반대한 14개국은 미국과 유럽, 한국과 일본 등이다. 서유럽 및 기타 지역과 제3세계 사이에 존재하는 의견 대립이 선명히 드러난다. 인권소위원회의 민간 전문가들 사이에서도 균열이 나타났다. 정부 간 관계에서 나타나는 충돌과는 조금 달랐고 정도도 약했지만, 초국적기업 실무그룹 임기 연장을 두고 합의에 이르지 못하도록 만들 만큼 논의에 영향을 미쳤다.

이러한 분열 구조는 유엔의 다른 인권 이슈에서도 자주 나타난다. 인권이 인권 자체로만 논의되지 못하고 국가 간 정치적 이해관계에 따라 재단되는 인권의 정치화는 오늘날 국제 인권레짐이 극복해야 할 가장 어려운 장애물이다. 초국적기업의 모국이 거의 모두 선진국인 상황은 기업과 인권 논의가 인권 정치화하기 쉬운 조건이 된다. 인권소위원회 규범안이 비록 존 러기의 이행원칙에 비해 법적 측면에서 탄탄한 기반을 가지지 못했다고 지적받았지만, 근본적으로는 이러한 정치화가 실패의 요인이었다. 10년이 지난 오늘날 이 논의가 다시금 전면에 부상한 사실도 이를 잘 보여 준다.

이 분열을 극복하기 위해 자발주의로 돌아갈 것인가? 분열에도 불구하고 법적 기반을 다져 강제할 수 있는 규범을 만들 것인가? 아니면 분열 구조가 상존하는 세계사회에서 법적 제재는 애초에 불가능한 것이라 이해해야 할까? 이주노동자의 권리, 평화권, 농민의 권리 등 예민한 인권 이슈들도 비슷한 문제를 겪고 있는 것이 오늘날 세계 인권규범의 현실이다.

제 5 장

식량권과 농민권리선언

21세기 세계사회에는 끊이지 않는 전쟁, 성폭력, 갖가지 차별, 난민과 이주민이 겪는 고통, 초국적기업의 횡포, 부패 등 수많은 인권 문제가 존재한다. 이 모든 문제의 원인이자 결과로서 가장 많은 이들을 비참하게 만드는 문제가 바로 빈곤이다. 세계사회는 기아와 빈곤을 가장 심각한 문제로서 인식해 왔다. 유엔의 새천년발전목표(MDGs) 8개 항목 중 첫 번째가 "빈곤 및 기아 타파"였다. 2015년에 더 확장해 설립한 지속가능발전목표(SDGs)의 17개 목표 중 첫째, 둘째도 모두 빈곤 및 기아 문제의 해결이었다. 세계사회는 오래전부터 빈곤을 단순히 고통스러운 문제가 아닌 기본적 인권침해로 인식했다. 나아가 빈곤은 자원, 특히 식량의 절대적인 부족함보다는 불균등한 분배 때문에 초래된다고 생각했다.[1] 그러므로 빈곤을 세계사회가 해결할 수 있는, 해결해야 할 문제

---

1 이러한 관점에서 세계화는 부를 확산시킨 것이 아니라 양극화하여 한편에는 풍요를 다른 한편에는 빈곤을 가중시켰다고 지적하기도 한다. 유엔뿐 아니라 시민사회의 여러 보고서도 기아가 절대적 식량부족이 아닌 식량분배의 문제라고 주장한다. 유엔 인권위원회 식량권 특별보고관은 보고서에서 "기아는 운명적인 것

로 인식한 것이다.

유엔은 헌장과 세계인권선언(1948년)을 통해 식량권(*right to food*)을 보편적 인권으로 확립하고 사회권규약(1966년)에서 더 자세히 개념화 했으며, 이후 많은 선언, 결의 등이 나왔다. 한편 유엔은 1945년 설립 되자마자 곧바로 전문기구인 식량농업기구(Food and Agriculture Organization: FAO)를 만들었다. 식량농업기구는 세계 모든 사람들이 질 좋은 식량을 충분히 섭취하여 건강한 삶을 누리는 것을 목표로 삼고 식 량권을 실현하기 위한 여러 프로그램을 만드는 등 다각적으로 활동하고 있다.[2] 2000년대 들어 인권위원회(인권이사회)와 인권소위원회(인권이 사회 자문위원회)도 식량권 규범 형성을 위한 노력을 계속하였다.

이와 같은 세계사회의 식량권 논의는 유엔 인권 메커니즘을 통한 규 범 형성과 식량농업기구 주도의 실행(*implementation*)이 병행되며, 때 로는 두 갈래의 흐름이 수렴한다. 식량농업기구는 가이드라인을 포함 해 규범으로서의 연성법을 다수 만들었고, 인권이사회 및 자문위원회 또한 실행 중심의 연구나 제안을 내고 있는 것이다.

규범을 형성하려는 노력과 실천적 활동이 만나 열매 맺은 결과 중 하 나가 바로 농민권리선언 제정이다. 기아와 빈곤이 농촌 지역에 편중되 어 있음에 주목한 인권이사회는 자문위원회가 농민권리선언 초안을 작

이 아니며, 인간이 만든 것이다. 이는 아무런 조치를 취하지 않거나 반대적인 행동을 취할 때 발생하며, 식량권을 침해하는 것"이라 말함으로써 식량위기 및 기아의 문제, 특히 기아로 인해 사망하는 아이들의 문제를 사회적·정치적 차원 에서 해결할 것을 촉구한 바 있다(Ziegler, 2003).

2 2019년 현재, 회원국 194개국, 준회원국이 2개국이다. 유럽연합도 가입하였다. 더 자세한 내용은 식량농업기구 웹페이지를 참고하라(http://www.fao.org/about/en).

성하도록 결의했는데, 이 과정에는 식량권 및 농민권리를 위해 활동하는 NGO들의 역할이 중요했다. 인권이사회는 농민권리선언 제정을 위한 개방형 실무그룹 회의를 매년 열고 심도 깊은 논의를 진행하였으며, 2018년 말에 마침내 농민권리선언을 선포했다.

세계사회는 식량권이 기본적 인권이라는 데 이의가 없었지만 농민권리선언 문제에 있어서는 의견이 갈렸다. 그 구도는 평화권, 기업과 인권 문제, 이주노동자 문제 등에서 나타난 동－서, 선진국－개발도상국 간 대립 양상과 거의 비슷하다. 핵 및 군비감축 때문에 예민하게 대립할 수밖에 없는 평화권, 선진국과 개발도상국의 이해관계와 직접 영향을 주고받는 이주노동자 문제 및 기업과 인권 문제와 마찬가지로 농민권리선언 제정에서도 양 집단 간 분리가 나타난 것이다. 이는 세계가 정치적으로 얼마나 심각하게 양분되었는지 실감하게 한다. 그럼에도 인권이사회 이사국들이 점차 농민권리선언 제정을 찬성하는 입장으로 돌아서서, 2018년 12월에는 유엔총회에서 농민권리선언이 채택되었다.

이 글은 기본적 인권으로서의 식량권 개념을 먼저 확인하고, 유엔 농민권리선언 제정 노력이 진행된 과정과 국가 간 의견 대립을 고찰할 것이다. 이 과정에서 NGO의 역할에도 주목할 것이다.

1. 기본적 인권으로서의 식량권 개념 확립

유엔은 설립된 직후 식량권을 기본적 인권으로 정립했다. 식량권은 2세대 인권, 즉 사회권의 핵심으로 자리 잡았다. 많은 국제인권법 및 연성법(가이드라인 등)도 식량권을 기본적인 인권으로 정의한다. 식량권이 법적 지위를 갖는다는 것은, 국민들이 적절한(adequate) 식량을 먹을 수 있도록 할 의무가 국가에게 있음을 의미한다. 한편 식량권은 경제적·사회적·문화적 권리로서 시민적·정치적 권리와는 달리 점진적으로, 시간을 들여 실현될 수도 있다. 식량권의 의미 및 성격은 세계인권선언과 사회권규약에서 명확히 정의되었다.

1) 유엔헌장과 세계인권선언

유엔헌장과 세계인권선언은 식량권을 기본권으로 선언한다. 유엔헌장 제1장 1조 3항은 "경제적·사회적·문화적 또는 인도적 성격의 국제 문제를 해결하고 또한 인종, 성별, 언어 또는 종교에 따른 차별 없이 모든 사람의 인권 및 기본적 자유에 대한 존중을 촉진하고 장려함에 있어 국제적 협력을 달성한다"고 명시하였다. 제9장 55조는 "사람의 평등권 및 자결 원칙의 존중에 기초한 국가 간의 평화롭고 우호적인 관계에 필요한 안정과 복지의 조건을 창조하기 위하여 유엔은 다음을 촉진한다. ① 더 높은 생활수준, 완전고용 그리고 경제적 및 사회적 진보와 발전의 조건, ② 경제, 사회, 보건 및 관련 국제 문제의 해결 그리고 문화 및 교육상의 국제협력"이라고 명시했다.

세계인권선언은 이보다 더 명확하게 식량권을 언급한다. 25조 1항은 "모든 사람은 식량, 의복, 주택, 의료, 필수적인 사회서비스 등을 포함하여 자신과 가족의 건강과 안녕에 적합한 생활수준을 누릴 권리를 가지며, 실업, 질병, 장애, 배우자 사별, 노령, 그 밖에 자신이 통제할 수 없는 상황에서 발생하는 생계상의 문제로부터 안전을 보장받을 권리를 가진다"고 선언한다.

2) 사회권규약

유엔의 사회권규약(CESCR)은 11조 1, 2항에서 식량권이 보편적 인권임을 선언한다. 적정한3 식량에 대한 권리는 적정한 생활을 유지할 권리의 필수적 부분이며(1항), 기아로부터의 자유는 모든 사람의 근본적인 권리(2항)이다. 사회권규약은 인간의 생존을 위한 적극적 권리로서 식량권을 옹호하며, 이를 실현할 의무가 국가에게 있다고 규정한다. 국가는 국제협력을 통해 필요한 특정 프로그램을 시행하는 등 구체적 조치를 취해야 한다.

1999년, 사회권규약위원회는 일반논평(General Comment) 제 12호, '적정한 식량에 대한 권리'(The Right to Adequate Food)를 통해 식량권을 좀더 자세히 규정했다. 일반논평에 의하면 "기아로부터의 자유는 인간의 기본적인 권리이다. 식량권은 인간의 고유한 존엄성과 필연적으로 연결되며, 다른 기본적인 인권의 보장을 위해서도 필수적이다. 식량은 그 양과 질에서 개인의 영양상 필요를 충족시킬 정도로 보장되어야 하며, 특히 취약 계층인 영아 및 유아, 노인, 장애인과 치료가 필요한 환자들은 식량에 대한 물리적 접근권을 가져야 한다. 국가는 식량권을 실현하기 위한 조치를 취할 의무를 지며, 국가의 주권이 미치는 범위 내에 있는 모든 이들이 기아로부터 자유롭게 하기 위해 충분하고 적절하며 안전한 최소한의 필수적 식량에 대한 접근을 보장해야 한다. 또 이를 위해 국제적 협력을 요청하고 시민사회의 의견을 구해야 한다(CESCR,

---

3 적정하다는 말은 영양분이 충분하여 정신적, 신체적 성장에 지장이 없어야 함을 의미한다. 단지 안전하고 충분한 식량 이상의 개념이다.

1999)."

　사회권규약위원회는 2001년, '빈곤과 경제적·사회적·문화적 권리 규약'을 발표하여 빈곤 타파를 위한 인권적 규범틀을 다음과 같이 요약 했다. 첫째, 인권은 불가분하고 상호의존해 있다(빈곤은 적절한 생활수 준을 누릴 권리와 직접 관련이 있지만, 시민적·정치적 권리 역시 빈곤에 처 한 이들에게 필수불가결한 권리이다). 둘째, 비차별과 평등을 함께 다뤄 야 한다(빈곤이 차별로 이어지기도 하고 차별이 빈곤을 야기하기도 한다). 셋째, 실효성 있는 참여를 실현해야 한다(빈곤층이 관련 정책에 참여할 수 있어야 한다). 넷째, 책무성(accountability)을 확보해야 한다(빈곤층 이 국가 등 의무 주체에게 책임을 물을 수 있어야 한다) (CESCR, 2001). 이 후 유엔인권최고대표사무소가 발표한 '인권과 빈곤 감소: 개념틀'(2004 년) 과 '빈곤 감소에 대한 인권적 접근의 원칙과 가이드라인'(2006년) 도 비슷한 전략을 제안하였다(이주영, 2012: 3~5).

3) 기타 인권법 및 연성법

　그 밖에 다른 여러 인권규약도 나름대로 식량권을 강조하고 있다. 예컨 대 여성차별철폐협약(CEDAW) 은 여성, 특히 임산부가 영양을 섭취할 권리를 명시한다. 아동권리협약(CRC) 은 아동이 적절한 영양을 섭취할 권리를, 장애인권리협약(CRPD) 은 장애인들의 식량권을 각기 규정한 다. 자유권규약(CCPR) 은 일반논평 제6호에서 생존권(right to life) 을 보호하기 위해 영양실조를 없애야 한다고 지적하며, 고문방지협약 (CAT) 은 수감자들에게 적정한 식량을 제공해야 한다고 선언한다. 많 은 인도주의법(humanitarian law) 들은 의도적으로 굶주림을 가하는 일

이 대량학살이나 인도에 반한 죄에 해당한다고 지적한다. [4]

이 밖에 식량권을 강조한 여러 결의, 권고, 가이드라인 등 연성법들이 존재한다. 식량농업기구가 2004년에 설립한 식량권 가이드라인(Voluntary Guidelines to Support the Progressive Realization of the Right to Adequate Food in the Context of National Food Security)은 매우 직접적이고 자세한 지침을 제공한다. [5] 2002년에 세계식량정상회의(World Food Summit)는 식량권을 존중하기 위해 따라야 할 자발적 지침이 필요하다고 유엔에 요구하였고, 이를 받아들인 유엔이 식량농업기구로 하여금 가이드라인을 제정하도록 한 것이다. 이 가이드라인은 각 국가가 기아를 근절시키기 위해 활용할 실용적 수단으로서 고안되었다. 노동, 토지, 물, 유전적 자원, 지속가능성, 안전망, 교육, 국제협력 등을 종합하여 지침을 제시한다. 식량에 관한 권리는 수동적 권리가 아닌 능동적이고 사회적인 권리이며, 식량권이 개인의 존엄성을 보장하면서 실현되어야 한다는 인식이 이 가이드라인에 깔려 있다(Riches, 2011).

2. 식량권의 실현: 식량농업기구를 중심으로

유엔은 설립 직후 열린 첫 회의에서 식량농업기구를 만들었다. 세계사회가 기아 문제를 얼마나 심각하게 인식하는지 잘 보여 준다. 이후 식량

---

4 예를 들면 로마규정(Rome Statute of the International Criminal Court)을 들수 있다.
5 더 자세한 내용은 식량농업기구 웹페이지를 참고하라(http://www.fao.org/3/a-y7937e.pdf).

농업기구는 기아 문제를 해결하기 위해 다각적으로 활동해 왔다.

1) 1970년대 식량위기와 로마선언

1972~1974년 세계 식량위기를 경험한 뒤, 세계 여러 나라가 1974년 세계식량회의(World Food Conference)에 참가하여 '기아와 영양실조 타파를 위한 선언'(The Universal Declaration on the Eradication of Hunger and Malnutrition)[6]에 동참했다. 이 선언은 "모든 남성, 여성 및 아이들은 신체적, 정신적 발달을 위해 기아와 영양실조로부터 해방될, 양도할 수 없는 권리를 가진다"는 강력한 메시지를 담았다. 세계식량회의에 참석한 정부 대표들은 10년 안에 기아, 식량부족, 영양실조를 퇴치한다는 목표를 세웠다(목표 달성에는 실패하였다). 1975년에는 '세계 식량부족 상황과 이후 조치'(World Food Security and Further Steps Required)라는 제목으로 세계 식량 상황을 검토하는 특별회의를 열고 세계적인 식량 공급 부족과 높은 수요에 대처할 방안을 논의했다.[7]

이러한 논의를 배경으로, 1996년 로마에서 185개국 대표들이 모여 세계식량정상회의를 열었다. 이 회의에서 세계식량안보에 관한 로마선언(Rome Declaration on World Food Security)과 행동계획(World Food Summit Plan of Action)이 채택되었다. 이 선언 및 계획은 2015년까지

---

6 선언의 구체적인 내용은 유엔인권최고대표사무소 웹페이지를 참고하라(http://www.ohchr.org/EN/ProfessionalInterest/Pages/EradicationOfHungerAndMalnutrition.aspx를 참조).

7 더 자세한 내용은 식량농업기구 웹페이지를 참고하라(http://www.fao.org/3/a-bn107e.pdf).

영양이 불충분한 사람의 수를 절반으로 줄이겠다는 정치적·개념적·기술적 청사진을 도입하였고, 더 구체적인 정책과 프로그램도 함께 제시했다. [8]

2) 식량안보위원회

1976년에 식량농업기구는 조직 내에 상설위원회로서 식량안보위원회(Committee on World Food Security: CFS)를 설치했다. [9] 특히 개발도상국의 식량 문제 해결을 논의한 이 위원회는 이후 매년 회의를 열었으며, 2018년에는 제 45회차 회의를 개최했다. [10] 식량안보위원회의 비전은 세계 모든 사람을 위한 충분한 식량[11]과 영양을 확보하기 위해 모든 이해당사자들이 함께 일하는 가장 포용적인 국제·국가간 논의의 장이 되는 것이다. 식량안보위원회가 논의한 내용은 경제사회이사회를 거쳐 유엔총회에 보고되며, 식량농업기구 총회에도 보고된다. [12] 2017년 제 44차 회의에는 116개 회원국, 7개 비회원국 및 여러 유엔기구와 NGO

---

8 더 자세한 내용은 식량농업기구 웹페이지를 참고하라(http://www.fao.org/WFS).

9 더 자세한 내용은 식량농업기구 웹페이지를 참고하라(http://www.fao.org/3/a-bn114e.pdf).

10 더 자세한 내용은 식량농업기구 웹페이지를 참고하라(http://www.fao.org/cfs/home/plenary/cfs45/en).

11 여기서 충분한 식량이란, 'food security'이다. 국내에서는 주로 '식량안보'로 번역된다. 이 글에서는 뜻을 더 잘 전달하기 위해 맥락에 따라 '충분한 식량'으로도 번역할 것이다.

12 더 자세한 내용은 식량농업기구 웹페이지를 참고하라(http://www.fao.org/cfs/home/about/en).

및 연구기관을 비롯한 많은 민간기구가 참여했는데, 지속가능발전목표와 관련한 여러 논의를 진행했다.[13] 식량안보위원회는 또한 '농지, 어장, 삼림의 책임 있는 사용을 위한 자발적 가이드라인'을 최근 확정하였고, '책임 있는 농업투자에 대한 가이드라인'도 논의 중이다. 기아 퇴치 프로그램(Zero Hunger Challenge)도 시행하고 있다.[14]

3) 가이드라인과 행동계획

앞서 언급한 대로, 식량농업기구는 2004년에 식량권 가이드라인을 만들었다. 이후 서부아프리카 및 중앙아프리카에서 농업 발전을 위한 국가 지원이 1980년에 비해 2006년에 크게 줄었다고 보고하며, 중동 산유국들에게 가난한 나라의 농지를 사들이기보다는 그 국가의 농민들과 함께 농산물 재배를 위한 합작투자를 할 것을 권유하기도 했다.[15]

2008년 '세계 식량안보를 위한 고위급 회의'에서 작성한 행동계획(Comprehensive Framework for Action)은 식량위기를 극복하기 위한 가장 중요한 대책이 바로 각 국가의 적절한 식량 생산 및 교역 정책 수립

---

13 더 자세한 내용은 식량농업기구 웹페이지를 참고하라(http://www.fao.org/3/a-mv030e.pdf).

14 더 자세한 내용은 식량농업기구 웹페이지를 참고하라(http://www.fao.org/cfs/home/about/en).

15 농지가 부족한 중동 산유국들은 최근 농산물 가격의 불안정성에 대비하여 아프리카 빈국의 농지를 대규모로 매입하고 있다. 그 결과, 아프리카 여러 국가가 곧 심각한 식량위기를 겪을 가능성이 높아졌다. 빈국들의 농업 정책도 문제다. 토지개혁에 실패하여 농지가 소수의 사람에 집중해 있으며, 근시안적 발전 정책에 따라 농업 자체를 소홀히 해 온 것이다.

이라고 지적하며, 이 지점에서 국제 공조가 시급함을 강조했다. 즉, 주민들이 식량을 적정 가격에 살 수 있도록 수출 제한 또는 관세 조치가 도입되어야 하는데, 여기에서 국제적 마찰 또는 효과 상쇄가 일어나지 않도록 국가 간 협력이 필요하다는 것이다. 무엇보다도 식량이 심각하게 부족한 사람들, 예컨대 재난 지역 거주민이나 난민, 최빈국의 빈민, 피차별집단 등을 위해 식량을 확보할 '목표보호망'(*targeted safety nets*)을 국제협력을 통해 만들어야 한다. 여러 국제기구가 이를 목표로 활동하고 있지만, 각국 정부의 적극적 자세 또한 요청된다. 이와 관련해 인권이사회 자문위원회는 특히 난민수용소 내 식량부족 문제를 지적하며 유엔난민기구(UNHCR)에 대한 세계 각국의 지원을 요청한 바 있다.

이 밖에도 식량농업기구는 꾸준히 새로운 행동계획, 가이드라인, 선언을 내면서 모든 사람이 적절한 식량을 향유할 수 있는 조건을 만들기 위해 활동하고 있다.

3. 2000년대 이후 인권이사회 및 자문위원회의 논의

이러한 다각적인 노력에도 불구하고 2000년대 들어 세계의 식량 상황은 개선되기는커녕 양극화가 더욱 심해졌다. 유엔 인권 메커니즘의 핵심인 인권위원회는 식량권 특별보고관을 임명하여 이 문제에 집중하기 시작했고, 2006년 인권이사회로 개편된 후에는 산하의 자문위원회에 개념적 논의보다는 실행에 집중한, 더 강력한 보고서를 요청했다. 그 과정에서 개발도상국 농촌 지역에 빈곤과 기아가 집중되어 있다는 사실이 드러나며 농민권리선언 제정 운동이 일어났다. 인권이사회는 2011년까지 매년 식량권 결의를 채택하다, 2012년부터 농민권리 증진(Promotion of the Human Rights of Peasants and Other People Working in Rural Areas)에 관한 결의로 초점을 옮겼다. 2013년에는 인권이사회 내에 농민권리선언 제정을 위한 개방형 실무그룹이 설립되어 매년 보고서를 내면서 선언문을 준비했다.

1) 2000년대 후반 식량위기와 양극화의 심화

식량농업기구는 2005년 보고서에서 10세 미만 아동이 5초에 1명꼴로 굶어 죽고 있다고 지적했다. 비타민A 부족으로 시력을 잃는 사례도 상당히 많았다. 2007~2008년에는 식량 가격이 유례없이 빠르게 치솟았고 기아 인구가 증가했다. 이와 함께 식량위기가 심각하게 악화되었다. 2008년, 식량농업기구는 세계 식량 가격이 채 1년도 안 되는 사이에 45퍼센트나 증가했다고 보고했다. 미국 농림부는 2008년 6월~12월에 국제 식량 가격이 다소 하락했지만 여전히 이전에 비해 높은 가격을 유지하고 있다고 지적했다. 또한 식량 가격 상승과 함께 2007~2008년 사이 70여 개 개발도상국에서 기아 인구가 11퍼센트가량 증가했고, 2009년에도 경제위기와 함께 추세가 이어져 기아 인구가 약 12퍼센트 증가했다고 지적했다. 농림부는 이러한 상황이 상당 기간 지속될 것으로 전망했다.

많은 사람들은 2007~2008년의 식량위기가 투기자본의 식량시장 유입, 소수 국가에 집중된 곡물 수출, 각국 농민 및 농업의 자생을 어렵게 만드는 무역자유화, 곡물 가공과 유통을 장악한 초국적 농식품복합체(transnational agri-food complex)의 영향력 강화 등으로 발생하였다고 보았다. 즉, 세계 농식품 생산 및 유통체계에 구조적 원인이 있었다는 것이다(로셋, 2008; 윤병선, 2008). 따라서 식량위기는 이후 얼마든지 재발할 수 있는 사태이며, 이후 식량 가격 변동과 식량위기는 더욱 심화될 것이라는 예측이 가능했다. 실제로 식량농업기구는 2011년 6월에 세계 식량시장을 분석하며 설탕, 곡물 등을 중심으로 식량가격지수가 2010년 9월부터 빠르게 증가하기 시작해 2011년 2월 최고치를 기록했다고 보고했다. 이후 매우 미세한 가격 하락만 있었을 뿐이라고 지적하면서 2011년 초반까지의 식량 가격 변동을 2007~2008년의 식량 시장 불안에 비교했다(FAO, 2011: 1~9, 110). 국제적십자사 역시 2011년 발간한 《세계 재난 보고서》(*World Disasters Report*)에서 2010년 이후 지속된 식량 가격의 급등이 전 세계적으로 심각한 여파를 미치고 있다고 지적했다(IFRC, 2011).

2016년 기준으로 8억 1,500만 명의 인구가 식량부족으로 죽거나 영양실조에 걸려 인간으로서의 존엄성을 침해당했다. 2015년 기준, 7억 7천만 명보다 더 늘어난 수치다.[16] 다만 2017년 보고서에 따르면 최근 하락한 식량 가격과 국민총생산 및 소득의 증가 덕택에 식량위기가 다소 완화되었으며, 2027년까지 기아 상태에 놓인 인구도 점차 줄어들 것으로 전망하였다.

그러나 기아 문제는 아프리카를 비롯한 남반구에서 역설적으로 식량을 생산하는 농촌 지역에 집중해 발생한다(지글러, 2007: 17~20, 31~35). 특히 전 세계적으로 식량난이 가장 심각한 사하라 이남 아프리카

---

16 더 자세한 내용은 식량농업기구 웹페이지를 참고하라(http://www.fao.org/state-of-food-security-nutrition/en).

지역의 식량위기는 더디게 완화될 것으로 예측된다(USDA, 2009;
2017). 2000년대 후반 인류 역사상 처음으로 과체중 인구(10억 명)가
기아로 고통 받는 인구(8억 명)를 앞질렀다는 데에서도 세계 기아 현상
의 모순이 나타난다(파텔, 2008: 12). 이는 식량 생산량 부족보다도 분
배와 유통의 불균형한 구조가 기아를 초래한다는 사실을 보여 준다.

이러한 상황에서 세계사회는 이제 기아를 더 이상 방치할 수 없다는
데 의견을 모았다. 그것은 앞서 언급한 대로 기아가 기본적인 인권을 침
해한다는 사실과 이에 따라 국제기구의 적극적 개입 및 전 지구적 개혁
이 필요하다는 인식에 기초한 것이다.

2) 인권소위원회의 문제 제기

식량 문제, 특히 세계화로 인한 양극화 심화에 대해 인권위원회 산하 인
권소위원회는 여러 가지 방법으로 문제를 제기했다.

가장 눈에 띄는 성과는 사회 포럼(Social Forum)을 설립한 일이다.
1997년 인권소위원회는 빈곤 문제에 주목하여 포럼을 준비하기 시작하
여, 2002년부터 매년 개최하였다. 2006년에 인권이사회가 새롭게 출범
한 이후, 사회 포럼은 인권이사회 아래에서 시민사회, 정부 대표 및 국
가 간 기구가 참여하여 상호 대화하는 장으로서 자리 잡고 있다. 매년
새로운 주제로 공론의 장을 만드는 사회 포럼에서 가장 중요한 주제는
역시 빈곤과 세계화의 도전이다.[17]

---

17 더 자세한 내용은 유엔인권최고대표사무소 웹페이지를 참고하라(http://www.
ohchr. org/EN/Issues/Poverty/SForum/Pages/SForumIndex. aspx).

또한 인권소위원회는 극심한 빈곤이 인간의 존엄성을 침해한다고 보고 인권위원회 결의에 따라 '극심한 빈곤과 인권: 빈민의 권리에 관한 이행원칙'을 2001년부터 논의하기 시작하였으며, 2006년에는 가이드라인 초안을 인권위원회에 제출한 바 있다.[18] 이 밖에도 '식수와 위생에 대한 권리'를 인권 의제로 세우고 논의했다.[19]

3) 인권위원회 / 인권이사회의 식량권 특별보고관 임명

유엔 인권위원회는 2000년 식량권에 관한 특별보고관을 임명하고(UN Commission on Human Rights, 2000) 매년 세계의 식량 상황을 보고하도록 했다. 특별보고관 장 지글러(Jean Ziegler)는 2001년에 첫 보고서로서 인권위원회에는 '식량권의 정의와 역사', 유엔총회에는 '식량권의 정의'를 제출했다(Ziegler, 2001). 이후 2006년에 인권위원회가 인권이사회로 개편된 후에도 특별보고관은 주제를 달리하며 계속 보고서를 내고 있다. 초국적기업과 식량권, 세계화에서의 식량권 정의, 특정 국가의 식량권 상황 등을 조사 보고했다. 2017년에는 폴란드 및 파라과이를 방문 조사한 보고서를 포함한 5부의 보고서를 제출했다.

---

18 가이드라인의 제목은 'The Draft Guiding Principles on Extreme Poverty and Human Rights: The Rights of the Poor'이다. 더 자세한 내용은 유엔인권최고대표사무소 웹페이지를 참고하라(http://www.ohchr.org/EN/Issues/Poverty/Seminar/Pages/DraftGuidingPrinciples. aspx).

19 의제의 제목은 'The Right to Drinking Water and Sanitation 2001'이다(E/CN. 4/Sub. 2/2005/1/Add. 1).

4) 인권이사회 자문위원회의 식량권 논의

인권이사회는 식량권 특별보고관에 더해, 산하의 자문위원회에 '기존 여러 기준들의 실천을 촉진하는 데 중점을 두어 식량권 실현을 강화하는 방안'을 연구하라고 요청했다(UN Human Rights Council, 2008). 자문위원회는 2008년 8월 첫 회의에서 5명으로 구성된 소위원회(Drafting Group)를 만들고 유엔무역개발회의, 유엔난민기구 등 유엔기구들과 협력하며 2012년까지 여러 건의 보고서를 제출했다. 위원들은 보고서 초안을 작성하고, 이 초안에 대한 각 국가, 국가 인권기구, 유엔기구 및 NGO들의 의견을 받아 마지막 보고서를 작성했다.

(1) 기아의 원인과 대책

2009년의 보고서(Ziegler, 2009)는 2012년까지 작성된 여러 보고서의 기반이 되는 관점을 제시했다. 인권위원회에서 8년간 식량권 특별보고관을 맡았던 장 지글러가 소위원회의 위원이 되어 그간 국제사회에서 이루어진 논의를 압축하였으므로, 이 보고서의 내용을 잠시 살펴보고자 한다.

첫째, 기아를 개인적 문제로 접근하지 않고 전 지구적 사회구조의 문제로 보았으며, 이를 '구조적 기아'(*structural hunger*)로 명명했다. 2008년 1월부터 4월까지 세계 시장의 쌀 가격은 2배로 올랐고, 제3세계를 중심으로 빈곤이 심각해지고 있다. 보고서는 이러한 식량위기의 가장 중요한 요인으로 식량과 농산품에 대한 투기[일용품 시장에서조차 선물(先物) 투가 일어나고 있다], 대량의 곡물을 사용한 연료(*agrofuel*) 생산(생산되는 에탄올의 90퍼센트 이상은 사탕수수나 곡물 등 바이오매스를 원료로 한다), [20] 농업의 자유화 및 수출지원 경향, 그리고 선진국의 농산물을 수입하도록 개발도상국에 강요하는 국제통화기금 등 금융기구의 방침 등을 꼽는다. 여러 가지 국제적 노력이 필요하지만, 무엇보다도 정부가 개입하여 식량 투기를 법적으로 처벌해야 하며, 특히 OECD 국가들의 적극적 도움이 필요하다고 밝혔다. [21] 또한 세계적 규모의 은행들과 국제 헤지펀드가 식량 투기를 돕는다고 비판하며 이를 제재할 효과적인 국제 거버넌스를 요청했다. 유엔난민기구 예산이 난민들에게 식량을 공급하기에는 부족하므로 국제사회가 이에 관심을 기울여야 한다고도 지적했다. [22]

이 보고서는 특히 무력갈등 지역과 난민캠프 내 기아가 심각하다고 지적하며 농민들이 겪는 고통에 주목했다. 배고픔보다 더 위급한 상황이 없으므로 기아 때문에 다른 지역으로 피난하는 이들을 난민으로 인정해야 한다고 주장한 부분은 특히 주목할 만하다. 예컨대 2005년에

---

20 친환경 연료 개발을 위해 옥수수 등 곡물을 이용하는 것은 후진국의 식량부족 상황에 심각할 정도로 무지하다는 사실을 보여준다. 세계의 여러 시민단체들은 엄청난 양의 곡물이 소비되는 곡물연료 생산을 당장 중지하고 다른 형태의 친환경 연료를 서둘러 개발해야 한다고 목소리를 높인다.

21 이후 여러 국제기구가 발간한 보고서들은 미국 및 서유럽 투기자본의 비윤리적 행태를 엄격히 단속해야 한다고 주장한다. 이들 투기자본은 곡물을 싸게 사들였다가 가격을 올린 후 팔고, 가격이 맞지 않을 때는 수많은 배고픈 사람들을 눈앞에 두고 곡물을 소각해 버리기도 한다.

22 이 밖에도 더 장기적인 대책으로서 공정한 토지개혁을 포함한 전반적인 농업개혁이 필요하다고 주장한다. 봉건적 토지소유 구조 때문에 사회 발전이 더딘 필리핀이 최근 여러 오래된 관습에 저항하며 토지개혁을 시도한 사례는 주목할 만하다. 정부가 개선하지 못하는 영역을 국제NGO들이 지역주민들과 함께 조금씩 고쳐 가는 모습도 관심 있게 보아야 한다. 유엔은 이른바 좋은 사례를 모으고 널리 알려 다른 지역에서도 유사한 실천을 확산시키고자 노력하고 있다.

37,685명의 아프리카인이 기아를 피해 스페인 해변으로 도망쳐 왔고, 22,824명은 이탈리아와 몰타로 왔다. 하지만 이들은 현재 난민법으로는 난민으로 인정받을 수 없다. 점점 더 많은 사람들이 기아를 견디지 못해 이주하는데, 이들은 그 어떤 법적 보호도 받지 못한다. 이 보고서는 이들을 '기아난민'(hunger refugee)이라 명명하며 국제적 보호가 필요하다고 강조했다.

(2) 기아의 차별적 상황

인권이사회는 특히 기아가 지역적으로는 빈국과 농촌 지역, 인구상으로는 여성, 아동, 난민, 도시빈민 등을 중심으로 차별적으로 나타나는 현상에 주목하고, 자문위원회에 식량권에 있어서 나타나는 차별(discrimination)을 심도 있게 연구하고 대책을 강구할 것을 요청했다(UN Human Rights Council, 2009). 이에 따라 자문위원회의 식량권소위원회는 1차 보고서(A/HRC/16/63)를 작성하여 자문위원회를 거쳐 이사회에 제출했다. 인권이사회는 유엔인권최고대표사무소를 통해 정부, 유엔기구, NGO등의 의견을 수렴했고, 자문위원회는 이를 반영해 최종보고서를 제출했다(UN Human Rights Council Advisory Committee, 2011a). 최종보고서는 지역과 시장, 가격, 보조금, 자원 및 인프라 등에서의 차별을 전반적으로 논의한 후, 농촌 지역에서 일하는 사람들, 도시빈민, 여성, 아동, 난민, 선주민, 장애인 등이 식량권에서 차별을 겪는 상황을 다루었다. 기본적 인권으로서의 식량권과 인권침해의 주요 기반이 되는 차별을 국제인권법 맥락에서 결합한 시도로서 매우 의미 있는 것이었다. 자문위원회는 특별히 농촌지역과 아동, 도시빈민에 대해 더 자세한 보고서를 작성했다.

(3) 농촌 지역 노동자 및 여성, 아동과 도시빈민이 겪는 고통

자문위원회 식량권소위원회는 처음부터 기아와 영양실조가 개발도상국의 농촌 지역에서 가장 심하고 광범위하게 나타난다는 사실을 강조했다. 2010년에 인권이사회는 차별 관점을 포함해 농촌지역 노동자에 관한 보고서를 작성, 제출하도록 자문위원회에 요청했다. 2012년, 자문위원회는 농촌 지역 자체의 식량부족 현상을 지적하며 시작하는 보고서를 제출하였다. 이 보고서는 전 세계 기아의 80퍼센트가 농촌 지역에서 발생한다고 보고했다.

자문위원회는 이 보고서와는 별도로 아동의 식량권을 다룬 보고서를 또 제출했다. 여기에서 자문위원회는 기아로 인해 아동 영양실조 및 질병이 만연한 상황을 논의하고, 특히 노마(*noma*)라는 병에 걸린 아이들의 사례를 조사했다(UN Human Rights Council Advisory Committee, 2012c). 도시빈민의 식량권 문제를 다룬 보고서도 제출했다. 기아가 농촌 지역에 집중되어 있지만, 도시에 거주하는 빈민들의 식량 문제도 심각하다는 내용이었다. 이 보고서는 세계적으로 도시빈민의 80퍼센트가 개발도상국에 분포해 있으므로, 이 또한 선진국-개발도상국 간의 구조적 격차 문제라고 지적했다. 도시빈민들은 기아로 겪는 고통 외에도 사회적 낙인이 찍혀 차별의 대상이 되고 있으며, 거주, 건강, 교육, 노동 등 모든 영역에서 기본적 인권을 향유하지 못한다(UN Human Rights Council Advisory Committee, 2012e). 또한 자문위원회는 농촌 지역의 식량권 문제 중에서도 여성의 문제에 집중한 보고서를 제출했다. 젠더 관점의 주류화는 인권 논의 전반에 확산하고 있지만, 젠더 논의를 농촌 지역 식량권에서도 중요하게 다루어야 함을 강조하였다(UN Human Rights Council Advisory Committee, 2012f).

4. 농민권리선언 제정을 향하여

1) 인권이사회 자문위원회의 초안

빈곤이 농촌 지역에 집중되어 있다는 자문위원회의 보고서 내용을 심사 숙고한 인권이사회는 2010년과 2011년, 자문위원회에 식량 및 다른 농산물 생산에 종사하는 여성과 소규모 자작농 등의 권리를 증진하는 방안에 대해 보고서를 작성하도록 요청했다(A/HRC/RES/16/27). 이에 따라 자문위원회는 2011년과 2012년에 각각 중간보고서(A/HRC/16/63)와 최종보고서(A/HRC/19/75)를 제출하였다.

자문위원회는 2012년 최종보고서에서 인권이사회가 농민권리를 증진하는 새로운 인권기구를 만들도록 요청하였다. 또한 보고서의 말미에는 농민권리선언 초안을 부록으로 첨부했다. 초안의 수정 작업은 이후 인권이사회 실무그룹이 진행했다.

2) 인권이사회의 개방형 실무그룹 설립

2012년 9월, 인권이사회는 제21차 회의에서 자문위원회가 제출한 초안에 기초하여 농민권리선언을 만들 개방형 실무그룹 설립을 제안하는 결의안을 채택했다(A/HRC/RES/21/19). 실무그룹은 매년 회의를 열고 인권이사회에 보고서를 제출한다. 결의안 채택 과정에서 선진국-개발도상국 간 입장차가 드러났다. 그 결과 다른 대부분의 결의안과는 달리 만장일치에 이르지 못하고 표결을 거쳐야 했는데, 찬성 23표, 반대 9표, 기권 15표로 결의안이 통과되었다. 찬성한 23개국은 중국, 인도,

러시아와 기타 개발도상국 국가들이었다. 반면 이에 반대한 국가들은
미국 및 유럽 국가들이었다(UN Human Rights Council, 2012). [23]

　하지만 논의가 진행되며 점차 의견차가 좁아졌다. 2015년에 실무그
룹이 제출한 초안을 논의할 때에는 31개국이 찬성하고 미국 홀로 반대
했다(A/HRC/RES/30/13). 2017년에는 영국을 포함해 2015년에 기권
했던 몇몇 국가가 찬성으로 돌아서며 34개국이 찬성했다(A/HRC/RES/
36/22). 2018년 9월 28일에 열린 인권이사회에서 찬성 33개국, 반대 3
개국, 기권 11개국으로 마침내 결의가 통과되어 농민권리선언 초안이
유엔총회에 올라갔다. 미국, 영국, 북아일랜드가 반대표를 던졌고, 한
국은 계속 기권하는 입장이었다.

5. NGO의 활동

다른 인권 문제에서와 마찬가지로 식량권 확립과 농민권리선언 제정에
서도 NGO의 역할은 매우 중요했다. 예컨대 1996년 식량농업기구가 주
관한 세계식량정상회의에서 식량권에 대한 행동강령을 만들 때, 식량
우선 정보와 행동 네트워크(Food First Information and Action Network:

---

23 찬성한 국가는 앙골라, 방글라데시, 베냉, 부르키나파소, 카메룬, 칠레, 중국,
　콩고, 코스타리카, 쿠바, 지부티, 에콰도르, 과테말라, 인도, 인도네시아, 키
　르기스스탄, 말레이시아, 페루, 필리핀, 러시아, 태국, 우간다, 우루과이다.
　반대한 국가는 오스트리아, 벨기에, 체코, 헝가리, 이탈리아, 폴란드, 루마니
　아, 스페인, 미국이었으며, 기권한 국가는 보츠와나, 요르단, 쿠웨이트, 리비
　아, 몰디브, 모리타니, 모리셔스, 멕시코, 나이지리아, 노르웨이, 카타르, 몰
　도바, 사우디아라비아, 세네갈, 스위스였다.

FIAN), 영양과 인권을 위한 세계연합(World Alliance for Nutrition and Human Rights), 자크마리탱협회(The Jacques Maritain Institute) 세 NGO가 초안 작성을 주도했다. 행동강령은 전 세계의 1,000여 개의 조직의 지지로 채택되었다. 행동강령을 작성하는 과정은 이후 2004년에 식량권 가이드라인을 개발하는 데에도 크게 기여했다. 식량권 가이드라인을 제정하는 과정에서도 식량주권을 위한 국제계획위원회(International Planning Committee for Food Sovereignty: IPC)[24]가 여러 NGO의 의견을 조율하고 정부에 대한 로비 활동도 주도했다.[25]

이미 지역과 세계 차원에서 형성되어 온 여러 가지의 사회운동이 있었기에, NGO는 유엔에서의 식량권 논의에 참여할 수 있었다. 세계 농식품 생산 및 유통체계, 특히 초국적 농식품복합체와 몇몇 강대국이 식량 생산 및 공급에 막대한 영향력을 발휘하는 구조가 형성되는 과정에서 농업은 거대자본을 중심으로 산업화되었고, 식량은 상품화되었다. 이러한 상황에서 전 지구적 식량체계의 대안으로 지역 식량체계를 구축하기 위한 로컬푸드운동, 슬로푸드운동 등의 움직임이 일어났다. 이 운동들은 식량의 생산자와 소비자를 직접 연결하거나 유통 단계를 축소하고, 식량이 단순한 상품이 아닌 인간의 생존을 조건 짓는 요소임을 강조하였다. 또한 식량의 생산자와 소비자가 서로의 존재 및 활동에 계속 관심을 갖도록 하려 노력하였다(김종덕, 2009a; 2009b). 여성운동과 시민단체 등에서 시작한 한국의 생활협동조합 사업이 이와 유사하다.

---

24 자세한 내용은 식량주권을 위한 국제계획위원회 웹페이지를 참고하라(http://www.foodsovereignty.org/about-us).

25 유엔인권최고대표사무소, Fact Sheet No. 34 'The Right to Adequate Food': 9 를 참고하라.

비아 캄페시나(Via Campesina)는 세계무역기구 및 강대국이 주장하는 농산물 자유무역에 반대하여 자신이 속한 공동체의 식량 생산 및 농업 활동을 결정할 주체적 권리를 요구한 소농들이 1993년에 결성한 국제적 연대이다. 60여 개국 150여 개에 이르는 농민 조직이 비아 캄페시나에 가입했다. 이들은 1996년 세계식량정상회의에서 기존의 '식량안보'에 대한 대안적 개념이자 세계 농식품체계에 대한 대안적 패러다임으로서 '식량주권'이라는 개념을 주창했다. 식량의 성격상 모든 국가가 자국의 식량 정책을 독자적으로 결정할 권리를 가져야 하고, 독립적 정책을 통해 식량을 공급할 책임이 국가에게 있다는 것이다. 이러한 관점은 비아 캄페시나와 식량주권 네트워크(Food Sovereignty)의 공동성명서인 '식량주권선언문'[26]에서도 확인할 수 있다(로쎘, 2008: 68~69, 289~207; Wittman, Desmarais & Wiebe, 2010; 데스마레이즈, 2011). 한국에서도 한국의 대표적 농민 조직인 전국농민회총연맹(전농)과 전국여성농민회총연합(전여농)이 국제무역기구에 반대하며 2004년 제4차 국제총회에서 비아 캄페시나에 정식 가입하여 적극적으로 활동하는 것으로 잘 알려져 있다.

유엔 인권이사회 자문위원회와 개방형 실무그룹의 논의에서 비아 캄펜시아의 역할은 매우 중요했다. 특히 농민권리선언 제정 운동은 비아 캄펜시아가 주도적으로 이끌었다.[27] 식량정의(Food Justice)와 포럼아

---

26 "먹거리는 기본적인 인권이다. 이 권리는 식량주권이 보장된 체계에서만 실현이 가능하다. 식량주권은 각국이 문화적·생산적 다양성을 존중받으며 기본적인 먹거리를 생산할 수 있는 역량을 유지하고 발전시킬 수 있는 국가적 권리이다. 우리는 우리의 영토 내에서 우리의 먹거리를 생산할 권리가 있다. 식량주권은 진정한 식량안보의 전제조건이다(La Via Campesina, 1996: 1, 송원규·윤병선, 2012: 291에서 재인용)."

시아(Forum-Asia)도 식량권에 대하여 지속적 관심을 가지고 상당히 많은 보고서를 냈으며, 그 외에도 전 세계의 식량권, 농민 관련 NGO들이 식량권 문제에 열심히 참여하고 있다.

6. 농민권리선언 채택

2018년 11월 29일에 유엔총회 제3위원회의 논의를 거친 뒤, 2018년 12월 17일에 열린 제73차 유엔총회에서 농민권리선언(UN Declaration on the Rights of Peasants and Other People Working in Rural Areas)이 채택되었다. 농민권리선언은 농민을 "혼자 또는 다른 이들과 연합하거나 공동체로서 생계, 판매를 위한 소규모 농업생산을 하고 있거나 하려는 사람"으로 정의한다. 또 국가가 이들의 권리를 위해 "입법, 행정 및 기타 적절한 조치를 취해야 한다"고 명시했다. 이 선언은 농민운동에 새로운 지평을 열 것이라 기대된다.

앞서 논의한 대로, 농민의 권리 신장은 농업인구 비중이 높은 개발도상국에서 더 절실하지만, 다른 국가들이 반대할 명분도 분명하지 않다. 그럼에도 불구하고 유엔총회가 선언을 채택할 때 8개국이 반대, 54개국이 기권하였다. 미국이 반대에 앞장선 가운데, 한국은 기권 입장을 고수했다.

---

27 이에 대해서는 비아 캄페시나 웹페이지를 참고하라(https://viacampesina.org/en).

제6장　　　　평화권 논의의 구조와 전망

유엔이 설립된 가장 중요한 동기는 평화, 발전 그리고 인권이다. 이 가치들은 지금까지도 유엔의 존재 근거이자 유엔의 활동을 지탱하는 축이다. 그런데 이 세 가치는 서로 독립적이고 개별적인 사안이 아니며, 서로 절대적인 영향을 미치며 의존하는 개념이다. 평화와 발전, 발전과 인권, 평화와 인권 간의 관계에서 이를 확인할 수 있음은 물론, 세 관념이 하나로 융합하는 전반적 추세도 나타난다. 그러므로 이 세 가치는 단일한 실체의 세 얼굴이라 해도 과언이 아니다. 이러한 융합을 보여 주는 대표적 사례가 평화권(*right to peace*)이다. 평화가 기본적 인권 그 자체이며 발전과 교육, 문화가 이를 촉진한다는 인식을 전제하기 때문이다.

　평화권을 이야기하며 주목해야 할 몇 가지 논점이 있다. 첫째는 평화가 인권의 기반 또는 전제조건에 그치지 않고, 인류가 보편적으로 누려야 할 인권 그 자체라는 개념이 발전하고 있다는 점이다. 둘째는 평화의 개념이 무력갈등 종식에서부터 교육, 문화, 발전 등까지 포괄하면서 적극적이고 더 넓은 개념으로 나아가고 있다는 점이다. 이는 갈등을 없애는 데에 초점을 둔 소극적 평화에서 상호이해와 협력, 사회경제적 발전 등 평화를 촉진하는 역동적 과정에 주목하는 적극적(*positive*) 평화로 지향점이 옮겨감을 의미한다(UN Human Rights Council, 2016). 셋째는 평화권이 집단의 권리뿐 아니라 개인의 권리까지 포괄하는 개념으로 발전 중이라는 점이다. 즉, 집단 간 무력갈등으로부터 안전할 권리에 머물지 않고 개인이 평화를 누릴 전반적 권리를 포함하기 시작하였다. 이 세 가지 논점은 서로 영향을 미치며 심화, 발전해 왔다.

평화권 개념이 형성된 1970년대부터 인권이사회가 '평화권선언'을 발표한 2016년에 이르기까지, 유엔은 평화권에 관한 국제적 논의가 이루어지는 장으로서 중요한 역할을 해 왔다. 유엔은 평화권을 1970~1990년대 유엔총회에서 논의하다가 2000년대 후반부터는 인권이사회 중심으로 다루었다. 2010년대 전반에는 인권이사회 자문위원회, 2010년대 후반에는 다시 인권이사회가 평화권 관련 논의를 주도했다. 적극적, 소극적 평화와 인권을 연결시키려 한 유엔총회의 논의 결과물들을 토대로, 인권이사회는 평화권을 '인민의 평화권'이라는 집단적 권리로서 다루었다. 이후 이 개념은 인권이사회 자문위원회를 통해 집단과 개인의 권리를 포괄하는 '평화권'으로 정착된다. 이 과정에서 유엔 최초의 전문기구인 유네스코가 평화문화를 강조하였고, 안전보장이사회와 여성지위위원회(CSW) 등은 평화권에 젠더 관점을 더하였다. 이 모든 과정에서 수많은 NGO가 서면 또는 구두로 의견을 표명했으며, 평화권에만 집중하는 NGO들도 출범하여 활발히 활동 중이다.

평화권 논의가 발전, 확대되며 몇 가지 우려도 나타난다. 첫째는 평화권을 둘러싼 선진국-개발도상국 간의 갈등이다. 평화를 인권의 전제로 보는 데에는 어느 국가도 이의를 제기하지 않았지만, 평화 자체를 인간의 기본적인 권리로 개념화한 '평화권'에 대해서는 국가 간 입장이 갈라지기 시작했다. 이러한 갈등 상황에서 서로 타협하며 평화권 개념이 집단의 권리에서 개인의 권리로 확장되었음에 주목할 필요가 있다. 하지만 평화권의 범위가 넓어지는 상황이 결과적으로 평화의 핵심이라 할 수 있는 무력갈등을 향한 초점을 분산하여 이를 약화할 우려도 있음을 지적해야 한다.

국가 간 타협을 거쳐, 2016년에 유엔 인권이사회는 자문위원회 초안을 기초로 여러 나라의 의견을 조율해 '평화권선언'(Declaration on the Right to Peace)을 선포했다. 이러한 과정에서 한국 사회에서도 2000년 대 이후 남북 관계를 평화권 관점에서 보려는 움직임이 확산된다.

이 글은 유엔에서의 논의가 평화권선언에 이른 과정과 이 과정에 참여한 행위자들을 분석하고자 한다. 이를 통해 이후 평화권이 어떻게 변하고 발전해 나갈지 전망할 수 있을 것이다.

1. 인권의 조건으로서의 평화에서
기본적 인권으로서의 평화권으로

전쟁 없는 사회, 평화는 인류의 염원이다. 유엔헌장 서문과 제1조는 유엔의 목적이 세계평화와 안전을 유지하는 것이라 선언하고, 이 목적을 달성하기 위해 서로 참고 평화롭게 사는 훈련을 해야 한다고 밝혔다. 세계인권선언은 전문 1항에서 모든 인류 구성원이 지닌 천부의 존엄성 및 동등하고 양도할 수 없는 권리를 인정하는 것이 세계의 자유, 정의 및 평화의 기초라고 천명했다. 다른 한편 1968년 4월 22일에 열린 제1회 세계인권회의는 "평화는 인류의 보편적 염원이고, 평화와 정의는 인권과 근본적 자유를 전면적으로 실현하는 데 필수적임을 인정한다"고 선언했다. 즉, 인권은 평화의 기초이고, 동시에 평화는 인권 실현의 필수 조건이기에 두 가치는 상호불가분의 관계임을 세계사회가 인정한 것이다. 오늘날 인권과 평화는 평화권이라는 하나의 실체로서 이해되기 시작했다.

평화권이 인권 차원에서 적극적으로 논의되기 시작한 것은 이른바 3세대 인권의 등장과 맥을 같이 한다(이주영, 2017). 시민적·정치적 권리 및 경제적·사회적·문화적 권리는 한 국가 내에서 정부가 책임지고 실현할 개인적 권리라 할 수 있다. 반면 3세대 인권은 이에 더 나아가 국가 간 협력에 의해서만 실현될 수 있는 새로운 형태의 권리이다. 또한 이 권리는 개인 차원뿐 아니라 국가나 민족 등 집단 차원에 적용함으로서 더욱 확실히 이해할 수 있다. 따라서 3세대 인권은 연대권(*solidarity rights*)이라고도 한다. 또한 3세대 인권을 실현할 의무는 국가뿐 아니라 국제기구, 기업, 개인에게도 있는 것이다. 평화권은 발전권, 환경권과 함께 대표적인 3세대 인권으로 부상했다.

많은 학자들은 평화권을 인권의 기본적 속성으로 인식하고자 하는 움직임이 여러 요인에 의해 1970년대부터 거세졌다고 분석한다. 신냉전 시대라 할 만큼 사회주의-자유주의, 동-서 진영 간 긴장이 격화되어 전쟁에 대한 공포가 깊어졌다. 과거 식민지 상태에 있던 국가들이 독립을 얻고 유엔에 진출하면서 민족자결권 문제가 전면에 부상했다. 또한 제1세계 국가와 제3세계 국가 간에 경제적 격차 해소도 논의 대상이었다. 이러한 시대적 상황이 평화권을 위한 움직임을 강화한 배경이었다(Wellman, 2000: 641; 김기남, 2007: 18~26; 서보혁, 2012: 68~71). 올스턴(Alston, 1980: 319)은 세계평화를 향한 염원에도 불구하고 실제 수많은 무력갈등이 발생하는 모순 때문에 반핵운동이 등장하였고, 국제 차원에서 핵 및 군비 증강을 저지하려는 논의가 진행되며 평화권 논의도 함께 본격화하였다고 지적한다.

3세대 인권개념, 연대권 및 국가 간 협력, 집단의 권리 등을 둘러싼 이해관계가 달라 선진국과 개발도상국 간에 첨예한 논쟁이 벌어졌지만 평화권 개념은 점차 자리를 잡기 시작하여, 유엔에서도 평화권을 새로운 인권규범으로 인정하게 됐다.

1) 유엔총회의 평화권 관련 선언 및 결의

유엔은 평화에 대한 국제협력에서 평화롭게 살 권리(*right to life in peace*)로 인식을 발전시켰다. 그리고 마침내 인민의 평화권을 주창했다.

(1) 평화를 위한 국제협력

유엔헌장은 평화를 지키는 것이 유엔의 가장 기본적인 목적임을 선언했다. 1960년대에 유엔총회는 헌장의 중요성을 계속 강조하면서 일련의 결의를 통해 국가 간의 우호적 관계와 협력에 관한 국제법 원칙을 발전시켜 나갈 것을 강조했다(UN General Assembly, 1962; 1963; 1965; 1966; 1967; 1968; 1969). 1970년에는 평화를 위한 국제적 협력을 강조하는 '유엔헌장에 따른 국가 간 우호적 관계와 협력에 관한 국제법 원칙에 관한 선언'을 발표했다(UN General Assembly, 1970).

(2) 평화롭게 살 권리

1978년 12월 15일, 유엔총회는 '평화롭게 살 수 있는 사회의 준비에 관한 선언'(Declaration on the Preparation of Societies for Life in Peace) 이라는 결의를 채택했다(UN General Assembly, 1978). 결의는 국가, 민족, 각 개인을 포함한 모든 인류(*mankind*)가 인종, 양심, 언어, 성별에 상관없이 평화롭게 살 본래적 권리(*the inherent right to life in peace*)를 가진다고 선언했다. 또한 모든 정부와 NGO는 이 선언의 실현을 위해 적절히 행동해야 하며 인종적 혐오, 차별, 불의, 폭력, 전쟁에 대한 선동을 차단하고 없애야 한다고 요청했다. 이 권리를 존중하는 일은 모든 인류의 공통 이익이며 모든 민족, 모든 분야의 진보를 위한 불가결한 조건이라고 규정하고 있다. 또한 침략전쟁 금지, 모든 국가의 자결권 보장, 군비 경쟁 제거 등이 평화로운 삶을 위한 조건으로 언급되었다.

(3) 인민의 평화권선언

1984년 11월 12일, 유엔총회는 '인민의 평화권'(Right of Peoples to Peace)이라는 제목의 결의를 채택했다. 이 결의를 통해 '인민의 평화권선언'(Declaration on the Right of Peoples to Peace)을 승인하고 이를 여러 정부, 국가 간 기구, NGO 등에 널리 확산하도록 유엔 사무총장에게 요청했다. 결의에 첨부한 인민의 평화권선언은 평화와 관련된 국제법을 강조한 서문, 4개 항목의 본문으로 구성되어 있다. 본문은 다음과 같다. 첫째, 세계의 인민이 평화에 대한 신성한 권리를 가짐을 선포한다. 둘째, 인민의 평화권을 지키고 그 실행을 촉진하는 것이 국가의 근본적인 의무임을 선언한다. 셋째, 인민의 평화권은 전쟁(특히 핵전쟁)의 위협을 종식시키기 위한 정책, 유엔헌장에 기초하여 무력 사용이 아닌 평화적 방법으로 분쟁을 해결하기 위한 정책을 요구할 수 있음을 강조한다. 넷째, 모든 국가와 국제기구에게 국내・국제 차원에서 모든 적절한 조치를 취하여 인민의 평화권을 실현하는 데 최선을 다할 것을 호소한다(UN General Assembly, 1984). 이는 유엔의 이름으로 평화권의 포괄적 필요성을 공식화한 최초의 선언으로, 평화권 논의의 발전에 획기적 계기를 마련하였다.

1986년, 유엔총회는 인민의 평화권선언이 얼마나 잘 지켜지는지 모니터링하고자 모든 정부, 유엔기관, NGO들에게 선언을 어떻게 실행 중인지 보고하도록 요청했다. 이후 1990년에도 재차 정부 및 NGO들에게 의견을 제출하도록 요청했다(UN General Assembly, 1990).

주의해야 할 사실은, 1984년 평화권선언을 채택할 당시에 강대국 대부분이 표결에서 기권했다는 것이다. 1986년 총회의 요청에 러시아나 대부분 개발도상국은 인민의 평화권을 지지하는 답변을 보냈다. 반면 서유럽 등 지역의 선진국들은 아예 답변을 하지 않았다. 서구 선진국 중 호주가 유일하게 답변을 보냈지만 평화권선언에 대한 반대 의사를 표한 내용이었다(임재성, 2011: 182).

(4) 평화문화를 위한 프로그램
인민의 평화권을 실현하기 위하여 유엔총회는 여러 선언과 프로그램을 발표했다. 1999년에는 결의(53/243)를 통해 평화문화에 대한 선언 및 행동 프로그램을 발표했다. 프로그램은 평화문화의 중요성 선언, 그리고 교육, 발전, 인권, 성평등, 관용, 연대 등을 위한 행동 프로그램이라는 두 부분으로 구성되었다(UN General Assembly, 1999).

초안을 만드는 과정에서도 선진국-개발도상국 간 갈등이 표출되었다. 미국 대표는 "평화가 인권의 범주로 고양되어선 안 된다. 그렇지 않으면 전쟁을 시작하기 매우 어려울 것이다"라고 말했다(Roche, 2003:

129). 평화권을 인정함으로써 전쟁이라는 정치적 '선택지'를 상실하는 것을 핵무기 보유국이나 서구 강대국들이 우려했다고 할 수 있다(임재성, 2011: 182). 이러한 갈등은 2016년 인권이사회가 평화권선언을 채택할 때까지 계속되었다.

이와 더불어 2001년, 유엔총회는 매년 9월 21일을 세계평화의 날(International Day of Peace)로 정하는 결의안을 채택했다. 유엔총회는 1981년에 이미 총회가 열리는 세 번째 화요일을 세계평화의 날로 정한 바 있었다. 이를 고정된 날짜로 바꾸고, 전쟁과 폭력이 없는 세상을 만들기 위해 전 세계의 정부, 유엔기구, NGO, 개인이 매년 이 날을 기념하고 교육, 홍보하기로 정한 것이다(UN General Assembly, 2001).

(5) 평화권 논의의 지속

유엔총회는 이후에도 계속해서 평화권 논의를 이어갔다. 1992년에 부트로스-갈리(Boutros Boutros-Ghali) 유엔 사무총장은 '평화 의제'(An Agenda for Peace)라는 제목의 보고서에서 탈냉전 시기의 평화 구축에 관해 여러 측면으로 분석하고 제안을 했다(Boutros-Ghali, 1992).[1] 또한 2003년에는 '인민의 평화권 촉진'(UN General Assembly, 2003), 2005년에는 '모든 사람들이 모든 인권을 완전히 향유하기 위해 절대적으로 필요한 것으로서의 평화 촉진'(UN General Assembly, 2005) 결의를 채택하는 등, 매년 다양한 결의를 통과시키면서 평화권을 향한 관심을 고조시켰다.

---

1 보고서의 원래 제목은 '평화 의제: 예방적 외교, 평화 구축과 평화 유지'(An Agenda for Peace: Preventive diplomacy, peacemaking and peace-keeping)이다.

2) 유네스코의 평화권 주창: 평화문화 정착을 통한 적극적 평화

유네스코는 평화의 실현을 위해서 일상의 평화문화 정착을 위해 노력했다. 전쟁을 막는 소극적 의미의 평화가 아닌, 평화를 만드는 적극적 의미의 평화권으로 인식의 전환을 꾀한 것이다. 1978년에는 '인권과 인간적 필요 및 신국제경제질서 확립을 위한 전문가회의'최종보고서에 평화권이라는 항목을 넣고, 여기에서 평화와 정의의 발전이 경제적·사회적 발전을 위한 핵심 요소라고 지적했다. 이 보고서는 이러한 적극적 평화(active peace)가 세계 모든 민족 및 개인의 경제적·사회적·정치적·문화적 진보에 기여할 수 있다고 말했다(M'Baye, 1979). 이미 유엔총회와 인권위원회가 평화권을 인권규범 중 하나로 정착시켰다고 지적하는 한편, 평화롭게 살 권리, 인민의 평화권에서 더 나아가 개인과 집단의 평화권, 적극적 평화 등 새로운 개념을 주창하였다. 후술할 바와 같이 2010년대에 들어서까지 인권이사회는 국가나 민족 등 집단에 다소 치중한 인민의 평화권 개념을 계속 사용하던 중, 자문위원회가 개인 및 집단을 모두 아우르는 평화권 개념을 정착시켰다. 이러한 과정을 볼 때, 유네스코가 평화권, 평화문화를 고민하고 실현하려 노력한 일이 매우 선도적이었음을 알 수 있다.

유네스코 사무총장 페데리코 마요르(Federico Mayor)는 1997년 1월 1일에 '평화권: 사무총장 선언'이라는 문건을 발표했다. "모든 인권을 행사하는 데 평화는 필수적이다"는 말로 시작한 이 선언은 국제사회를 전쟁문화에서 평화문화로 시급히 바꾸어야 하는데 이를 위해서는 정부뿐 아니라 세계사회 전체가 노력을 기울어야 한다고 강조했다. "전쟁부와 국방부는 평화부로 이름을 바꿔야 한다"(Ministries of war and defence must gradually be turned into ministries of peace) 는 인상적인 말도 남겼다(UNESCO, 1997: 6). 이 선언은 젊은이의 역할을 강조하고, 교육의 중요성, 소외에 대항한 투쟁, 폭력 철폐, 평화 인식 등을 함께 설명했다.

마요르 사무총장은 노르웨이 인권연구소와 함께 1997년 11월 6일 총회에서 평화권선언을 제안했다. 하지만 선언은 유럽 국가들 및 미국의 반대로 채택되지 못했다. 이러한 결정에 제3세계 국가들은 제1세계 국가들이 방위산업을 위해 평화권에 반대한다고 비판했다. 그러나 제1세계 국가들은 평화권을 인권이 아닌 다른 방식으로 다루어야 한다고 주장했다(Roche, 2003: 125~126). [2]

3) 인권위원회와 인권소위원회의 평화권 논의

이렇게 논의가 진행되는 중, 흥미롭게도 헌장기구인 인권위원회와 인권소위원회 또한 평화권을 잠시 논의했다. 1996년에 인권소위원회(당시 명칭은 소수집단 차별 방지와 보호를 위한 소위원회)는 '인권, 특히 생명권 향유를 위한 필수조건으로서의 국제평화와 안보'라는 결의안을 채택했다. 찬성 15표, 반대 1표, 기권 5표였다(UN Sub-Commission on Prevention of Discrimination and Protection of Minorities, 1996). 이 결의안은 앞서 논의한 유엔헌장 및 총회에서 진행된 논의를 폭넓게 인정한 후, 사무총장에게 화생방 무기 등의 사용에 관해 정부, 유엔기관 및

---

2 이 회의에서 파라과이 대표는 부족한 자원이 모두 전쟁을 위해서 사용되는 남반구 지역에서는 평화가 더욱 절실하며, 이것이 북반구와 남반구가 대립하는 이유라고 지적했다.

NGO로부터 정보를 수집해 인권소위원회에 제출해 달라고 요청했다. 당시 인권소위원회는 국가별, 주제별 결의를 모두 논의하고 채택할 권한을 가지고 있었다. 민간 전문가로 구성된 인권소위원회는 정부 대표로 구성된 인권위원회보다 NGO가 활용하기 더 좋은 발언 통로였다.

인권소위원회는 1997년에 같은 제목의 결의를 재차 채택했다. 이 결의안은 평화권이 아니라 대규모의 파괴와 고통을 초래하는 무기에 대하여 인권 및 인도주의 규범이라는 맥락에서 연구를 수행하여 조사보고서를 작성하기로 결정했다. 그 뒤 인권소위원회는 당분간 평화권을 논의하지 않았다. 이 시기는 유엔총회가 이미 인민의 평화권선언을 채택한 이후인데, 인권소위원회는 더 구체적 사안인 무기 연구로 방향을 틀었던 것이다. 그 전해에 평화를 인권과 연결했던 결의안을 표결에 부쳤을 때와는 달리, 무기 연구에 관한 결의안은 만장일치로 채택되었다. 연구를 담당한 위원이 미국의 부대표였다는 사실 또한 우연은 아니었을 것이다(Frey, 2006). 이러한 방향 전환은 평화권을 둘러싼 갈등을 해결하는 정치적 과정이었을지도 모른다(UN Sub-Commission on Prevention of Discrimination and Protection of Minorities, 1997).

인권소위원회가 다소 다른 관점에서 평화를 논의한 얼마 뒤, 2001년과 2002년에 인권위원회는 유엔총회가 발표한 인민의 평화권선언을 재천명하는 결의를 채택했다. 이전에 유엔에서 논의되었던 평화권 관련 내용을 모두 인정하고, 모든 인민들이 신성한 평화권을 가졌음을 재확인하며, 국가에게 이를 지킬 의무가 있음을 지적하고, 군비 축소 및 개도국 지원 등을 요구하는 내용이었다. 이 길지 않은 결의안을 채택하는 과정에서도 선진국-개발도상국 간 분리가 여실히 드러났다. 2001년에는 찬성 29표, 반대 16표, 기권 7표, 2002년에는 찬성 33표, 반대 15

표, 기권 5표로 양측 입장이 부딪힌 것이다(UN Commission on Human Rights, 2001 ; UN Commission on Human Rights, 2002).

2. 유엔 인권이사회의 설립과 평화권 논의의 재점화

유엔의 평화권 논의가 질적으로 도약하기 시작한 계기는 2006년 인권이사회 발족이었다. 2006년에 유엔총회는 인권위원회를 경제사회이사회로부터 독립시키고 인권이사회로 격상했다(UN General Assembly, 2006). 회기를 대폭 늘리고, 전 세계 모든 나라의 인권 상황을 4년에 한 번씩 점검하는 새로운 제도(보편적 정례검토)를 만드는 등 인권이사회의 역할을 강화함으로써 인권을 안보, 발전과 함께 가장 중요한 기둥으로 탄탄히 세웠다. 그 결과, 활발한 평화권 논의가 인권이사회를 중심으로 다시 일어났다. 국제NGO인 스페인국제인권법증진협회(Spanish Society for the International Human Rights Law: SSIHRL, 이하 국제인권법회)도 적극적으로 활동하며 중요한 역할을 맡았다. 이와 더불어 유엔인권최고대표사무소, 안전보장이사회 등도 평화권을 논의했다.

1) 유엔 인권이사회의 '인민의 평화권'

2008년에 인권이사회는 '인민의 평화권 촉진' 결의안을 채택했다(UN Human Rights Council, 2008). 이 결의는 전 세계 인민이 평화를 누릴 신성한 권리를 갖고 있으며, 그 권리를 보호하고 실행을 촉진하는 것이 국가의 기본적 책무이고, 모든 사람의 모든 인권을 촉진하고 보호하기 위해서는 평화가 중요하다고 강조했다. 빈부격차, 선진국 - 개발도상국 간의 격차가 세계의 번영과 평화, 안보 및 안정에 주요 위협이라고 주장하고, 나아가 인민의 평화권은 전쟁 위협, 특히 핵전쟁을 없애기 위해 국가정책을 요구할 수 있는 권리라고 지적했다. 이 결의는 또한 유엔인권최고대표사무소가 5개 지역에서 2명씩의 전문가를 선정하여 3일간 워크숍을 개최하도록 요청했다. 이 전문가 워크숍은 인민의 평화권의 내용과 범위를 명확히 하고, 평화권 실현이 중요하다는 인식을 고양할 방안을 찾으며, 평화권을 촉진하기 위해 국가, 국가 간 기구, NGO 등을 동원할 구체적 계획을 제시해야 했다. 앞서 언급한 바와 같이 인권이사회가 결의를 만들고 통과시키는 데에는 국제인권법회라는 NGO가 중요한 역할을 했다. 브라질, 중국, 러시아 등 32개국이 이 결의안에 찬성했다. 한국과 일본, 독일, 프랑스 등 13개국은 반대표를 던졌다. 미국과 유럽의 국가들은 평화 문제를 인권이사회가 아닌 안전보장이사회가 다뤄야 한다고 주장했다(이경주, 2014: 44~45).

2009년에도 인권이사회는 전해의 결의안과 유사한 내용의 평화권 촉진 결의(UN Human Rights Council, 2009: 123~126)를 채택했다. 표결 결과 또한 2008년과 거의 비슷했다(찬성 32개국, 반대 12개국, 기권 1개국). 한국은 2008년과 마찬가지로 반대표를 던졌다.

2010년에 다시 인권이사회는 인민의 평화권 촉진을 결의하고 2009년과 비슷한 내용을 결의안에 실었다. 2009년에 유엔인권최고대표사무소가 개최한 전문가 워크숍의 결과로 발간된 보고서(UN Human Rights Council, 2010a)를 평가하고, 국가, 시민사회, 학계, 관련자 등과 협의하여 인민의 평화권선언 초안을 준비하도록 자문위원회에 요청했다(UN Human Rights Council, 2010b). 하지만 평화권 논의를 둘러싼 동서, 선진국-개발도상국 간 긴장은 여전했다. 2010년 결의안 표결 결과는 찬성 31개국, 반대 14개국, 기권 1개국이었다. 예년과 마찬가지로 동서 진영 간, 선진국과 개발도상국 간 입장 차이가 명확하게 드러났다. 미국은 평화에 대한 권리가 인권이 아니라고 주장했다. 근대적 인권은 개인적 권리여야 하는데 평화권은 집단의 권리이므로 이에 반한다는 이유였다. 한국은 평화권 반대 입장에 섰다.

2) 유엔인권최고대표사무소 전문가 워크숍

앞서 언급한 2008년 인권이사회의 결의에 따라, 2009년 12월 15일~16일에 '인민의 평화권에 관한 전문가 워크숍'이 유엔인권최고대표사무소 주최로 열렸다. '인민의 평화권과 관련한 여러 문제'라는 주제로 평화와 인권의 관계를 세계인권선언 아래에서 어떻게 이해할 것인지, 평화권의 주체를 개인으로 한정해야 하는지 혹은 집단으로서의 인민도 주체가 될 수 있는지 등을 논의했다. 또한 '평화권의 내용'이라는 주제로 평화권과 군축의 관계, 전쟁선언 금지와 핵확산 방지의 국제법상 의미 등을 다루었다. 마지막으로 '인권론 측면에서 본 평화권'이라는 주제로 평화권과 다른 인권의 관계를 어떻게 조정할 것인지, 1997년에 유네스코가 준비한 평화권선언 초안 작성 과정에서 배워야 할 점은 무엇인지 등을 논의하였다(이경주, 2014: 45).

2010년에도 비슷한 주제로 워크숍이 열렸다. 제3부까지는 2009년과 같은 주제를 다루었고, 제4부를 더하여 평화권 의식을 제고하고 인민의 평화권을 촉진하기 위한 조치와 행동을 논의했다(UN Human Rights Council, 2010b).

3. 인권이사회와 자문위원회의 논의: 평화권의 정립

앞서 언급한대로 인권이사회 자문위원회는 인권이사회의 2010년 결의에 따라 평화권선언 초안을 준비하기 시작했다. 자문위원회는 평화권의 내용 및 범위를 명확하게 하고, 평화권 인식을 제고하기 위한 조치를 제안하며, 인민의 평화권을 촉진하기 위해 국가, 국가 간 기구, NGO 등을 동원하기 위한 구체적 행동을 제시하는 보고서를 준비하기로 결정했다. 보고서와 선언문 초안을 작성하기 위해 자문위원회에 5명으로 구성된 소그룹(*drafting group*)을 설립했다(UN Human Rights Council Advisory Committee, 2010). 그 뒤로 자문위원회는 이 소그룹을 중심으로 평화권 관련 문서들을 작성했다. 선언문 초안을 만들기까지 수많은 NGO가 협력했고 특히 국제인권법회의 도움은 결정적이었다. 이들은 스페인을 비롯한 세계 여러 곳에서 회의를 조직하여 많은 전문가가 의견을 교환할 기회를 제공하기도 했다.

2011년에 자문위원회는 중간보고서를 발표하고 선언문 초안을 첨부했다(UN Human Rights Council Advisory Committee, 2011). 자문위원회는 중간보고서에 대한 의견을 수렴하기 위해 회원국 정부 및 관련 기관에 설문지를 돌렸다. 2012년 4월 최종보고서는 설문지 분석 결과를 반영했다(UN Human Rights Council, 2012a).

두 보고서에서 첫 번째로 눈에 띄는 사실은 자문위원회 평화권 소그룹이 작성한 중간보고서(A/HRC/AC/7/3)에서 '인민의 평화권'(*right of peoples to peace*)보다 '평화권'(*human right to peace*)이 더 적합한 용어라고 지적했다는 점이다. 즉, 집단의 권리와 개인의 권리를 모두 강조한 것이다. 이 보고서에서 자문위원회는 유엔총회가 1984년 인민의 평화권선언을 채택했을 때는 집단 차원(*collective dimension*)에 특히 초점을 두었다고 말했다. 자문위원회의 새로운 평화권선언 초안에는 개인의 권리도 포함되었다. 이 초안은 국가와 국제기구를 임무 담보자(*duty-bearers*)로, 개인과 인민을 함께 권리 담지자(*rights-holders*)로 규정했다 (para. 6). 2012년 최종보고서(A/HRC/20/31)는 "자문위원회는 개인과 집단 차원 모두 포함한 '평화권'이라는 용어를 사용할 것을 제안한다"며 이를 더욱 분명히 기술했다(본문 6항). 인권이사회는 이 제안을 받아들여 2012년 7월 이사회부터 '인민의 평화권' 대신 '평화권'이라는 용어를 사용하기 시작했다(Human Rights Council, 2012b). 3 2016년 선언의 이름도 '평화권선언'이다.

사실 평화권에서 개인 차원과 집단 차원을 명확히 구분하기는 힘들다. 평화문화, 교육과 의식 제고 등 앞서 논의한 인민의 평화권 개념 안에도 개인 차원의 평화권은 곳곳에 녹아 있다. 평화가 인간의 본래적(*inherent*) 권리라 선언했을 때, 이는 이미 개인의 인권을 말하지 않는가? 인민의 평화권이 포괄하는 내용은 모두 전쟁을 방지하여 모든 개인이 평화를 누릴 수 있는 구조, 조건과 일치한다. 그러므로 '인민'이라는 수식을 뺀 평화권 개념을 정착시킨 일은 큰 성과였다.

그러나 한편, 개인 차원을 강조하고 교육, 환경 등을 명시함으로써 얼핏 보기에는 전쟁보다는 일상에 초점을 맞춘 듯 초안을 작성한 것은 번번이 드러난 동서 진영 간, 선진국과 개발도상국 간 갈등을 피해 가려는 전략이 아니었을지 추측해 볼 수 있다. 2012년 자문위원회의 평화권

---

3 초안 작성까지 인권이사회가 평화권에 대해 채택한 결의안들은 유엔인권최고대표사무소 웹페이지에서 확인할 수 있다(http://www.ohchr.org/EN/HRBodies/HRC/RightPeace/Pages/WGDraftUNDeclarationontheRighttoPeace.aspx).

선언 초안은 개인을 일관되게 강조한다. 평화권의 원칙을 다룬 제1조는 1항부터 "개인과 인민은 평화권을 갖고 있다"(Individuals and peoples have a right to peace.)고 선언하며 개인을 앞세웠다. 제2조는 인간안보(human security)를 다룬다. 인간안보는 무력갈등뿐 아닌 기아 및 공포로부터의 해방 전체를 포함하여 인권, 발전, 안보를 융합한 개념이다. 제3조는 군비 축소, 제4조는 평화 교육과 훈련, 제5조 양심적 병역거부권, 제6조 사설 군사경비회사, 제7조 억압에 대한 저항과 반대, 제8조 평화 유지, 제9조 발전권, 제10조 환경, 제11조 피해자과 취약집단의 권리, 제12조 난민과 이주자로 구성되었다. 1984년 유엔총회가 채택한 인민의 평화권선언과는 내용에서 상당한 차이가 있었다. 이는 그동안 인권, 안보, 발전 세 축이 서로 교섭하며 원칙, 영역, 상호 조건 등을 더 넓게 이해할 수 있도록 이끈 결과이다. 하지만 또한 전쟁, 핵전쟁, 교전권 등 현재 세계사회가 직면한 시급하고 심각한 무력갈등 현장으로부터는 오히려 멀어졌음을 확실히 알 수 있다. 마지막 제13조에서 인권이사회는 평화권의 실행과 모니터링을 위해 특별절차를 설립할 것을 제안했다.

4. 2016년 평화권선언

1) 개방형 정부간 실무그룹 설립과 대폭 후퇴한 새 텍스트

2012년에 자문위원회가 제출한 초안을 바탕으로, 인권이사회는 유엔 평화권선언을 만들 개방형 정부간 실무그룹을 설립하기로 결정했다.

정부, 시민사회 및 모든 이해당사자들이 이 실무그룹에 활발하고 건설적으로 참여할 것을 주문하고, 유엔인권최고대표사무소가 이 실무그룹의 필요사항을 돕도록 했다. 이러한 내용의 결의안을 두고 합의에 이르지 못한 인권이사회는 이를 표결에 부쳤다. 결의안은 찬성 34개국, 반대 1개국, 기권 12개국으로 가결되었는데, 유일한 반대국은 미국이었으며 예년의 대결 구도가 재현되었다(UN Human Rights Council, 2012b).[4]

2013년 2월에 인권이사회는 평화권 초안 실무그룹 제1차 회의를 열었다. 83개국 정부 대표와 29개 NGO가 참가했다. 회의는 자문위원회의 초안을 놓고 하나하나 검토하는 방식으로 진행되었다(UN Human Rights Council, Open-ended Intergovernmental Working Group on the Draft United Nations Declaration on the Right to Peace, 2013). 인권이사회는 2013년 6월 회의에서 실무그룹 의장 겸 서기에게 정부, 지역그룹, 이해당사자를 만나 비공식회의를 갖고 지난 실무그룹 논의 및 비공식회의 결과를 종합하여 새로운 평화권 초안을 제출하라고 요청했다. 당시 이 요청안도 인권이사회에서 표결을 거쳤는데, 찬성 30개국, 반대 9개국, 기권 8개국이었다. 미국에 더해, 체코, 독일, 일본, 한국 등 9개국이 반대한 것이다(UN Human Rights Council, 2013).

2014년에 제2차 실무그룹 회의가 열렸다. 실무그룹은 의장이 공개한 새로운 평화권 초안을 중심으로 논의를 진행했다. 새로운 초안의 범위는 자문위원회 초안에 비해 크게 줄어들었다. 단 4개 항목으로 구성되었으며, 서문 부분에는 1984년 인민의 평화권선언도 언급하지 않았

---

4 당시 한국은 이사국이 아니었다.

다. 이전 문건에서는 빠짐없이 이를 다루었던 것이다. 이 새로운 초안의 4개 항목은 다음과 같다. 첫째, 모든 사람은 모든 인권·평화·발전이 완전히 실행되는 맥락에서 모든 인권과 근본적인 자유, 특히 생명권을 촉진, 보호 및 존중받을 자격이 있다. 둘째, 국가는 사회 내 평화를 세우기 위하여 결핍으로부터의 자유, 평등, 비차별, 정의, 법치를 고양해야 한다. 이를 위해 국가는 특히 인도적 위기상황에 처한 사람들을 돕기 위한 평화의 조건을 만들고 유지하고 고양할 조치를 취해야 한다. 셋째와 넷째 항목은 평화권선언이 잘 확산하도록 해야 한다는 내용이다 (UN Human Rights Council, 2014). 이 새로운 초안으로 인해, 1960년대부터 발전해 오며 1984년 인민의 평화권선언을 거쳐 인권이사회 자문위의 평화권선언 초안에까지 이른 평화권 논의는 크게 후퇴하였다.

2015년에는 제3차 회의가 열렸다. 의장은 이전의 논의를 바탕으로 작성한 평화권 수정안을 제시했고, 회의는 이 수정안을 중심으로 다루었다. 의장은 제1, 2차 회의 때에도 의장을 맡은 코스타리카의 기예르메트-페르난데스(Christian Guillermet-Fernandez)였다. 또한 지난 두 차례의 회의보다 더 많은 수의 정부 및 NGO가 참여했다. 회의는 "평화권 개념에 대한 견해가 다양하다"는 전제로 시작했다. 일부 참가자는 이 수정안이 평화권을 규범화 및 법문화하는 데 아무런 진전을 이룩하지 못했다고 지적했다. 또 다른 참가자들은 선언문이 비공격(*non-aggression*)과 무력사용 금지 원칙을 반드시 포함해야 한다고 주장했다. 반면 유엔헌장에도 이에 대한 예외조항이 있음을 지적하는 이들도 있었다. 이런 논쟁은 더 길어진 서문(*preamble*)에만 어느 정도 반영되었을 뿐, 본문에는 아무런 영향을 미치지 않았다. 예컨대 피점령 식민지 지역, 무력갈등 지역 등의 상황이 서문에 추가되었다. 그러나 본문은 제1, 2

항 문구의 "평화의 조건"이라는 표현이 "평화권"으로 바뀌었다는 점은 획기적이었다. 또 "모든 사람은 평화를 향유할 권리가 있다"(Everyone has the right to enjoy peace.)는 문구로 제1항이 시작한다는 점에 주목할 필요가 있다(UN Human Rights Council, 2015).

2) 2016년 평화권선언과 그 후

2016년 7월, 인권이사회는 마침내 평화권선언을 채택했다. 이에 따라 실무그룹은 더 이상 열리지 않게 됐다. 채택된 평화권선언은 앞서 살펴본 수정안과 거의 유사하다. 다만 4개 항목이던 본문에 평화교육 항목이 추가되어 5개 항목이 되었다. 제1항은 "모든 사람은 평화를 향유할 권리가 있다. 그러므로 모든 인권이 촉진 및 보호되며, 발전이 완전히 실현되도록 한다"는 선언으로 시작한다. 이어서 제2항은 모든 국가가 평등과 비차별, 정의와 법치를 존중하고 실행 및 촉진함으로써 사회 안에서 또 사회들 간에 평화가 구축되도록 공포와 궁핍으로부터의 자유를 보장해야 한다고 규정한다(UN Human Rights Council, 2016). 이 간단한 선언에도 모든 국가가 찬성하지 않았다. 인권이사회는 2016년 7월 1일에 평화권선언을 표결했다. 중국, 러시아를 포함해 아시아, 아프리카, 중남미 등의 34개국이 찬성했다. 주로 개발도상국 국가였다. 벨기에, 프랑스 등 유럽 국가와 한국을 포함한 9개 국가가 반대했으며, 4개국은 기권했다.[5] 유엔총회는 2016년 12월 19일에 평화권선언을 채택했

---

5 찬성, 반대, 기권에 투표한 국가 목록은 유엔 인권이사회 결의안 'Resolution adopted by the Human Rights Council on 1 July 2016: Declaration on the Right to Peace'(A/HRC/RES/32/28)를 참고하라.

다(A/RES/71/189).

다음 해에 인권이사회는 평화권 증진에 관한 결의를 통과시켰다. 이 결의는 평화권선언에서 확인한 내용을 다시 강조했다. 또한 평화란 단지 갈등의 부재뿐 아니라 적극적, 역동적 참여와 대화 과정을 필요로 한다는 점, 갈등은 상호 이해와 협력의 정신, 그리고 사회경제적 발전이 확보된 곳에서 해결될 수 있다는 점을 확인했다. 이 결의에서 인권이사회는 유엔인권최고대표사무소에 평화권선언 실행을 논의하는 워크숍을 열고 논의 결과를 보고하도록 요구했다(A/HRC/RES/35/4). 이에 따라 인권최고대표사무소는 2018년 6월 14일에 인권이사회 이사국이 모두 참여하는 워크숍을 연다고 발표했다.[6]

이제 평화권 논의는 새로운 단계를 향해 나아가고 있다. 인권이사회에서의 논의 이후 평화권의 개념이 후퇴한 지금, NGO들의 목소리를 받아들이며 평화권에 더 풍부한 내용을 담게 될지, 국가 간 의견 대립이 평화권 논의 진전을 어렵게 할 것인지 주목된다.

5. NGO의 활동

유엔총회가 평화권 관련 선언을 채택하고 인권이사회 및 자문위원회가 평화권 관련 결의 및 보고서를 내거나 실무그룹을 조직하는 등 평화권 논의가 한 발씩 움직일 때마다 국제NGO의 역할은 매우 중요했다. 실

---

6 유엔인권최고대표사무소(UN OHCHR, 2018), 'Intersessional Workshop on the Right to Peace'를 참고하라.

무그룹 회의 등에는 차별과 무력 분쟁에 반대하는 국제NGO가 다수 참여했는데, 팍스로마나, 세계교회협의회 등 일반적인 인권단체부터 더 전문적인 법률가 단체에 이르기까지 다양한 조직이 활동했다. 개방형 정부간 실무그룹에는 늘 30개에 가까운 NGO가 참여했으며, 각 지역에서도 NGO들의 활동이 이어졌다.

대부분 인권 문제에는 해당 이슈에 집중하는 NGO가 논의 진전과 확산에 큰 역할을 한다. 평화권 문제에서는 국제인권법회가 중요한 역할을 했다. 국제인권법회는 2004년, 전 세계에 폭력이 난무하는 심각한 국제적 위기상황을 타개하고자 설립되었다. 유엔이 평화권을 집단 차원에서 개인 차원으로 확대할 수 있었던 데에는 국제인권법회의 역할이 컸다. 국제인권법회는 세계 곳곳에서 전문가 회의를 열었으며 2006년에는 루아르카 평화권선언(Luarca Declaration on the Human Right to Peace)을 발표하기도 했다.

그 후 국제인권법회는 평화권을 위한 운동을 전 세계적으로 전개했다. 2010년에는 세계 여러 NGO와 협력하여 루아르크선언보다 진일보한 산티아고 평화권선언(Santiago Declaration on the Human Right to Peace)을 선포했다. 이 선언은 군비 축소로 얻는 자원을 공정하게 재분배하도록 요구할 권리를 규정하고 군사기지의 점진적 폐지를 요구하였다. 전쟁, 전쟁범죄, 인도에 반하는 죄 등 잔혹 행위에 반대하고 저항할 권리, 더 나아가 불복종할 의무를 선언하였다. 더욱 주목할 점은 인도적 무력 개입을 부인하고 '예방전쟁'을 평화를 위협하는 범죄로서 명시했다는 점이다(Puyana, 2010: 61~80; 이경주, 2014: 104~105). 인권이사회의 평화권선언과는 비교할 수 없을 정도로 선진적인 내용들이다.

이렇듯 국제인권법회는 유엔이 평화권선언을 제정하는 과정에서 전문가 회의를 주선하고, 인권이사회와 자문위원회에 서면 또는 구두로 의견을 제시했으며, 전문가 워크숍 및 실무그룹에 참석했다. 이를 통해 특히 자문위원회가 선언문 초안을 작성하는 데 결정적인 도움을 주었다. 또한 산티아고 평화권선언을 발표한 회의를 주선했다.

6. 한국의 평화권 논의와 운동

분단국가 한국은 늘 전쟁 위협에 놓여 있다. 대한민국에는 아직 미군이 주둔 중이고 북한은 핵까지 보유하였다. 한반도 주변에는 미국, 일본, 중국, 러시아 등 강대국이 예민한 패권경쟁 구도를 유지하고 있다. 당장 무력갈등이 벌어지는 상황은 아니지만, 위험도가 매우 높은 것이다. 그러므로 평화권은 우리에게 다른 어떤 인권 이슈보다도 더욱 절박한 문제이다.

평화권 논의가 진전될 때마다 중국, 러시아 등과 개발도상국들은 이에 찬성하고 미국, 일본, 독일 및 프랑스 등 유럽 나라들은 평화권을 반대하는 구조가 반복되었다. 대한민국은 평화문화를 촉진하고 여러 형태의 갈등 구조를 없애 적극적 평화를 심화해야 하는 입장이다. 그럼에도 불구하고 1984년 이래 최근까지, 한국은 유엔 평화권 논의 과정에서 거의 대부분 미국 및 서구와 같이 반대하는 편에 서 왔다. 2016년 인권이사회 평화권선언 당시에도 끝내 반대 입장에 섰다.

미국은 북한의 핵위협을 제거하기 위한 선제공격 시나리오를 오래전부터 논의하였다. 트럼프 정부가 들어서며 한동안 불안함이 더욱 고조되기도 하였다. 이에 따라 시민사회는 남북한 문제를 평화권으로 봐야 한다고 제안하기 시작했다. 이미 유엔은 여러 차례 평화권을 선언하였고, 최근 2016년에도 인권이사회가 평화권선언을 발표하였다. 평화권은 이미 국제사회의 인권규범으로 정착한 셈이다. 유엔총회, 유네스코, 인권이사회 등이 제시한 평화권 관점에서는 어떠한 형태의 무력 공격도 평화권 침해이며, 평화문화 정착을 위한 적극적 노력은 국가와 시민사회의 임무이다.

2000년대 초 한국 시민운동은 정부의 이라크 파병, 평택 미군기지 확장 등이 평화권 침해라며 헌법재판소에 위헌확인소송을 제기했다. 헌법재판소는 "헌법 제 10조와 제 37조 제 1항으로부터 평화적 생존권이라는 이름으로 이를 보호하는 것이 필요하다. 그 기본 내용은 침략전쟁에 강제되지 않고 평화적 생존을 할 수 있도록 국가에 요청할 수 있는 권리라고 볼 수 있을 것"이라고 판단했다(2005헌마268 전원재판부 판결). 7 평화권을 기본권 중 하나로 인정한 것이다(임재성, 2011: 168～169). 8

시민사회는 적극적 평화 개념도 수용하기 시작했다. 1998년 광주에서 공표된 아시아인권선언이 그 한 예다. 아시아인권선언은 아시아 지역 민중들이 식민 통치로 인해 오랫동안 자유와 권리를 침해당하고 착

---

7 더 자세한 내용은 헌법재판정보 웹페이지를 참고하라(http://search.ccourt.go.kr/ths/pr/ths_pr0101_P1.do?seq=0&cname=&eventNum=14165&eventNo=2005%ED%97%8C%EB%A7%88268&pubFlag=0&cId=010200&selectFont=).

8 그러나 2009년 5월 28일, 헌법재판소는 '평화적 생존권'이 헌법상 기본권에 속하지 않는다고 결정하여 자신의 결정을 채 3년도 지나지 않아 번복했다(2007헌마369 전원재판부 판결). 한미연합전시증원훈련(RSOI)이 평화적 생존권을 침해한다며 2007년 3월 시민단체들이 제기한 헌법소원을 각하하면서 나온 결정이었다. 더 자세한 내용은 국가법령센터 웹페이지를 참고하라(http://www.law.go.kr/detcInfoP.do?mode=2&detcSeq=134063).

취와 억압에 시달렸다고 지적하고, 평화와 인간 존엄은 양도할 수 없는 권리임을 선언했다. 이 선언은 평화권을 별도 항목으로 구분하고, 모든 개인이 평화롭게 살 권리를 가지며, 모든 개인과 집단은 경찰과 군대에 의해 자행되는 폭력을 포함한 모든 형태의 국가폭력으로부터 보호받을 권리가 있음을 규정하였다. 또한 평화권이 보장되기 위해서는 국가와 기업 그리고 시민사회 차원의 제반활동이 인간의 안전을 존중해야 하며, 사회경제적 약자들의 안전을 함께 고려해야 한다고 천명했다(이경주, 2014: 108~109).

남북한 문제, 미군기지 문제, 양심적 병역거부 문제 등 평화권의 시각에서 이해하고 풀어야 할 문제가 산적한 가운데, 한국 정부와 사회는 아직 평화권에 대해 각기 다른 목소리를 내고 있는 것이다.

7. 전망

1960년대부터 유엔은 평화를 논의했다. 논의는 점점 발전하여 2016년 평화권선언으로 귀결되었다. 평화 문제는 유엔 안전보장이사회가 주로 담당한다. 안전보장이사회는 전쟁을 막기 위한, 또는 평화를 해친 국가나 집단에 제재를 가할 강제력을 가진 유일한 유엔기구이다. 평화를 인간의 권리로 인식하게 된 일은 엄청난 발전이다. 이제 전쟁은 범죄이자 인권침해이며, 평화를 지키는 것은 국가의 의무이다. 이러한 인식이 더욱 발전하면 전쟁문화가 사라지게 될 가능성도 기대할 수 있다.

그러나 평화권 발전에는 아직 여러 장애가 있다. 첫째, 동서 진영과 선진국 및 개발도상국 사이에 흔히 나타나는 분리 양상이 평화권과 관련된 모든 표결에서 지속적으로 나타난다. 평화권을 국제 인권규범으로 정립하는 데에 부담을 느끼는 선진산업국들은 이를 계속 반대하는 입장이다. 유엔총회가 인민의 평화권선언을 채택한 1984년 당시 92개국이 찬성했지만, 서구의 여러 국가를 포함한 34개국은 투표를 거부했다. 핵전쟁 위협을 제거해야 한다는 내용에 부담을 느꼈던 서구 국가들이 기권한 것이었다(Roche, 2003: 124). 이로 인해 이 선언에 큰 힘이 실리지 못했다. 이후 이런 상황이 지속되었고, 결국 2016년 평화권선언은 서문만 길고 실제 본문은 단 다섯 개의 항목으로 구성된 기형적 문건이 되었다.

이러한 퇴행적 과정은 평화권을 구체화한 법을 만들 수 없도록 가로막았다. 실효성 있는 의무 내용 및 그에 대한 모니터링 방안도 논의할 수 없었다. 평화권이 외교적 수사에 머물고 말았다는 비판도 이 때문이다. 이른바 3세대 인권이라는 환경권, 발전권 등도 비슷한 이유로 비판받지만, 특히 평화권은 세계사회가 동의하는 실질적 법으로 발전하기 한층 더 어려울 듯하다. 군비 경쟁, 교전권 등을 둘러싼 국가 간 입장 차이와 갈등이 첨예하기 때문이다.

한편 2015년 유엔의 지속가능개발목표(SDGs) 설립 후 유엔총회와 안전보장이사회 등은 지속가능한 평화(sustaining peace)라는 개념을 활발하게 논의하고 있다. 권리보다는 국가와 개인의 의무로서, 2030 어젠다가 사회적 조건으로 제시한 목표로서 평화를 논의한다(UN General Assembly, 2016; UN Security Council, 2016; 2018; Quaker UN Office, 2018). 여기에서도 평화의 중요성을 강조하지만, 정작 '평화권' 개념은 진전하지 않았다.

평화권 내용의 발전은 두 개로 갈라진 세계가 점차 가까워지는 먼 여정, 항구적인 평화가 정착되는 과정과 맞물려 있다. 어느 것이 앞서야 하는지 통계적 인과관계 분석으로는 알 수 없을 것이다. 평화권의 정립과 평화의 실현이라는 개념적, 실천적 노력은 상호작용하며 함께 발전해야 하기 때문이다.

제7장

보편적 노인인권 의제

두 가지 현실 문제에서 노인인권 논의가 시작한다. 첫째, 노인인구가 증가하는 한편 상당수 노인이 비참한 생활환경을 견뎌야 한다는 사실이다. 둘째, 노인 관련 연구나 정책은 무수히 많지만 인권 측면에서 노인 문제를 다루는 기구 및 법이 없다는 점이다. 세계인권선언 제2조는 "모든 사람은 인종, 피부색, 성, 언어, 종교, 정치적 또는 기타의 견해, 민족적 또는 사회적 출신, 재산, 출생 또는 기타 신분 등으로 인한 어떠한 종류의 차별"도 당하지 않아야 한다고 명시하였다. 노인 차별 또는 연령에 의한 차별은 언급하지 않았다. 물론 연령에 따른 차별을 용인할 수 없다는 함의는 충분하며, 자유권조약이나 사회권조약 등 모든 조약기구가 규정하는 인권이 노인에게도 마찬가지로 적용됨은 자명하다. 그러나 노인인권을 위해 일하는 주요 국제NGO들은 여성, 아동, 장애인을 비롯한 여러 주요 소수집단 중 노인을 대상으로 한 협약만 없다고 지적한다. 여기서는 노인 문제를 인권 측면에서 어떻게 이해할 수 있으며, 유엔을 비롯한 국제사회는 이를 어떻게 이해해 왔는지 검토하고자 한다.

1. 고령화와 노인인권의 중요성

노인(*older persons*)이라는 용어를 먼저 짚어 보자. 유엔총회와 사회권규약위원회는 60세 이상 사람들을 노인으로 칭한다. 평균수명이 좀더 긴 유럽연합은 은퇴 연령인 65세 이상 인구를 노인으로 보기도 한다. 유엔의 논의에서 노인이라는 용어는 일반적으로 60세 이상을 뜻한다(UN OHCHR, 1996).

노인인구는 다른 어느 연령대 인구보다도 빠르게 증가 중이다. 60세 이상 인구는 1980년에 전 세계적으로 3억 8,200만 명이었는데, 2017년에는 약 9억 6,200만 명이 되었다. 2050년이 되면 21억 명이 되어 20~24세 인구(20억)를 앞지를 것으로 추산된다. 더욱이 80세 이상 인구는 2017년에서 2050년까지 3배로 증가할 것이다(1억 3,700만 명에서 4억 2,500만 명으로).

고령화는 전 세계적 현상으로 선진국과 개발도상국 모두 경험하는 문제이다. 노인인구의 절반 이상이 아시아에 거주하지만, 20퍼센트 이상은 유럽에 살고 있다. 개발도상국의 고령화 속도는 더욱 빠르다. 한국도 2000년에 이미 고령화사회(노인 비중이 7퍼센트 이상)에 진입했고, 2017년에는 고령사회(노인 비중이 14퍼센트 이상)에 도달했다. 2026년에는 노인인구가 전체 인구의 20퍼센트를 차지하는 초고령사회가 될 것으로 예측된다(강은나 외, 2014: 11).

고령화는 출산율 저하와 맞물려 인구구조에 큰 영향을 미친다. 또한 고령화가 심해지면 노인들을 대상으로 매우 심각한 인권침해가 일어날 가능성이 높아진다. 노인인구 비율이 높아짐에 따라 생산가능인구 비율이 줄어들면, 복지 정책 수혜자가 증가하는 반면 정책의 재원을 부담

할 인구는 감소한다. 노인들이 경제적으로 자립하고자 하더라도 의료비 부담이나 생산성 하락 등을 이유로 구직상 차별을 경험하기 쉽다. 그 결과 사회적으로 노인을 '문제'로 보는 시각이 증가해 노인을 대상으로 한 차별과 인권침해가 발생할 가능성도 높아지는 것이다. 또한 급격한 산업 발전 및 사회 변동을 경험하는 국가들에서는 여성이 이전보다 더 많이 경제활동에 참여하고 부모-자녀 간 의무가 변화하면서 노인을 보호, 부양하던 가족의 기능이 기존보다 축소된다. 이로 인해 노인 돌봄 공동화 현상이 나타난다.

이처럼 노인인구 증가에 대한 사회적 대응, 취약한 노인인구 지원을 위한 인식 및 제도에 심각한 공백이 존재한다. 물리적·정신적 건강 문제, 경제적·사회적 불안정, 소외, 여성노인 문제 등 노인들이 경험하는, 혹은 경험하게 될 어려움이 점점 떠오르고 있다(Saxena, 2009).

2. 국제인권법으로 본 노인인권

세계사회는 여성, 장애인, 아동, 이주노동자, 난민 등에 관심을 기울이고 관련 규약도 제정하였다. 반면 노인인권에는 상대적으로 관심이 적었다. 비록 노인의 인권을 보호하는 데 필요한 사항을 포괄적으로 다룬 국제조약은 없지만, 기존 국제인권법에서 노인인권을 보호해야 할 근거를 어느 정도 찾을 수 있다. 세계인권선언 제25조 1항은 "모든 사람은 식량, 의복, 주택, 의료, 필수적인 사회서비스 등을 포함하여 자신과 가족의 건강과 안녕에 적합한 생활수준을 누릴 권리를 가지며, 실업, 질병, 장애, 배우자 사별, 노령, 그 밖에 자신이 통제할 수 없는 상황에서 발생하는 생계상의 문제로부터 안전을 보장받을 권리를 가진다"
고 선언하였다. 노인도 예외가 아니다. 마찬가지로 자유권규약 제2조
1항 및 사회권규약 제2조 2항의 차별금지 조항, 사회권규약 제9조의
사회보장권 또한 노인인권과 관련이 깊다.

사회권규약위원회는 1995년, 노인의 경제적·사회적·문화적 권리
에 관한 일반논평 제6호에서 기존의 사회권규약이나 세계인권선언이
연령을 근거로 한 차별을 금지한다고 명시하지 않은 것은 평균수명 연
장 및 인권의 발전 등을 예측하지 못했기 때문이라 지적했다. 비록 명시
하지는 않았더라도 노인 또한 인권을 보호받으며 차별을 당하지 않아야
할 대상에 포함된다. 그러므로 일반논평 제6호는 연령에 따른 차별이
'기타의 신분'에 근거한 차별로서 금지된다고 명시했다. [1] 이러한 해석에
따르면 사회권규약의 많은 조항은 노인인권 보장과 직간접적으로 연결
된다. 예를 들어 사회권규약 제6조와 제8조는 노동권을 인정한다. 또
한 제9조는 "사회보험을 위시한 사회보장에 대한 모든 사람의 권리"라
는 구절을 통해 암묵적으로 노인복지제도의 필요성을 인정한 셈이다. [2]

---

1 사회권규약 일반논평 제6호, 'The Economic, Social and Cultural Rights of
Older Persons', para. 12를 참고하라. 여러 국제규약에서 말하는 'other status'
가 연령으로 인한 구분을 포함한다고 해석한다(CESCR, 1995).

2 제9조는 보장하는 보호의 유형 혹은 수준을 명시하지 않은 채 당사국이 모든
이의 사회보장권을 인정해야 한다고 일반적으로만 규정하였다는 한계가 있다.
그럼에도 회원국들에게 다양한 유형의 사회보험을 통해 노인의 건강, 생계 등을
보장할 의무를 부과한다는 점에서 의미를 가진다. 이에 따라 사회권규약위원회
는 일반논평 제19호를 통해 사회권규약 제9조를 확대해 해석하고, 이를 통해
노인을 위한 사회보장제도의 확립을 좀더 구체화하고 있다(CESCR, 2008).

3. 국제사회에서 문제가 제기된 노인인권: 1980~2000년대

1) 유엔총회

놀랍게도 1948년 유엔이 세계인권선언을 만드는 중에 노인인권선언 (Declaration of Old Age Rights)[3]이 통과되었다. 1948년 9월 30일, 아르헨티나 정부가 발의한 이 결의안은 "노인인권(*old age rights*)은 노동자가 신체적 힘을 잃었을 때, 그리고 그가 가난하고 무시당할 때 생활 조건을 개선하고 복지를 향상하기 위해 필수적"이라 선언하였다. 남성 및 경제 편향성을 드러내지만, 이 결의는 노인인권을 논의할 계기를 마련했다. 결의안은 도움을 받을 권리, 주거권, 식량권, 의복권, 신체적 건강에 돌봄을 받을 권리, 정신적 건강에 도움을 받을 권리, 휴식권, 일할 권리, 안정을 향유할 권리, 존경을 받을 권리 등으로 노인인권을 규정했다. 이 결의안은 1948년 11월 22일에 유엔총회 제3위원회 제152차 회의에 소개되어, 11월 30일 제167차 회의에서 채택되었으며(찬성 28개국, 반대 없음, 기권 10개국), 12월 4일 유엔총회 170차 회의에서 통과되었다(찬성 48개국, 반대 없음, 기권 1개국). 이후 경제사회이사회의 사회이사회 및 인권위원회 등이 논의하다가 흐지부지되었다.[4]

유엔총회가 다시 노인인권을 다룬 것은 1982년이다. 고령화에 관한

---

3 유엔총회 제3위원회(UN General Assembly, Third Committee, 1948), 'Declaration of Old Age Rights'(A/C. 3/213)를 참고하라.

4 더 자세한 내용은 *The Yearbook of the United Nations*, 1948~1949: 618~619를 참고하라.

비엔나 국제행동계획(Vienna International Plan of Action on Ageing: First World Assembly on Ageing)은 국제사회가 만든 최초의 노인 대상 프로그램이다. 노인의 특별한 필요와 개발도상국 고령화의 사회경제적 함의 및 수집한 연구 자료와 함께 수입 안정, 건강, 주거, 교육, 사회복지 등에 대한 62가지의 권고가 들어 있다(UN, 1982). 이는 유엔총회에서 같은 해에 승인되었다(UN General Assembly, 1982).

1991년, 총회는 유엔노인원칙(United Nations Principles for Older Persons)을 채택했다. 5가지 주제 아래에 18개의 사항을 제시한 원칙이었다. 첫째 주제인 독립은 의식주, 소득보장, 고용 등을, 둘째 주제인 참여는 사회통합, 복지정책 형성 및 지역사회에 대한 참여를 다루었다. 셋째로 돌봄은 가족, 지역사회로부터의 돌봄 및 보호, 적정 수준의 시설 보호, 신체적 · 정신적 · 정서적 안녕의 최저 수준 유지 등을, 넷째 자아실현은 잠재력 개발을 위한 기회 추구, 여가 생활에 대한 접근성 강화를 제시하였다. 마지막 주제인 존엄성은 학대로부터 자유, 존엄과 안전을 누릴 권리, 공정한 대우 등을 명시했다(UN General Assembly, 1991). 유엔노인원칙 서문은 유엔헌장이 명시한 기본권, 세계인권선언이 촉구한 인권 등을 전제로 1982년의 비엔나 행동계획, 유엔의 국제규약, 국제노동기구 및 세계보건기구가 노인의 노동 및 건강에 대해 정한 기준 등을 유엔 회원국들이 준수할 것을 촉구하였다. 또한 경제적 독립을 다루며, 노인이 "소득 제공, 가족 및 공동체의 지원 그리고 자기 능력을 통해 적절한 식량, 물, 쉼터, 의복, 건강관리를 보장받아야 한다"고 명시했다. 이 원칙은 후술할 마드리드 국제행동계획에 기초를 제공했다.

1992년 유엔총회는 2001년까지 고령화에 대응해 달성할 8개의 국제목표를 채택하고 각 국가를 위한 간단한 가이드라인을 제시했다(UN General Assembly, 1992b). 또한 같은 해에 비엔나 국제행동강령 10주년을 맞아 '고령화에 관한 선언'(Proclamation on Ageing)을 채택했다. 이 선언에서 유엔총회는 노인의 사회적 기여를 인정하고 지원하며 2001년까지 각 국가가 위 8개 목표를 추진하도록 독려했다. 또한 1999년을 노인의 해로 선포했다(UN General Assembly, 1992a).

1994년 유엔인구기금(UN Population Fund)이 개최한 인구와 개발에 대한 국제회의(International Conference on Population and Development)와 그 보고서 및 1995년 베이징선언 및 행동강령에서도 노인 문제가 진지하게 거론되었다. 1995년 3월 덴마크 코펜하겐에서 열린 사회개발을 위한 세계정상회의(World Summit for Social Development)가 채택한 행동계획(The Programme of Action)에서도 "모든 연령을 위한 사회"(The Society For All Ages)라는 개념을 썼다(UN, 1994).

2002년 4월에 유엔은 마드리드에서 제2차 세계고령화대회(Second World Conference on Ageing)를 개최했다. 이 대회는 마드리드 국제행동계획(Madrid International Plan of Action on Ageing: MIPAA)을 채택했고 유엔총회가 이를 승인했다(UN General Assembly, 2003). 이후 국제사회에서 노인 문제의 정책적 근거와 실천에 대한 논의가 본격화하였다. 제1차 회의가 선진국의 고령화에 관심을 쏟았다면, 제2차 회의는 개발도상국의 정책개발에 집중했다.[5]

---

5 세계고령화대회에 대한 더 자세한 내용은 유엔 웹페이지를 참고하라(http://www.un.org/en/development/devagenda/ageing.shtml).

2) 유럽연합 및 지역협정

유럽이 노인인구 증가 및 그에 수반되는 문제를 본격적으로 논의하기 시작한 것은 유럽연합이 1993년을 '유럽 노인의 해'(European Year of Older People)로 선언하면서부터이다. 유럽은 한국보다 앞선 20세기 후반에 이미 급격한 고령화를 경험했다. 이에 따라 생산가능인구가 감소하여 생산성 저하 및 부양부담 증가를 겪었고, 의료 및 요양서비스 수요도 증가했다. 이로 인한 세대갈등 등도 문제로 떠올랐다.

유럽연합은 고령화사회의 위기를 극복하고 노인 문제를 해결하는 동시에 경제 발전 및 사회보장제도의 지속가능성을 담보하기 위해 세대간 연대를 기반으로 한 '생산적(활동적) 노령'(active ageing)을 정책 패러다임으로 삼았다. 유럽연합의 생산적 노령 패러다임은 노인의 인권에 대한 관심, 1991년 유엔총회가 채택한 유엔노인원칙에 근거를 두고 취약한 노인인구의 욕구를 보장하는 데에서 노후의 건강한 삶을 지원하는 것으로 방향을 바꾸었음을 강조한다(박영란 외, 2011: 122~126). 이는 2000년 유럽연합 회원국들이 합의한 리스본 전략(Lisbon Strategy)에서도 확인할 수 있다. 리스본 전략은 노인인구의 경제활동 참여 및 고용 촉진을 주요 목표로 삼는다. 2002년에는 세계보건기구가 생산적 노령 패러다임을 채택하고, 이어 유엔 인권기구들도 이러한 관점을 채택하는 등 노령 정책에 대한 인식 전환이 차츰 적실성을 인정받고 있다.

노인인구의 경제활동 참여를 강조한 생산성 모델은 점차 확대되어 건강, 고령친화서비스, 자원봉사, 평생교육, 사회통합 등 노인인구 생활에 영향을 미치는 여러 측면을 포괄한 통합적 모델로 재구축되고 있다(박영란, 2013: 146). 마드리드 국제행동계획 10주년을 맞아, 유럽연합은 2012년을 '생산적 노령과 세대 간 결속을 위한 해'(The European Year for Active Ageing and Solidarity between Generations: EY2012)로 선언하고 다양한 사업을 추진했다. 이제 노인인권을 보장하려는 관심은 구체적 정책을 개발하고 실행하는 데로 나아가고 있다(강은나 외, 2014: 12; 박영란, 2013: 145~148)./////////

그 외에도 미주인권협약 추가의정서(Protocol of San Salvador) 제17조[6], 유럽사회헌장(European Social Charter) 제23조[7], 유럽연합 기본권헌장(Charter of Fundamental Rights of the European Union) 제25조[8], 인간 및 인민의 권리와 의무에 관한 아프리카헌장(African Charter on Human and People's Rights and Duties) 제18(4)조[9]와 같은 지역협

---

6 산살바도르 의정서(Protocol of San Salvador)란 'Additional Protocol to the American Convention of Human Right in the Area of Economic, Social and Cultural Rights'를 뜻한다. 제17조는 "모든 사람은 고령에 이르렀을 때 특별히 보호받을 권리를 갖는다"(Everyone has the right to special protection in old age.)고 선언한다.

7 유럽사회헌장은 제23조에서 다음과 같이 언급한다. "노인의 사회적 보호권을 효과적으로 행사할 수 있도록 하기 위해…."(With a view to ensuring the effective exercise of the right of elderly persons to social protection….)

8 유럽연합 기본권헌장 제25조는 다음과 같다. "연합은 노인들이 존중받고, 독립적으로 삶을 영위하고 사회생활 및 문화생활에 참여할 권리를 인정하고 존중한다."(The Union recognises and respects the rights of the elderly to lead a life of dignity and independence and to participate in social and cultural life.)

9 인간 및 인민의 권리와 의무에 관한 아프리카헌장의 제18조 4항의 규정은 다음과 같다. "노인과 장애인도 각자의 신체적 혹은 정신적 필요에 부응하여 특별한 보호조치를 받을 권리를 갖는다."(The aged and the disabled shall also have the right to special measures of protection in keeping with their physical or moral needs.)

정 또한 노인 관련 규정을 두고 있다(강병근, 2008: 94).

3) 국제노동기구

국제노동기구도 여러 자체 조약을 통해 노인의 노동권을 보호하고자 했다. 사회보장의 최소기준에 관한 협약 제102호(C102 Social Security (Minimum Standards) Convention, 1952년)와 병환, 노령, 유족연금에 관한 국제노동기구 협약 제128호(C128 Invalidity, Old-Age and Survivors' Benefits Convention, 1967년)는 각국이 의무적으로 노인보험 체제를 구축하도록 요구하였다. 1958년에 제정된 협약 제111호(Discrimination (Employment and Occupation) Convention, 1958년)는 연령으로 인하여 특별히 보호받거나 지원을 받아야 한다고 여겨지는 사람들을 대상으로 모든 회원국이 노동자 단체 및 사용자 단체와 협의하여 필요한 사항을 충족시켜야 한다고 규정했다.[10] 1975년 국제노동기구 협약 제142호는 노인을 포함한 모든 개인이 취업지도 및 훈련에 있어서 평등하고 차별 없이 자신에게 가장 이익이 되고 자신이 원하는 바에 따라 노동 능력을 개발하고 활용할 수 있어야 한다고 규정했다. 1981년 국제노동기구 협약 제156호는 가족을 돌보느라 퇴직했다가 재취업한 근로자(남녀 불문)에게 취업지도 및 훈련을 제공하도록 했다(강병근, 2008: 99 ~100). 국제노동기구는 권고 제162호(R162 Older Workers Recommendation, 1980년)에서 노인 근로자들이 직장 내에서, 사회보

---

10 국제노동기구의 여러 협약에 대한 더 자세한 내용은 국제노동기구 웹페이지를 참고하라(http://www.ilo.org/ilolex/english/convdisp1.htm).

장 및 퇴직 측면에서 차별받지 않도록 하기 위한 기준을 마련하도록 권고했다.[11] 권고 제 122호(R122 Employment Policy Recommendation, 1964년)에서는 노인을 포함한 취약집단 관련 고용 정책을 언급하면서 노인 근로자들이 구조적 변화에 적응하는 데 어려움을 겪을 때 이들을 특별히 배려하도록 권고했다.

4) 유엔 조약기구

유엔의 여러 조약(자유권조약, 사회권조약, 여성차별철폐조약, 인종차별철폐조약, 장애인조약 등)의 모든 규정이 노인에게도 적용된다는 사실은 자명하다. 그러나 특별한 보호가 필요한 소수집단으로서 노인의 인권을 규정한 조약은 사회권조약이다. 1995년 사회권규약위원회는 노인인구가 증가하는 상황에서 보호가 필요한 현실을 직시하고, 여섯 번째 일반논평에서 노인의 경제적·사회적·문화적 권리를 규정하고 노인인권의 내용 및 국가의 의무를 적시했다. 여기에는 노인을 부양하는 가족에 대한 지원도 포함된다(CESCR, 1995). 2010년엔 여성차별철폐위원회가 여성노인 관련 일반권고(General Recommendation No. 27 on Older Women and Protection of Their Human Rights)를 냈다(CEDAW, 2010).

2009년 유엔 사무총장의 보고서에 의하면 많은 국가들이 조약기구에 제출한 정기보고서에는 노인 문제에 대한 의식이 옅다. 사무총장은

---

11 국제노동기구의 여러 권고에 대한 더 자세한 내용은 국제노동기구 웹페이지를 참고하라(http://www.ilo.org/ilolex/english/recdisp1.htm).

2000~2008년에 자유권규약위원회가 받은 124건의 정기보고서 중 단 3건 만이 노인 차별을 언급했다고 밝혔다. 인종차별철폐위원회가 검토한 190건의 보고서 중에서는 32건이 여성노인에 관해 논의하였다. 사회권규약위원회는 같은 기간에 122건을 검토했는데 24건이 노인 문제를 언급했다(UN General Assembly, 2010). 노인에 관해 일반논평을 한 사회권규약위원회의 논의에서도 노인인권 관점이 충분하지 않다는 점은 특히 충격적이다.

4. 노인인권규약 제정 논의의 본격화: 2010년 이후

노인인권을 위해 축적된 노력은 2010년 전후로 노인인권규약 제정이라는 구체적 목표로 집약되기 시작했다. 인권이사회, 인권이사회 자문위원회, 유엔인권최고대표사무소, 유엔총회에까지 이르는 인권 관련 핵심 헌장기구가 모두 이 일에 관여했다. 세계 주요 NGO들과 대학이 적극적으로 개입하며, 오늘날 세계는 규약 제정을 코앞에 두고 있다. 그러나 여전히 선진국과 개발도상국, 동서 진영 간 의견 충돌이 노인인권 규범 형성을 가로막는다.

1) 논의를 시작한 인권소위원회, 인권이사회 자문위원회

유엔 헌장기구가 본격적으로 노인인권을 다루게 된 계기는 2005년 인권소위원회의 논의였다. 많은 NGO가 이미 오랫동안 노인인권에 관심을 기울이고 유엔에서 활동해 왔다. 그러나 인권소위원회는 이전까지 발전(*development*) 관점에서 단편적으로만 오갔던 논의에서 더 나아가 본격적 인권규범으로서 노인인권을 체계화해야 한다고 지적하였다. 필자가 위원으로 있던 2005년 인권소위원회 제57차 회의에서 노인인권을 새로운 유엔 인권규범으로 만들어야 한다고 언급하자 대부분의 위원이 호응하였다. 하지만 바로 다음 해에 인권소위원회가 해산되었고, 인권이사회 자문위원회는 2007년에야 새로 설립되었기 때문에 관련 논의가 더 진전될 수 없었다.

인권이사회 자문위원회가 새로 시작하며 필자는 다시 위원으로 선출되었고, 노인인권 문제를 자문위원회에서 다시 제기했다. 자문위원회는 제3차 회의(2009년 8월)에서 필자가 노인인권 연구 필요성에 관한 워킹페이퍼를 제4차 회의에 제출하도록 권고하였다(Recommendation 3/6).[12] 이 보고서는 노인인권을 증진하고 보호할 실질적 권고를 목표로 했다. 제4차 자문위원회(2010년 1월)에서 필자는 '노인인권에 대한 인권적 접근의 필요성과 효과적인 유엔 메커니즘의 필요성'이라는 제목으로 보고서를 제출했다. 이 보고서는 노인 수가 폭발적으로 늘어나는 현재 세계 상황에 대응하기 위해서는 더 엄밀한 인권적 접근이 필요함을 역설하고, 노인인권에 관한 국제협약을 제정할 것을 주장했다.[13] 자문위원회는 이 보고서를 환영하고, 인권이사회가 기존 유엔기구 및 현재의 국제법 틀이 노인인권을 실현하기에 부족한 지점을 연구할 역할을

---

12 인권소위원회와 달리 결의를 채택할 권한이 없는 인권이사회 자문위원회는 대신 자체적으로 권고를 낸다.

13 유엔 인권이사회 자문위원회, 'The Necessity of a Human Rights Approach and Effective United Nations Mechanism for the Human Rights of the Older Persons'(A/HRC/AC/4/CRP. 1)를 참고하라.

자문위원회에 맡겨 주길 희망했다(Recommendation 4/4). 하지만 인권 이사회는 이 안건을 언제 인권이사회가 다룰 수 있을지 모르겠다는 완 곡한 표현을 사용하여 거절했다〔PRST(President's statement, 의장성명) 13/1〕.[14] 자문위원회의 열띤 논의는 유엔 제네바사무국(The United Nations Office at Geneva: UNOG)의 뉴스 사이트(News & Media)에도 자세히 보도되었다. 하지만 인권소위원회와 달리 자문위원회는 인권이 사회의 결정에 따라서만 연구를 수행할 수 있으므로 논의를 더 이상 진 전시킬 수 없었다. 인권이사회는 노인인권을 별도로 논의하지 않는 대 신, 건강권 특별보고관(Special Rapporteur on the right of everyone to the enjoyment of the highest attainable standard of physical and mental health)의 주제 연구로서 노인의 건강권을 다루도록 했다(UN Human Rights Council, 2011).

2) 인권이사회

2010년 인권이사회는 제 15차 회의에서 건강권 특별보고관에게 노인의 건강권에 대한 보고서를 제출하도록 결정했다. 2011년 제 18차 회의에 서는 이 보고서(A/HRC/18/37)를 둘러싼 전문가들의 의견 교환을 위해 패널을 조직했다. 패널에는 보고서를 쓴 특별보고관, 자문위원회 워킹 페이퍼를 쓴 필자, 노인인권 관련 최대 국제NGO인 국제헬프에이지 (HelpAge International) 대표도 참여했다. 패널을 조직하며 인권이사회

---

14 이 내용은 자문위원회 보고서에도 자세히 기록되었다. 유엔 인권이사회 자문위 원회, 'Annotations to the Provisional Agenda'(A/HRC/AC/Add. 1/Rev. 1)를 참고하라.

는 "노인도 사회의 다른 구성원들과 평등한 기초 위에서 건강권을 향유할 수 있다"고 언급하였다. 또한 점점 많은 국가들이 노인인권에 주의를 기울이고 있으며, 노인들이 신체적, 정치적, 사회적, 경제적으로 활동적이면 노인 개인에게뿐 아니라 사회 전체를 위해서도 유익하다고 지적했다(UN OHCHR, 2010b).

3) 유엔총회와 유엔인권최고대표사무소

유엔총회는 노인인권을 인권이사회보다 더욱 발전시켰다. 유엔총회는 2009년 12월, '제2차 세계고령화대회 이후'(Follow-up to the Second World Assembly on Ageing)라는 제목의 결의를 채택하고 2010년 2월에 발표했다(64/132). 이 결의는 각 국가와 국제사회가 노인인권을 위해 면밀한 정책을 세울 것을 주문하는 한편, 유엔 사무총장에게 국가 및 지역 차원에서 노인의 사회적 상황, 복지, 발전 및 권리에 관한 종합보고서를 작성해 다음 유엔총회에 제출하도록 요청했다. 유엔사무국의 경제사회국(DESA)은 보고서 작성을 위해 유엔인권최고대표사무소에 인권 관점을 제공해 달라고 도움을 요청했다. 구체적으로는 노인에게 적용할 수 있는 기존의 국제인권 기준에 초점을 맞춘 보고서의 제출을 요구했다. 이에 인권최고대표사무소는 노인인권 관련 웹페이지를 만들고 노인인권 상황 및 관련 행사 내용, 보고서 등을 게시하기 시작했다.[15] 또한 전문가 회의를 만들어 조약기구 및 특별절차 등을 분석하고 '노인

15 더 자세한 내용은 유엔인권최고대표사무소 웹페이지를 참고하라(http://www.ohchr. org/EN/Issues/OlderPersons/Pages/OlderPersonsIndex. aspx).

인권: 국제 인권원칙과 기준'이라는 제목으로 보고서를 제출했다. [16]

이 보고서는 우선 노인이라는 용어의 정의를 명확히 했다. 사회권규약위원회의 일반권고 제6호 '노인의 경제적·사회적·문화적 권리'가 'the aged', 'the elderly' 등 노인을 지칭하는 여러 용어 중 'older persons'를 가장 적합한 단어로 선택하였고, 유엔 관행상 이 단어가 60세 이상의 사람들을 의미한다고 밝혔음을 거론했다. 자문위원회 워킹페이퍼가 지적한 연령주의(ageism), 즉 노인 차별을 초래하는 노인에 대한 부정적 고정관념 및 편견을 타파해야 한다고 강조했다(UN OHCHR, 2010a: 7~8). 유엔의 여러 규약이 노인을 단편적으로 고려하고 있다는 점도 지적했다. 예컨대 앞서 언급한 사회권규약과 여성차별철폐협약 외에도 장애인권리협약은 연령에 맞는 사법서비스 접근성과 연령을 고려한 보호 대책 등을 명기했다. 이주노동자권리협약은 차별금지 목록에 '연령'을 포함했다. 이러한 기존 인권규범에 기초하여 보고서는 다음 몇 가지 노인인권규범을 정리했다. 비차별, 특별한 보호, 사회적 안전, 접근성 제고, 빈곤과 주변화에 대한 고려, 건강권과 주거권 등이 그것이다.

인권최고대표사무소의 보고서는 인권은 보편적이므로 모든 기존 인권규범이 당연히 노인에게도 적용되지만 여성, 아동, 장애인, 이주노동자 등 여러 소수집단에 대한 특별 규약이 있는 데 비해 노인은 부분적

---

16 유엔인권최고대표사무소(UN OHCHR, 2010a), 'Human Rights of Older Persons: International Human Rights Principles and Standards'(Background Paper, Expert Group Meeting). 이 보고서는 인권이사회 자문위원회가 논의한 워킹페이퍼가 매우 훌륭한 기초를 제공했다고 평가하면서, 워킹페이퍼의 틀을 거의 그대로 가져왔다.

으로만 고려되어 왔다고 지적했다. 즉, 노인에 대한 규약이 별도로 제정되어야 할 필요성을 말한 것이다.

4) 유엔총회의 고령화에 관한 개방형 실무그룹 설립

유엔총회는 2010년 12월에 개방형 실무그룹을 설립했다. 2010년 12월 유엔총회 결의 65/182에 따른 것이었다. 회원국, 참관자 모두에게 열린 이 실무그룹은 노인인권에 대한 기존의 국제적 체제를 검토하여 부족한 면을 살피고, 적절하게 새로운 기구(instrument)나 대책을 제시함으로서 노인인권 보호를 강화하는 것을 목적으로 했다. 여기서 기구란 새로운 규약으로도 이해할 수 있다. 따라서 이후 실무그룹에서 노인인권규약은 지속적으로 논의되는 주제였다.

2011년에 첫 실무그룹 회의가 열렸다. 두 개의 패널이 구성되었는데, 첫째는 현재의 지역적(regional) 노인인권체계를 다루었고, 둘째는 국제 차원의 보호체계를 주제로 토의했다. 이를 총괄하여 실무그룹이 내놓은 주요 제안은 노인인권규약 제정 및 특별보고관 임명이었다.[17] 2012년 9월에 열린 제2차 실무그룹 회의는 기존 노인인권 관련 체제와 개선점이라는 큰 주제 아래에 ① 연령 차별 방지, ② 자립성, 독립적 생활 및 건강, ③ 존엄을 가진 삶, 사회적 안정 및 자원에 대한 접근 가능성 확대, ④ 학대와 폭력 방지, ⑤ 법에 대한 접근성 확대를 논의했다.

2012년 12월 유엔총회는 '노인의 권리와 존엄을 증진하고 보호하기

---

17 유엔총회, 고령화에 관한 개방형 실무그룹(UN General Assembly, Open-ended Working Group on Ageing, 2011)을 참고하라.

위한 포괄적이고도 통합적인 국제법적 기구를 향하여'라는 제목의 결의를 채택했다. 이 결의는 개방형 실무그룹의 논의를 환영하고 실무그룹이 되도록 빠른 기간 내에 법적 기구의 주요 구성을 제안하라고 요구했다. 특히 이 결의는 사회 발전, 인권과 비차별, 젠더평등 및 여성 역량 강화 등을 고려하도록 요청했다.[18] 투표를 거치지 않고 전체 동의에 이르는 대부분의 결의와 달리, 이 결의안은 표결에 부쳐져 찬성 56표, 반대 5표, 기권 116표로 가결되었다.[19] 수많은 나라가 기권했다는 사실은 선진국과 개발도상국을 막론하고 매우 중요한 위기로 부상하는 고령화 상황이 인권 문제로 인식되는 데에 아직 시간이 필요함을 보여 준다. 미국, 캐나다, 이스라엘, 남수단, 세이셸 등이 반대표를 던졌고, 서유럽 나라들은 전부 기권했다. 한국도 기권했다. 찬성한 나라들은 대부분 개발도상국이었으며, 북한도 찬성했다. 전혀 정치적이지 않은 주제인 노인인권에서도 정치적 구도가 나타난 것이다. 이후 유엔총회는 노인인권에 관한 결의를 계속 채택하고 있다.

총회의 결의에도 불구하고, 2013년 실무그룹 회의에서 노인의 존엄 등에 관한 여러 주제를 두고 열린 패널 토의에서는 새로운 법적 기구 설립에 대해 여전히 찬반 의견이 오갔다.[20] 2014년 제5차 회의에 이르러 탐색의 단계를 넘어 국제법적 기구를 만들기 위한 실천적 제안을 고려

---

18 유엔총회(UN General Assembly, 2012a), 'Towards a Comprehensive and Integral International Legal Instrument to Promote and Protect the Rights and Dignity of Older Persons'(A/RES/67/139)를 참고하라.
19 기권했던 몇 나라가 표결 후 찬성으로 돌아섰다. 유엔총회(UN General Assembly, 2012b)를 참고하라.
20 유엔총회, 고령화에 관한 개방형 실무그룹(UN General Assembly, Open-ended Working Group on Ageing, 2013)을 참고하라.

함으로써 유엔총회에 구체적인 권고를 하는 단계로 나아가야 한다는 데 많은 참여자들이 뜻을 모았다. [21] 2015년 회의에서는 더 나아가 규약(convetion)이라는 구체적인 단어까지 사용하였으나, [22] 2016, 2017년의 회의에서 규약의 실질적 내용을 논의하지는 못하였다. [23]

5) NGO, 대학의 지원

자문위원회에서 워킹페이퍼를 쓰면서 필자는 국제헬프에이지라는 국제 NGO의 전폭적인 도움을 받았다. 국제헬프에이지는 1983년에 캐나다, 콜롬비아, 케냐, 인도, 영국의 노인 관련 단체가 세운 조직이다. 당시 에티오피아 및 소말리아 등에서 일어난 내전으로 난민이 된 노인들이 제대로 돌봄을 받지 못하는 상황에서 등장한 조직이다. 국제헬프에이지는 점점 성장하여 현재 65개국에 100개 이상 조직을 거느리고 있다. 세계 노인인권 활동의 중심에 있으며, 유엔에서 노인인권규약 설립의 필요성을 주장하고 있다. [24] 1982년에 설립된 한국노인복지회는 2009년에 한국헬프에이지라는 이름으로 국제헬프에이지에 합류했다. [25]

---

21 유엔총회, 고령화에 관한 개방형 실무그룹(UN General Assembly, Open-ended Working Group on Ageing, 2014)을 참고하라.

22 유엔총회, 고령화에 관한 개방형 실무그룹(UN General Assembly, Open-ended Working Group on Ageing, 2015)을 참고하라.

23 실무그룹의 회의 내용에 대해서는 (사)한국노인복지회(2017: 57~64)를 참고하라.

24 국제헬프에이지에 대한 더 자세한 내용은 국제헬프에이지 웹페이지를 참고하라(http://www.helpage.org).

25 한국헬프에이지에 대한 더 자세한 내용은 한국헬프에이지 웹페이지를 참고하라(http://www.helpage.or.kr).

1994년에 설립되어 뉴욕에 본부를 둔 고령화에 대한 국제행동(Global Action on Ageing: GAA)도 고령화와 노인에 대한 연구, 지원 프로그램 등을 시행 중이다.

예일대는 이미 노인인권선언 초안을 만들었으며, 이 초안이 조약을 만들고자 노력하는 많은 이들에게 탄탄한 바탕을 제공하고 있다. 국제 장수센터(International Longevity Center)라는 NGO도 노인인권규약 (Draft Convention on the Rights of Older Persons) 초안을 만들었다. [26]

5. 노인문제에 대한 인권적 접근

앞서 논의한 바와 같이 유엔총회, 인권이사회 및 여러 조약기구에서 노인 문제를 보편적 인권의 관점에서 접근하기 시작했다. 그 내용을 간단히 정리하면 이전의 다소 경제적, 발전론적이던 논의와 어떻게 다른지 더 분명히 알 수 있을 것이다. [27] 노인 문제에 대한 인권적 접근은 세계인권선언과 여러 규약을 아우르는 국제인권법상의 인권이 노인에게도 모두 적용된다는 보편적 원칙에서 출발한다. 이에 더해 노인으로서 특별히 더 배려 받을 권리를 더한 것이 노인인권의 내용이라 할 수 있다. 물론 노인인권의 범위는 후술할 핵심적 내용보다 훨씬 더 넓은 범위를

26 더 자세한 내용은 국제장수센터 웹페이지를 참고하라(http://globalag.igc.org/agingwatch/convention/modelconventions/ilc_draft_convention.pdf). 일반적으로 유엔에서 활동하는 NGO는 선언(*declaration*)보다 강력하고 강제력이 있는 규약(*convention*)을 만들길 지향한다.

27 이하 노인인권의 내용은 정진성(Chung, 2010)과 유엔인권최고대표사무소(UN OHCHR, 2010a)를 주로 참고했다.

포괄할 수 있을 것이다.

① 차별받지 않을 권리: 노인이기 때문에 차별을 받아서는 안 된다. 노인에 대한 부정적 인식인 연령주의는 타파되어야 한다. 국가와 대중매체 등은 노인을 부정적으로 언급하고 인식하는 관행을 금지하고, 노인의 존엄성을 지켜 주어야 한다.

② 학대와 폭력으로부터 보호받을 권리: 노인은 신체적, 성적, 감정적, 재정적 학대에서 자유로워야 한다. 국가는 모든 형태의 학대, 착취, 소외로부터 노인을 보호해야 한다.

③ 빈곤에 대한 취약성, 식량권·식수권·주거권 확보 및 취업의 어려움, 열악한 노동 조건 고려: 노인은 경제적으로 더욱 취약하다는 사실을 고려해야 한다. 또한 노인은 식량권, 식수권, 주거권을 보장받고 좋은 노동 조건에서 일할 권리를 가진다.

④ 건강권, 이동권: 노인은 모든 사람들과 같이 차별없이 신체적·정신적 돌봄을 받을 권리가 있으며, 예방 및 재활치료를 받을 수 있다.

⑤ 사상·양심·표현의 자유, 자율권: 노인이라는 이유로 시민적 권리가 제한되어서는 안 된다. 노인 스스로 자신의 의사를 결정하고 표현할 권리가 있다.

⑥ 법 앞에서의 평등, 사회적 보호망과 정보에 대한 접근권: 연령에 관계없이 법 앞에 평등하게 대우받아야 한다. 건강보험, 연금 등 사회적 보호망과 정보에 대한 접근이 어려운 노인들에게 국가는 도움을 주어야 한다.

⑦ 여성·장애인·이주민 고령자 문제, 재해 시 노인이 겪는 어려움 고려: 여성·장애인·이주민 고령자는 중첩적 어려움에 처할 수 있음을 고려해야 한다. 또 노인은 재해 시 적절한 도움을 받을 권리가 있다.

6. 전망

세계인권선언을 제정하면서 국제사회는 이미 노인인권을 진지하게 인식하였다. 특히 2000년대 이후 유엔총회는 실무그룹을 설립하고 법적 기구를 구성하기 위한 구체적 내용을 제안하도록 계속 요구해 왔다. 그럼에도 불구하고 많은 국가가 반대한 탓에 진척이 매우 더디다. 반대 이유는 대체로 규약을 설립하는 데 필요한 비용 때문이라 추측된다. 미국 및 서유럽 국가 대부분은 노인인권규약 설립을 반대하는 측이며, 아시아·아프리카·중남미 국가는 대체로 규약 설립에 찬성하고 있다. 특이한 점은 농민권리선언, 평화권, 다국적기업 문제 등에서 개발도상국과 같은 입장을 취하며 미국 및 서유럽과 대치한 중국, 러시아, 인도가 노인인권협약 제정 문제에서는 미국 및 서유럽 국가들과 함께 설립을 반대한다는 사실이다. [28] 결국 각 문제마다 나타나는 국가 간 미묘한 입장 차이를 극복하지 못하면 세계 노인인권규범도 더 이상 진보하기 어려울 것이다.

---

28 노인인권규약 설립에 대한 찬성 및 반대의 근거와 국가 간 입장차에 관해서는 (사)한국노인복지회(2017: 65~75)를 참고하라.

제8장　카스트 차별

인도, 네팔, 파키스탄, 방글라데시 등 힌두교도가 많이 거주하는 지역을 중심으로 카스트 제도가 남아 있다. 카스트 사이의 위계는 아직도 분명하며, 특히 4개의 주요 카스트에 들지 못하는 이들에 대한 차별은 심각한 사회 문제이다. 이들은 오랫동안 불가촉천민(*untouchable*)이라고 불렸으나, 식민지 해방 후 그들 스스로 달리트(*Dalit*)로 부르기 시작했다. 심각한 차별을 당하는 사람들이라는 뜻이다. 서유럽을 비롯한 해외로 이주한 이들의 커뮤니티에서도 달리트 차별이 존재한다. 겉으로 드러나는 법제도상 차별은 차츰 개선되고 있지만, 마음의 습관이라고 말할 수 있는 인식의 차별은 여전히 공고하다. 유럽연합과 유엔 등의 세계사회가 카스트 차별에 주목하기 시작한 것은 불과 최근의 일이다.

1. 불가촉천민 문제의 특성

1) 불가촉천민의 의미와 역사

닿기만 해도 오염이 된다는 의미로 '불가촉천민'이라 불리는 이들에 대한 차별은 기본적으로 신이 태생부터 인간의 소명을 결정해 세상에 내보낸다는 믿음에 기반을 둔다. 인도 정부가 1979년에 불가촉천민 집단을 비롯한 인도의 하층 집단을 조사하기 위해 세운 만달위원회(Mandal Commission)는 1980년에 제출한 보고서에서 "사회적 지위와 그들에게 신이 내려 준 각각의 임무는 고정되어 변하지 않도록 지켜져 왔다"고 카스트 제도를 설명했다. 이러한 믿음에 따른 신분제가 카스트 제도이며, 카스트 기본체계에 들지 못하는 집단이 바로 불가촉천민이다. 이들은 상위 카스트들이 하지 않는 특정한 일을 하며 산다. 말하자면 인간 이하의 집단인 것이다. 만달위원회의 보고서는 인도 국민의 19%인 약 1억 6천만 명이 불가촉천민이라고 보고했으나, 국제NGO인 국제달리트연대네트워크는 200만 명 이상이라고 말한다.[1] 이 지역에는 불가촉천민 외에도 차별받는 여러 종류의 집단(Scheduled Tribes 등)이 있으나, 혈통(*descent*)과 직업(*work*)에 기초해 차별받는 불가촉천민과는 성격이 다소 다르다.

　이들 천민 집단은 자신들을 부르는 '불가촉'이라는 말이 차별적이고 옳지 않다고 보고, 스스로를 으깨어져 버린, 즉 박해받는 사람들이란

---

1 더 자세한 내용은 국제달리트연대네트워크 웹페이지를 참고하라(http://idsn.org).

의미의 '달리트'라고 부르기 시작했다. 이 글에서는 '불가촉천민'이라는 명칭과 점차 세계사회에서도 정착해 가는 '달리트'라는 이름을 함께 사용하기로 한다.[2]

불가촉천민에 대한 차별은 수천 년의 문명을 구축하여 제도와 정신을 장악해 온 힌두교 문화 및 제도에서 근원을 찾을 수밖에 없다. 사실 카스트 제도와 힌두교의 관계에 대해서는 이견이 존재한다. 인도의 정신적 지도자인 마하트마 간디는 "카스트는 종교와 아무런 관계가 없다. 그것은 그 근원을 알 수 없는 관습(custom)"이라고 말한 바 있다. 반면 또 다른 지도자 암베드카르(Ambedkar)[3]는 "현대 인도 사회의 큰 부정의(不正義), 즉 카스트 제도의 연원을 거슬러 올라가면 힌두경전에 다다른다(Goonesekere, 2001)"고 말했다.

힌두교가 수천 년간 정신과 제도를 규정해 왔으며 힌두교도가 전 인구의 85%를 넘는 인도에서, 카스트의 근원이 무엇인지 따지는 논의는 큰 의미가 없다. 달리트 집단에서 불교나 기독교로 개종하는 사람들이 많은 것도 힌두교의 카스트 제도를 떠나고 싶기 때문이다.

힌두 사회는 4개의 카스트 위계로 구성된다. 가장 높은 카스트는 브라만(Brahmins, 성직자 및 학자), 다음은 크샤트리아(Kshatriyas: 정치가 및 군인), 바이샤(Vaishyas: 상인 및 농부) 그리고 수드라(Sudras: 하인)이다. 신이 각자에게 준 소명에 따라 불가촉천민이나 특정 카스트로

---

2 이외에도 'Harijan'(*people of God*), 'scheduled castes', 'broken people' 등으로 불리기도 한다. 점차 피차별집단이 스스로 지칭하는 '달리트'라는 용어가 확산되고 있다.

3 달리트 출신 정치인으로, 해방 후 법무부장관을 지냈다. 인도 제헌의회 기초위원회 의장이기도 했다.

태어난다고 믿었기 때문에 카스트는 대대로 전승되었다. 상위 네 카스트 사이에도 차별이 존재하며, 달리트 집단 내에도 수많은 하위 카스트 (subcastes)가 있어 달리트 집단 내 차별 또한 존재한다. 하지만 네 카스트와 달리트 집단 사이에는 건널 수 없는 강처럼 깊은 차별이 이루어져 왔다.

2) 불가촉천민의 차별 실태

달리트 차별에는 한편으로 불가촉성에 따른 분리 또는 격리, 다른 한편으로 착취라는 상호 모순적인 두 가지 성격이 공존한다. 닿기만 해도 오염이 된다면서도 달리트가 만든 물건을 쓰고 달리트의 노동을 이용한다. 더욱이 성적 접촉인 강간을 자행한다. 이러한 분리와 착취의 모순적 연결은 곧 폭력을 생산한다. 분리, 착취, 폭력 그리고 노력하여도 벗어날 수 없는 태생적 제한이 불가촉천민 차별의 기본적 성격이라 할 수 있다. [4]

(1) 불가촉성(untouchability)과 분리, 전승(heredity)
"나는 오염되어 있는 것 같다. 저 사람들은 전염되는 위험을 감수하기 싫어한다"고 인도의 한 달리트는 말했다. 물과 음식, 이를 담는 그릇을 취급하는 방법은 불가촉성을 보여 주는 대표적 사례. 필자는 2005~2006년 방문한 네팔의 농촌에서 달리트가 사용하는 우물이 상위 카스트

---

4 다음의 차별 실태를 다룬 부분은 필자가 유엔 인권소위원회 '직업과 혈통에 근거한 차별' 특별보고관으로서 인도, 네팔, 방글라데시, 파키스탄 등 지역을 방문하여 직접 관찰하고 기록한 것이다(Yokota & Chung, 2006).

들이 사용하는 우물과 완전히 분리되어 있는 상황을 목격했다. 인도의 농촌에서는 더욱 충격적인 장면을 보았다. 정부에서 마련해 준 커다란 물탱크를 마을 사람들이 함께 사용하는데, 수도꼭지는 상위 카스트만 사용할 수 있고, 달리트들은 바닥에 흘러내린 물만 쓸 수 있었다. 또한 인도 농촌의 한 초등학교에서는 달리트 학생들이 공동 식기를 사용하지 못하고, 자신의 식기를 별도로 갖고 와 사용하는 모습을 보았다.

　음식과 식수, 식기 접근에서 단적으로 드러나는 달리트 분리는 생활 전반에서 나타난다. 결혼과 직업에서의 분리는 가장 심각하다. 달리트는 상위 카스트와 결혼할 수 없다. 상위 카스트와 결혼하기 위해 치러야 하는 희생은 혹독하다. 직업도 대대로 이어지는데, 청소, 특히 화장실 청소는 달리트의 고유한 직업 중 하나이다. 죽은 동물이나 사람을 치우는 것도 이들의 일이다. 아이들이 적절한 교육을 받을 수 없는 상황이므로 다음 세대가 새로운 직업을 얻기 위해 세상에 뛰어들기도 어려운 실정이다. 이렇게 달리트를 분리하는 관습은 예배 장소에까지 적용된다. 일반 힌두교도 사원은 달리트에게 개방되지 않으며, 달리트들은 별도의 사원을 이용한다.

　방글라데시나 파키스탄 같은 이슬람 국가에 소수집단으로 남아 있는 힌두교도 사이에서도 달리트 분리는 명확히 나타난다. 특히 주거에서 이러한 분리를 쉽게 목격할 수 있다. 파키스탄에서 필자는 사막을 한참 달려가다 드문드문 나타나는 달리트 마을들을 볼 수 있었다. 방글라데시에서는 달리트들이 정부에서 마련해 준 빈민거주지에서 남루하게 생활하는 것을 목격했다.

(2) 착취와 폭력, 불처벌

분리가 이렇게 명확하게 이루어지지만, 사실상 오염과 분리는 상당히 상징적이다. 달리트는 물과 음식, 거주지 측면에서 분리당하며 상위 카스트와 결혼할 수도 없지만, 달리트들만 갖는 분리된 직업이 사회의 일부분을 이루어 다른 직업부문과 유기적 체계를 만들기 때문이다.

그런데 이 유기적 연계 곳곳에서 폭력이 일어난다. 농촌에서는 상위 카스트 사람들이 혼인이나 장례 등 큰일이 있을 때 달리트들을 불러 무상으로 노동을 착취한다. 정부가 대지주의 토지 확대를 막기 위해 제정한 토지소유범위제한법에 따라 일정 규모 이상의 토지 소유가 불가능해지자, 어떤 이들은 달리트 명의로 토지를 등기하고서 실질적인 소유권을 행사한다. 이때 달리트가 공식적 소유권을 주장하려 하면 가차 없이 폭력을 가한다.

상위 카스트가 달리트에게 가하는 폭력이 계속 발생하는 배경에는 이러한 폭력을 제대로 수사, 처벌하지 않는 관습이 존재한다. 폭력 사건 중 극히 일부만 수사 대상이 된다는 사실을 고려하면, 폭력 행위를 벌인 사람 대부분은 처벌받지 않는다고 할 수 있다. 이러한 불처벌(impunity) 관행은 달리트에 대한 폭행을 계속 유발하는 주요인이 된다.

(3) 빈곤의 악순환

최하층 직업에 종사해야 하는 사회적 지위가 대물림되는 탓에 대다수 달리트들은 경제적으로 곤궁한 상황에 놓인다. 더욱이 이들은 낮은 교육 수준과 영양결핍 상태로 인해 능력개발을 하기 힘들다. 이로 인해 차별은 더욱 심화되고, 빈곤의 악순환은 계속된다.

달리트 집단의 문맹률은 매우 높다. 달리트 거주지역에서는 학교에 접근하기가 힘든 경우가 많다. 특히 여자 아이들에게는 학교 교육의 문턱이 더욱 높다. 직접 이 지역을 방문하여 관찰한 바에 따르면, 집에서 보통 두 시간을 걸어야 도착하는 학교는 1~6학년 초등학교 과정을 한 교실에서 가르쳤다. 학생은 전부 남자 아이들이었다. 이 오지 학교에 발령을 받은 교사들은 잠적하거나 결근하는 일이 잦은데, 그때마다 학교가 문을 닫기 때문에 실제로 적절한 교육을 제공하기는 힘들다. 여자 아이들이 학교에 오지 못하는 것은 여성의 교육을 불필요한 것으로 보는 가부장적 사고가 주된 요인이지만, 등교 중에 납치를 당할까 두려워하는 까닭도 있다.

학교 내에서도 달리트 아이들에 대한 차별이 공공연히 벌어진다. 앞서 언급한 대로 상위 카스트 아이들과 사용하는 식수 꼭지도 다르고, 컵도 별도로 사용해야 한다. 이를 어길 때는 종종 신체적 체벌을 가하기도 한다. 이 때문에 달리트 아이들이 올바른 자존감을 키우는 일은 어려울 수밖에 없다.

아동노동도 심각하다. 학령아동들이 오염도가 높은 가죽 공장이나 안경테 공장, 카펫 공장, 청소 현장 등에서 일한다. 대학이 적극적 조치에 따라 달리트 집단을 위해 마련한 자리는 정원을 다 채우지 못하며, 달리트 교육자도 적다.

더욱이 달리트 집단의 평균수명은 상위 카스트에 비해 현저히 낮다. 낮은 경제 수준 때문에 가뜩이나 건강 상태가 좋지 않은데, 의료서비스를 제공받는 데에서마저 차별을 당하기 때문이다. 인도 NGO의 보고서에 따르면 달리트는 건강센터로부터 출입을 거부당하기 일쑤이다. 검진이나 처방을 받기 위해 필요한 신체적 접촉을 거절당하기도 한다. 달리트 거주지를 방문해야 하는 정부의 보건요원이 임무를 수행하지 않는 일도 빈번하게 발생한다.

이러한 상황이기에 인도의 경제적 최하층계급과 불가촉천민 집단은 대체로 일치한다. 어떤 학자들은 달리트의 상황을 카스트 문제라기보다 경제적 계급 문제로 보아야 한다며, 달리트들이 경제적으로 성공하면 차별을 벗어날 수 있다고 주장한다. 그러나 빈곤을 탈출하기 위한 길목마다 차별이 가로막는다. 달리트 집단의 경제적 빈곤은 단지 경제적 계급 구조를 넘어선, 문화적·정치적 성격을 띤 문제이다.

(4) 시민적·정치적 권리의 침해

농촌에 사는 달리트 중에는 신분증이 없는 사람이 많다. 이들은 운전면허증이나 여권을 아예 만들지 못하고, 공공서비스도 받지 못한다. 선거권을 침해당하는 한편 피선거권 또한 훼손당하고 있음은 더 말할 것도 없다. 그럼에도 불구하고 달리트가 농촌 지역의 지도자로 선출되는 경우가 있다. 모든 사람에게 동등한 투표권을 주는 인도 민주주의 체계에 따라 달리트 후보가 달리트 집주지역의 표를 끌어모을 수 있기 때문이다. 이런 경우 상위 카스트가 폭력을 행사하는 사건이 자주 일어난다. 2006년에는 지역 정치가로 선출될 가능성이 높았던 한 달리트 후보가 살해당했다. 그러나 현지 경찰은 사건을 충분히 조사하지 않았다. 이러한 상황 때문에, 달리트 인권을 위해 활동하는 시민단체들은 관료 및 경찰을 대상으로 시민적·정치적 권리 침해를 예방하기 위한 인권 교육을 실시해야 한다고 주장한다. 또한 실제 침해가 발생했을 때에 반드시 처벌이 따라야 함을 강조한다.

인도 헌법은 달리트가 장기간 차별을 당하며 형성된 불리한 조건을 감안하여 적극적 조치(*affirmative action*)를 인정했다. 즉, 지금까지 달리트가 진출하기 어려웠던 공무원직에 달리트를 위한 자리를 마련하도록 한 것이다(인도 헌법 제6조 4항). 그러나 공무원으로 임명된 달리트가 정책적 큰 흐름에서 달리트의 이해를 대변하고 제도를 개선하는 일은 현실적으로 매우 어렵다.

(5) 여성에 대한 다중적 차별

달리트 여성은 카스트 차별에 젠더 차별을 중층적으로 당하며 더욱 어려운 상황을 겪는다. 이들은 달리트 남성에 비해 낮은 임금을 받으며 교육권, 건강권, 재산권 측면에서 불리한 대우를 받는다. 인신매매를 비롯한 폭력에도 쉽게 노출된다. 상위 카스트 남성이 달리트 여성에게 성폭력을 가하는 사건이 자주 일어나지만 수사도 제대로 되지 않는다. 카스트 간은 물론, 달리트 집단 내에서도 여성을 대상으로 한 인권침해가 심하다. 가정폭력 등 여러 가지 가부장적 횡포가 심각한데, 그중에서도 인도 중부 특정 지역에서 전해 내려오는 데바다시(Devadasi)라는 관행은 매우 잔인하다. 이는 달리트 여성을 사원에 제물로 바치고, 제사가 끝나면 그 여성을 사원에서 창기로 사용하는 관습이다.

(6) 새로운 문제들의 출현

새롭게 밀려드는 세계화 및 사유화의 물결은 달리트 집단을 더욱 심각한 위험에 빠뜨리고 있다. 민영화 확대는 달리트들의 해고 위험을 높였고, 다국적기업이 들어오며 삶의 터전을 잃는 달리트도 늘어났다.

이상기후 때문에 자연재해가 발생했을 때 달리트들이 불평등하게 지원을 적게 받는 문제도 새롭게 떠올랐다. 2005년 쓰나미 재해 당시, 달리트 피해자들이 공동 캠프에서 지내는 것을 거부당하는 일이 발생했는

데, 이들은 지역 공공시설이나 사원에도 의탁할 수 없었다. 구호단체들이 지원한 식수나 음식을 다른 피해자들과 함께 먹을 수 없는 경우도 속출했다. 이후 일어난 구자라트(Gujarat) 지진 때에도 식수나 음식을 지원 받는 과정에서 차별이 종종 일어났다.

분쟁 상황은 달리트에게 더욱 큰 어려움을 가한다. 네팔에서 내전이 길어지자 달리트는 분쟁 중인 양측 모두에게 핍박받는 비참한 상황에 처했다. 양쪽 군대 모두 달리트를 아이들까지 강제동원하거나 달리트 여성을 대상으로 성폭력을 저지르는 등 심각한 인권침해를 저질렀다. 더욱이 달리트들은 양쪽 세력 모두로부터 상대 세력에 협력했다는 누명을 쓰고 괴롭힘을 당했다.

종교 문제는 매우 복잡하다. 힌두교 제례와 관행에 포함된 달리트 차별 때문에 의식 있는 달리트들은 불교나 기독교로 개종하기 시작했다. 앞서 언급한 달리트 지도자 암베드카르도 힌두교에서 불교로 개종했고, 많은 달리트가 그를 따라 불교 신자가 되었다. 그런데 인도 정부는 개종한 달리트들에게 헌법 및 다른 여러 법이 보장하는 달리트 대상 보호 및 지원을 적용하지 않겠다고 선언했다(1950년, 대통령령).

마지막으로, 달리트 집단 내에서도 카스트 차별적 관행이 계속된다는 점 또한 지적된다. 달리트 집단은 수많은 하위 카스트로 구성되는데, 그 하위 카스트 간에도 위계에 따라 차별과 분리가 작동한다. 결혼도 같은 수준의 하위 카스트끼리 성사된다. 달리트들은 이런 달리트 내 카스트 차별적 관행이 불가촉성 차별과는 근본적으로 다르다고 주장하기도 한다. 하지만 자신들의 집단 내 차별을 먼저 바꾸어야만 상위 카스트에 대해 도덕적 우위를 가지고 차별을 개선하도록 요구할 수 있다는 점에 대체로 동의한다.

2. 불가촉천민 차별을 금지하는 제도 도입

식민지 시대의 분리통치를 거치며 신분 차별은 더욱 심화되었다. 해방 후 인도 정부는 카스트에 따른 차별을 금지한다고 헌법에 명시했다. 특히 제17조는 불가촉성을 폐지하고 그 관행을 금지한다고 명확히 밝혔으며, 제15, 16조는 카스트로 인하여 상점, 식당, 도로, 기타 공공장소에서 불이익을 당하지 않아야 하고, 취업에서도 차별받지 않아야 한다고 규정했다. 그 외에도 카스트로 인한 강제노동을 금지하였으며, 교육에서는 차별받지 않는 데에서 더 나아가 특별한 배려를 받아야 한다고 정하였다. 이와 함께 인도 정부는 달리트를 담당하는 별도의 위원회도 설립했다.

인도는 헌법 제정 뒤에도 1955년에는 〈반불가촉법〉〔The Protection of Civil Rights (Anti-Untouchability) Act〕을 만들었고, 1973년에는 달리트를 사원에 들어오지 못하게 막거나 모욕하는 등의 행위를 처벌하도록 법을 개정했다. 1976년에는 〈반노예노동법〉(Bonded Labour Act) 을 제정하여 달리트들이 채무로 인해 노예처럼 일해야 하는 노동 상황을 개선하고자 했다. 1989년에는 〈반폭력법〉〔The Scheduled Castes and Scheduled Tribes (Prevention of Atrocities) Act〕을 도입하여 달리트 집단이 당하는 가혹한 폭력을 방지하고, 법원이 관련 사건을 신속하고 적절히 재판하도록 규정했다. 1993년에는 〈화장실청소업 방지법〉(The Employment of Manual Scavengers and Construction of Dry Latrines Act) 을 만들어 달리트들이 손으로 구식 화장실을 청소하는 관행을 없애고자 했다.

이러한 법적, 제도적 개선 덕분에 달리트 집단에 대한 차별이 공적 영역 및 도시 지역을 중심으로 차츰 완화되고 있다. 하지만 사회적 차별은 아직도 공고하다. 달리트 집단의 4분의 3이 거주하는 농촌 지역에서는 여전히 직접적인 형태의 차별이 일어난다. 이는 법의 실행을 담당하는 경찰 및 관료의 태도가 여전히 변화하지 않은 탓에 법이 무력화되었음을 보여 준다. 또한 정부의 정치적 의지도 이를 변화시킬 만큼 강하지 않음을 드러내는 것이기도 하다. 이 같은 현실 아래에서 제도와 정신에 깊이 뿌리 내린 사회적 차별을 없애기 위해 달리트들은 지역사회에서 먼저 운동을 시작했으며, 유엔과 세계시민사회가 이에 협력하고 있다.

3. 지역사회의 시민운동 [5]

100여 년 전부터 인도에서는 불가촉천민 차별이 옳지 않다는 비판이 존재했다. 하지만 문제 제기가 활성화된 것은 1920년대, 암베드카르라는 출중한 달리트 엘리트의 지도 아래에서였다. 인도의 달리트 수는 1억 6천만 명 이상으로 추산되는데, 이 중 변호사, 교수, 언론인 등 전문직을 가진 이들이 늘어나기 시작했다. 1998년에는 200여 명의 전문직 달리트와 활동가들이 모여 전국달리트인권운동(National Campaign on Dalit Human Rights: NCDHR)이라는 전국 조직을 만들기에 이르렀다. 이후 인도의 달리트 운동은 이 조직을 중심으로 전개되어 왔다. 그외에도 인도 여러 지역과 미국, 유럽 등 지역의 달리트 조직이 1990년대 말, 2000

---

5 이 부분은 저자가 인도, 네팔, 파키스탄, 방글라데시를 직접 방문하여 수집한
   정보를 바탕으로 서술하였다.

년대에 들어 세계사회의 관심을 받으며 활동하기 시작했다. 인도에서는 전국달리트기구연맹(The National Confederation of Dalit Organisations), 전국달리트여성연합(The National Federation of Dalit Women), 나브사리잔기금(Navsarjan Trust), 피플스워치(People's Watch) 등이 활동 중이며 미국이나 영국 등 재외 인도인 커뮤니티에서 벌어지는 달리트 차별을 고발하는 미국 힌두협회(Hindu Association USA), 네덜란드 인도위원회(The India Committee of the Netherlands) 등도 있다. 수많은 단체가 체계적 연계 없이 각자 활발히 활동하고 있다.

힌두교가 지배적인 네팔에서는 1996년, 달리트 조직들의 연합체인 달리트NGO연합(Dalit NGO Federation: DNF)이 설립되었다. 달리트 여성 조직인 페미니스트달리트기구(The Feminist Dalit Organisation)가 별도로 세워져 활발히 활동 중이다. 인도 달리트 조직과 네팔 조직의 연대는 달리트 운동의 중요한 견인차 역할을 한다.

방글라데시에서는 1993년에 파리트란(Parittran)이라는 작은 학생 조직이 등장했다. 남서 지역 달리트 집주지역의 달리트 지식인들이 카스트 제도에 희생되어 온 상황을 스스로 개선할 책임을 느끼고 조직을 세운 것이다. 조직의 이름은 해방 또는 구제라는 뜻이다. 파리트란은 현재 방글라데시 여러 지역에 산재한 달리트 커뮤니티(약 45개, 550만 명 정도)를 차별로부터 보호하기 위해 활동 중이다. 2000년대에 국제사회에서 달리트 문제가 공론화되는 데 힘입어, 방글라데시 달리트인권(Bangladesh Dalits Human Rights: BDHR), 방글라데시 마이너리티워치(Bangladesh Minority Watch: BDMW), 달리트 및 피차별집단 권리운동(Dalit and Excluded Rights Movement: BDERM), 여성달리트기구(Women Dalit Organization: WDO) 등 많은 단체들이 새롭게 설립되어 활동한다.

파키스탄에서는 2008년에 TRDP, 파키스탄 지정카스트연합(Sched-uled Caste Federation of Pakistan: SCFP), 파키스탄 달리트연대네트워크(Pakistan Dalit Solidarity Network)가 세워졌다. 이 단체들이 구성된데에는 국제NGO인 국제달리트연대네트워크(IDSN)의 공이 컸다. 스리랑카의 인간개발기구(Human Development Organization)도 이러한과정을 통해 등장했다.

흥미로운 사실은, 유엔 인권소위원회에서 달리트 문제가 제기되자일본의 대표적 피차별집단인 '부락민'들이 1988년에 설립한 반차별국제운동(International Movement Against All Forms of Discrimination and Racism: IMADR)이 매우 적극적으로 나서고 있다는 점이다.[6] 반차별국제운동은 직업과 혈통에 근거한 차별이라는 점에서 부락민 차별과 달리트 차별의 성격이 근본적으로 같다고 이해한다. 여러 달리트 운동 단체가 반차별국제운동과 긴밀히 협력하고 있다.

4. 국제NGO 설립과 세계사회의 문제 제기

지역사회에서 달리트들이 스스로 조직을 만들고 차별에 맞서 투쟁하는동안, 세계사회도 유럽을 중심으로 이 오래된 차별의 심각성을 인지하고 적극적으로 문제를 제기하기 시작했다. 기존 국제NGO들이 이 문제를 깊이 연구, 조사한 것은 물론, 특별히 달리트 문제에만 집중하는

---

6 더 자세한 내용은 반차별국제운동 웹페이지를 참고하라(http://imadr.org).

NGO도 등장했다. 국제 달리트 운동은 거꾸로 지역사회에 영향을 미쳤다. 해당 국가들에 NGO가 설립되고 상호 네트워크를 강화하는 데 도움을 주었으며, 유엔에 문제를 제기하는 과정을 주도했다.

1) 국제NGO의 활동

유럽 시민사회는 유럽의 힌두 이주민 커뮤니티에서 발생하는 달리트 차별을 감지해 왔다. 여기에 인도, 네팔 등 지역에서 일어난 달리트 운동도 목격하면서, 이 심각한 인권침해에 대항하여 무언가 해야 한다는 의식을 갖게 되었다. 2000년대 들어서면서 국제앰네스티나 휴먼라이츠워치 등 주요 국제NGO들이 달리트 차별 문제를 강하게 지적하기 시작했다. 국제앰네스티는 2015년 보고서에서 인도 정부가 달리트를 폭력으로부터 보호하지 못한다고 비판했고(Shetty, 2015), 휴먼라이츠워치도 2015년 자체보고서에서 달리트 여성이 겪는 성폭력 문제를 지적했다(Human Rights Watch, 2015). 팍스로마나도 달리트 차별 문제에 적극적 의지를 가지고 꾸준히 활동하는 대표적 국제NGO 중 하나다.

2000년에는 달리트 문제에만 집중하는 국제달리트연대네트워크가 설립되었다. 사무실은 덴마크 코펜하겐에 두었지만, '네트워크'라는 이름에서 볼 수 있듯이 이 조직은 영국, 독일, 미국, 네덜란드, 프랑스, 스웨덴, 덴마크, 벨기에, 핀란드의 달리트 차별반대 단체들이 함께 협력하는 느슨한 연합체이다. 인도주의적 지원은 하지 않으며 차별 철폐를 위한 활동에만 집중한다. 인도, 네팔 등지의 지역 NGO들과 함께 유엔 인권기구에서 문제를 제기하고, 상대적으로 조직화가 늦은 파키스탄, 방글라데시 등에서 지역 조직 구성을 돕는다. 또 지속적으로 차별 실태를 조사하고 차별 철폐 방안을 연구한다. 뒤에 자세히 다루는 것처럼, 유엔 특별보고관 활동에도 국제달리트연대네트워크의 체계적인 지원이 절대적이었다. 이들은 휴먼라이츠워치, 반차별국제운동, 루터교세계연맹(the Lutheran World Federation), 팍스로마나 등의 인권 및 개발 NGO들과 연대하며 차별 철폐를 위해 일하고 있다. [7]

이 밖에도 방콕의 아시아달리트권리포럼(Asia Dalit Rights Forum: ADRM), [8] SAARC 달리트회의(Dalit SAARC Assembly), 세계존엄성포럼(World Dignity Forum) 등 아시아 해당 국가들을 중심으로 한 지역(regional) NGO가 다수 설립되었다. 아시아달리트권리포럼은 인도, 네팔, 방글라데시, 파키스탄, 스리랑카 등 지역에서 달리트의 연대 및 활동을 위한 우산과 같은 역할을 하는 조직이다. 해당 국가 내에 활동가들의 모임을 만들고, 남아시아지역협력연합(South Asian Association for Regional Cooperation: SAARC)에 공식적으로 달리트 차별 철폐를 요구하기도 한다.

2) 서구 국가들과 인종차별철폐위원회, 대학의 관심

이와 같은 노력에 힘입어 2001년 유럽의회는 "EU와 그 회원국들은 카스트 차별 문제에 관심을 기울이고 그 실상을 조사하여 불가촉 관행을 철폐하는 데 기여해야 한다"고 촉구했다. 이후 영국, 프랑스, 독일 등

---

7 모든 활동 및 유엔 및 국제NGO의 보고서 등에 관한 자세한 내용은 국제달리트연대네트워크 웹페이지를 참고하라(http://idsn.org).

8 2007년에 설립되었다. 더 자세한 내용은 아시아달리트권리포럼 웹페이지를 참고하라(http://asiadalitrightsforum.org/origin.php).

은 카스트 차별을 위해 다양한 노력을 기울였다. 2008년에는 덴마크 의회가 달리트 차별에 관해 청문회를 개최했다. 미국 국무부도 달리트의 건강 상태 및 아동노동 등에 대해 강력하게 문제를 제기했다(US State Department, 2013).

유엔이 달리트 문제를 다루게 된 일은 매우 획기적인 사건이다. 유엔에서 처음 달리트 문제를 제기한 것은 조약기구인 인종차별철폐위원회였다. 1996년 인도의 국가보고서를 검토하며 달리트 문제를 지적한 것이다. 인종차별철폐위원회는 이후 네팔, 스리랑카 등의 정부에게도 달리트 차별 철폐를 강력히 권고했다. 2002년에는 여러 국가에서 달리트 차별과 유사한 성격의 관행이 존재한다고 판단하여 '신분 차별에 관한 일반권고'(General Recommendation (XXIX) on descent-based discrimination)를 작성하였다.

정부나 NGO, 유엔과는 별도로, 대학도 이 문제를 깊이 연구하고 교육한다는 사실에 주목할 필요가 있다. 세계적으로 저명한 인권법학자 필립 올스턴(Philip Alston)이 소장으로 있는 뉴욕대학교 법대 '인권과 세계정의 센터'(Center for Human Rights and Global Justice)는 2005년에 달리트 차별 관련 보고서를 출판했다. 네팔 달리트들이 마오이스트로 인한 분쟁이 발생했을 당시 경험했던 비참한 인권 상황을 포함한 달리트 차별 종합보고서였다(Center for Human Rights and Global Justice, 2005). 이 보고서는 달리트가 분쟁 양측으로부터 가장 쉽게 착취당하는 집단임을 밝혔다.

5. 유엔 인권소위원회

1) 조사보고서 작성

유엔 인권소위원회가 달리트 문제를 본격적으로 다룬 것은 2000년이다. 인도, 네팔 등의 NGO들이 민간 전문가로 구성된 유엔 인권소위원회에 달리트 문제를 제기했을 때, 인권소위원회 위원들은 달리트 차별 및 이로 인한 사회적, 개인적 고통이 현재까지 지속되고 있다는 사실에 크게 놀랐다. 2000년 8월에 열린 인권소위원회는 카스트 제도와 달리트 차별을 "직업과 혈통에 근거한 차별"(*discrimination based on work and descent*)로 개념화하고 이를 반대하는 결의안을 채택했다.[9] 이 결의안은 달리트 차별을 다른 유사한 차별 관행과 함께 심각한 인권침해로서 광범위하게 다루도록 했으며,[10] 이러한 차별이 국제인권법 위반이라고 선언했다(UN Sub-Commission on the Promotion and Protection of Human Rights, 2000).

이 결의안은 인권소위원회의 그나세이카라(Rajendra Kalidas Wimala Goonesekere) 위원이 조사보고서(*working paper*)를 작성하도록 하였다. 보고서는 ① 직업과 혈통에 기초한 차별 관행이 존재하는 커뮤니티

---

[9] 인권소위원회는 결의안 등에서 'caste-based discrimination'처럼 특정 실체를 직접 지목하는 용어를 피하고, 좀더 일반적이고 추상적인 용어를 쓰는 경향이 있었다.

[10] 서아프리카 및 북동아프리카의 피차별집단, 소말리아의 사브(Sab)집단, 예멘의 아프리카계 예멘인(Al-Akhdam), 나이지리아 남동부(Igboland)의 오수(Osu)집단, 일본의 부락민 등과 이러한 차별이 존재하는 재외 커뮤니티 등이 포함되었다.

를 규명하고, ② 현재 그러한 차별을 철폐하기 위해 도입된 헌법, 법률 및 행정조치를 밝히며, ③ 차별을 효과적으로 없앨 수 있는 구체적인 권고나 제안을 제시해야 했다. 이에 따라 그나세이카라 위원은 인도, 스리랑카, 네팔, 일본,[11] 파키스탄을 중심으로 실태를 조사하여 보고서를 제출했다(Goonesekere, 2001).

2002년에 인권소위원회는 아시아 외 지역을 포함한 확장 조사보고서를 아스비에른 에이데(Asbjørn Eide) 위원과 요조 요코타(Yozo Yokota) 위원에게 맡겨 작성하도록 하였다(UN Sub-Commission on the Promotion and Protection of Human Rights, 2001). 이들은 아시아 이외 지역(서아프리카, 북동아프리카 등)의 피차별집단 및 재외 커뮤니티에서의 차별을 조사하여 보고했다(Eide & Yokota, 2004). 인권소위원회는 두 위원이 한 번 더 보고서를 제출하도록 했고(UN Sub-Commission on the Promotion and Protection of Human Rights, 2003),[12] 혈통에 근거한 차별을 다룬 세 번째 보고서는 부르키나파소, 케냐, 말리, 미크로네시아, 세네갈, 예멘 등 아프리카 국가와 일본을 포괄했다. 유럽, 미국 및 주변국에 정착한 재외 커뮤니티에서의 차별도 다루었다. 보고서 끝에는 '직업과 혈통에 근거한 차별의 철폐를 위한 원칙과 지침'(Principles and Guidelines for the Elimination of Discrimination based on Work and Descent)에 대한 제언을 붙였다. 또한 지침 완성에 더욱 노력을 기울이도록 특별보고관을 임명해야 한다고 권고했다(Eide & Yokota, 2004).

---

11 일본 부락민을 달리트 차별과 유사한 형태로 보고 조사했다.

12 인권소위원회는 주요 문제에 대해 대체로 세 번의 조사보고서(*working paper*)를 작성한다. 이후에 해당 사안을 다룰 특별보고관을 임명할지 결정한다.

2) 특별보고관 임명, 차별 철폐를 위한 원칙 및 지침 제정

조사보고서의 권고에 따라 인권소위원회는 2004년에 특별보고관을 임명했다. 특별보고관의 임무는 면밀한 조사에 기초하여 차별을 근절할 수 있는 원칙과 지침을 만드는 것이었다(UN Sub-Commission on the Promotion and Protection of Human Rights, 2004). 인권소위원회의 상위 기관인 인권위원회는 인권소위원회의 결정을 승인하고 요코타와 정진성을 지난 세 차례의 조사보고서에 기초하여 직업과 혈통에 근거한 차별에 관하여 종합적 연구를 수행할 임무를 받은 특별보고관으로 임명했다(UN Sub-Commission on the Promotion and Protection of Human Rights, 2005).

특별보고관들은 2005년에 전체 보고서의 계획을 담은 1차 보고서를 제출한 후, 유엔인권최고대표사무소의 도움을 받아 유엔 인권기구, 회원국 정부 및 국가 인권기구, 관련 NGO에 설문지를 배부하고 답변을 회수하여 분석했다. 국제달리트연대네트워크의 지원으로 인도, 네팔, 방글라데시, 파키스탄을 방문했으며, 일본 부락민 단체의 초청을 받아 오사카 부락민 집주지역을 조사했다. 2006년에는 연구 성과를 담은 2차 보고서를 제출했다(Yokata & Chung, 2006).

2007년, 두 연구자는 마지막 보고서를 유엔인권최고대표사무소에 제출하였다. 직업과 혈통에 근거한 차별과 관련한 국제인권법 원칙, 이를 근절하기 위한 정부 및 시민사회의 실천 지침을 제시한 보고서였다. 이 마지막 보고서를 완성하기 위해 세계의 활동가 및 전문가, 달리트 운동가 및 유엔 여러 기구 대표자들과 여러 차례 회의를 거쳤다. 하지만 당시 인권소위원회가 인권이사회 자문위원회로 개편되는 도중이었기 때

문에, 인권이사회가 이 보고서를 접수, 인정한 것은 2008년에 이르러
서였다(Yokata & Chung, 2009).

새롭게 재편된 유엔 인권이사회에서는 이 보고서를 둘러싸고 큰 논란
이 일어났다. 형식적으로는 이미 없어진 기관인 인권소위원회의 보고
서를 공식적인 유엔 문건으로서 출판할 수 있느냐는 것이 쟁점이었으
나, 논쟁의 바탕에는 차별적 신분제가 관행적으로 남아 있는 국가들의
불편한 심기가 깔려 있었다. 인권의 정치화를 방지하고자 유엔 인권 메
커니즘을 개편하자마자 이런 방향에서 논의가 벌어졌다는 사실은 매우
실망스러운 일이었다. 결과적으로 마지막 보고서는 표결을 통해(47개
인권이사회 이사국 중 29개국 찬성, 3개국 반대, 15개국 기권)[13] 공식 유엔
문건으로서 인정을 받을 수 있었다(UN Human Right Council, 2009).
연성법(*soft law*)의 지위를 가진 문서가 전문가 및 달리트 당사자들의 협
력을 통해 만들어진 것이다. 인도 내 여러 단체들과 국제달리트연대네
트워크 등 국제NGO들은 이 '원칙과 지침'을 달리트 차별 철폐 운동에
적극 활용하는 한편, 앞으로 더 강력한 유엔 정책을 이끌어내려 노력하
고 있다.

---

13 반대한 국가는 인도, 브라질, 모리셔스였다. 기권한 국가는 앙골라, 카메룬,
   중국, 쿠바, 지부티, 가나, 인도네시아, 마다가스카르, 말레이시아, 나이지리
   아, 필리핀, 러시아, 세네갈, 남아프리카, 잠비아였다.

6. 전망

인권소위원회의 이러한 노력에도 불구하고 달리트 차별과 폭력은 계속
되고 있다. 앞서 언급했듯이 최근에도 국제앰네스티 등 국제NGO나 미
국무부가 달리트 차별 상황에 우려를 표하였다. 필자가 조사를 위해
2005~2006년에 인도, 네팔 등지를 방문하며 만난 많은 달리트들은 아
무리 많은 법률을 만들어도 사람들의 생각(mindset)이 바뀌지 않으니
비관적 상황이라 말했다. 교육과 홍보의 중요성을 역설하는 사람들도
많았다. 그만큼 차별 의식이 깊이 뿌리박고 있는 듯하다.

그러나 이를 개선하려는 노력도 계속된다. 국제달리트연대네트워크
의 웹페이지에서 달리트 차별 철폐를 위한 다양한 활동을 확인할 수 있
다. 유엔 인종차별철폐위원회를 비롯하여 여성차별철폐위원회, 자유
권규약위원회, 사회권규약위원회 등도 인도, 네팔 등 관련 국가의 보고
서를 심의할 때에는 반드시 카스트 차별을 지적하고 있다. 인권이사회
의 보편적 정례검토(UPR)에서도 해당 국가를 심의할 때 이 문제를 계
속 논의한다. 인권이사회의 소수자문제 특별보고관도 2016년에 카스트
차별에 관한 보고서를 제출했다.[14]

인권소위원회가 만든 지침이 달리트 차별 철폐 운동의 중요한 도구가
되고 있음도 확인할 수 있다. 2013년 12월 7~8일, 네팔 카트만두에서
는 달리트 차별철폐 연구를 위한 국제자문위원회(The International Ad-
visory Committee for the Advocacy Research) 회의가 열렸다. 이 회의

---

14 달리트 차별 문제에 관한 유엔의 문건은 국제달리트연대네트워크(IDSN, 2018)
을 참고하라.

에서 인도, 네팔, 방글라데시 등지의 연구자와 활동가들은 유엔의 직업과 혈통에 근거한 차별의 철폐를 위한 원칙과 지침을 벤치마킹하고, 그동안 유엔 지침에 따라 어떠한 움직임이 있었는지, 앞으로 어떤 전략을 세워야 하는지 등에 관한 의견을 상호 공유했다.

이처럼 유엔 인권 메커니즘을 통해 새로운 규범이 형성되면서 달리트 차별은 점차 개선되어 갈 것이라 예상된다.

제9장　　　일본군 위안부 문제

전쟁 상황에서의 여성에 대한 폭력은 지금도 세계 곳곳에서 일어난다. 그러나 일본군 위안부 문제에서처럼 국가가 식민지 또는 점령지 여성을 중심으로 체계적인 강제연행 및 성노예 제도를 실시한 사례는 세계사를 통틀어 찾아보기 힘들다.

1930년대 초 일본은 중국의 일본군 주둔 지역에 일본군 위안소를 설립했다. 1937년 말 난징침략 이후 전쟁이 장기화하자 일본군 위안소는 아시아 전역으로 확산하였다. 일본군 위안부 문제는 국제관계 및 아시아 피해 국가들의 내부적 상황으로 인해 1980년대 말에서야 사회문제로 제기되었으며 현재까지도 해결되지 못한 채 지속되고 있다.

위안부 문제를 사회문제화하는 초기 과정에서 아시아의 여러 시민단체는 유엔에 문제를 제기하였고 인권위원회, 인권소위원회를 비롯한 여러 인권기구가 이 사안을 논의하였다. 유엔에서의 논의는 위안부 문제가 전 세계적으로 인식되는 데에 매우 중요한 역할을 했다. 오늘날에도 위안부 문제는 유엔 주요 인권 메커니즘을 통해 계속 논의되고 있다.

1. 일본군 위안부 문제의 특성

일본군 위안부 제도는 일본 정부의 지시에 따라 체계적으로 시행된 제도로, 위안소의 창설 및 운영에 일본 정부와 군이 조직적으로 관여했다. 특히 일본군은 위안부 모집 지시, 건물 접수, 위안소 사용 규칙 및 요금 결정, 각 부대 이용일 지정, 경영 및 경리 등의 감독, 위안부 성병 검사 등을 직접 실행했다. 일본군 위안부를 비롯하여, 중국 및 아시아 여러 나라에서 일본에 의해 발생한 다양한 형태의 성폭력 피해자 수는 수백만 명에 이른다. 한국 정부에 위안부 피해자로 신고하여 등록한 여성은 모두 234명이다. 제 2차 세계대전이 끝난 후부터 1980년대에 이르기까지 위안부 문제는 한국과 일본에서 신문, 소설, 영화 및 연구서 등을 통해 산발적으로 제기되어 왔다. 그러나 이때 한국 및 아시아 여러 나라는 경제 복구에 사회적 관심을 집중하였기 때문에 위안부 문제가 큰 사회적 관심을 이끌어내지 못했다.

군 및 정부에 의한 조직적 성 착취라는 엄청난 사건이 역사 속에 묻힌 이유는 일차적으로 일본 정부와 군이 자료를 은폐했기 때문이다. 일본군이 위안부 정책을 극비리에 운영했을 뿐 아니라, 종전 직후에는 담당 군인들에게 자료를 폐기하도록 명령했다는 사실을 보여 주는 군 문서도 발견되었다.[1] 또 다른 이유는 전후처리가 충분하지 않았기 때문이다. 독일에 비해 일본에 대해서는 진상 규명 및 배상, 처벌 등 전후처리가

---

1 "제 48사단 자료는 정전 당시 대부분 상사의 지령에 의해 처분했고, 또 나머지도 호주군에 제출하였으므로 정확한 자료 대부분이 없다. 그러므로 장병들의 기억을 종합해서…"라고 명기하고 있다. 더 자세한 내용은 요시미 요시아키(吉見義明) (1993)에 실린 '자료 82'를 참고하라.

거의 이루어지지 않았다. 일본 정부는 주변 아시아 국가들을 경시했고, 주변국 또한 경제적·정치적 조건이 취약했기 때문에 일본을 대상으로 올바른 전후처리를 강력하게 요구하기 힘들었다. 1946년 인도네시아 바타비아시에서 열린 임시군사법원은 인도네시아에 거주하던 네덜란드 여성들을 위안부로 강제동원한 혐의로 일본군 9명에게 형을 선고했다. 이 사례는 아시아 피해국의 취약한 전후처리 상황과 극명히 대비된다.

한국 및 아시아 피해국의 가부장적 문화도 문제 해결에 부정적 영향을 미쳤다. 여성의 인권이 유린된 상황에서 성폭력 가해자보다는 오히려 피해자에게 사회적 낙인을 찍는 문화 때문에 위안부 가해자는 물론 피해자마저 침묵하였고, 이는 사건이 표면화하는 것을 막았다. 위안부 피해자의 인권에 대해 사회적 논의가 이루어지기 시작한 1990년대 이전까지, 생존한 일본군 위안부들은 사회적 이해와 지지를 받기는커녕 위안부 피해 경험을 부끄럽고 수치스러운 문제로 여겼으며, 가족과 이웃에게 피해 사실을 숨기며 죄인처럼 살았던 것이다.

그 외에도 일본의 지식인 및 시민사회가 일본의 아시아에 대한 전후 책임에 관심을 기울이지 못했다는 점, 일제강점기 피해사, 특히 이 시기의 여성사 분야의 연구가 부진했던 점 또한 위안부 피해 공론화를 지연한 주요 원인이다.

2. 일본군 위안부 문제의 초국적 사회운동화

일본군 위안부 문제에서 NGO는 다른 어떤 인권 문제에서보다 중심적인 역할을 했다. 위안부 문제 해결운동은 먼저 ① 한국의 여성단체가 문제를 제기하여, ② 한국의 타 시민단체 및 일본의 여성단체가 함께 참여하고, ③ 일본의 타 시민단체 및 다른 아시아 피해국으로 연대의 범위가 넓어지며, ④ 국제NGO들이 협력하는 단계를 거쳐 발전했다. 이 과정에서 유엔 인권 메커니즘에 문제를 제기함으로써 강력한 보고서가 작성되고 일본 정부에 대한 권고도 이루어졌다. 미국 및 중국의 동포 사회가 노력을 기울인 결과, 미국 정부도 일본 정부에 사죄를 권고했다. 국제적으로 큰 권위를 가진 비정부기구인 국제법률가협의회는 1990년대 초부터 깊이 있는 조사를 통해 법적 분석을 내놓았으며, 국제앰네스티와 휴먼라이츠워치 등 주요 국제NGO들도 조금 늦게 합류하여 일본 정부에 강도 높은 권고를 하였다.

1) 위안부 문제를 제기한 한국 여성운동

일본군 위안부 문제를 사회적 이슈로 끌어낸 것은 1980년대 후반 크게 성장한 한국의 여성운동이었다. '정신대'로 끌려갈 위기를 넘긴 후 지속적으로 자료를 모아 온 한 여성 연구자(윤정옥 교수)와 매춘관광 문제에 반대하며 활동하던 교회여성연합회, 1970년대부터 한국 여성운동의 싹을 키워 온 여성단체(한국여성단체연합)의 만남을 통해, 1980년 말부터 위안부 문제가 공론화되기 시작했다. 1988년 5월, 노태우 대통령의 일본 방문에 즈음하여 교회여성연합회, 여성단체연합 및 여대생대표자협의회는 한국 및 일본 정부에 일본군 위안부 문제를 제기했다. 1990년 11월, 한국의 주요 여성단체를 망라한 한국정신대문제대책협의회의(이하 정대협)가 발족하여 일본군 위안부 문제를 더 체계적이고 적극적으로 제기하기 시작했다.

1991년 11월에는 전쟁 당시 미군이 조사한 일본군 위안부 관련 문서가 공개되었고, 1992년 1월에는 일본의 한 교수가 일본 방위청 도서관에 보관되어 있던 관련 문서를 다수 발굴했다. 이러한 사회적 분위기와 함께, 피해자들이 세상에 자신의 모습을 드러낸 일은 운동의 기폭제가 되었다. 1991년 8월 김학순 할머니가 최초로 일본군 위안부 피해 사실을 증언한 후, 정대협은 '정신대피해신고전화'를 개설하여 생존자를 찾기 시작했다. 김학순 할머니의 증언이 신문과 텔레비전을 통해 보도되고 정대협의 활동이 알려지기 시작하자 피해자 및 피해자 유족, 이웃들로부터 신고가 잇따랐다.

2) 한국 시민단체와의 협력

정대협은 여성 중심의 조직 운영을 고수하되, 남성 국제법학자나 역사학자를 법률 전문위원회, 진상조사 연구위원회 등 외곽조직을 통해 포괄하였다. 모금에서와 같이 범국민적 호소가 필요할 때는 남성을 포함한 명망가들로 네트워크를 구성하기도 했다. 한편 한국 내에서 여성단체 이외의 여러 시민단체에까지 이 운동이 파급되었다. 1970년대에 설립되어 징용·징병 문제에 전념해 온 태평양전쟁희생자유족회가 일본군 위안부 문제를 함께 다루기 시작했다. 민주사회를 위한 변호사모임(이하 민변)이 정대협과 함께 유엔 활동 및 청문회 등을 진행했다. 불교인권위원회는 희생자를 위한 공동주택인 '나눔의 집'을 설립했다. 중앙병원이 희생자를 무료로 진료하는 등, 기타 여러 시민단체 및 개인도 크고 작은 방법으로 지원했다.

3) 일본 여성단체 및 시민단체와의 연대

한국에서 문제가 제기되자 일본의 여성단체들이 빠르게 반응하기 시작했다. 교회여성연합회와 함께 매춘관광 문제를 위해 일했던 '매매춘문제에 도전하는 회'는 정대협 출범 전부터 위안부 문제에 협력했다. 1990년에는 몇 개의 여성단체가 연합하여 '행동네트워크'를 만들었고, 이후 많은 여성단체가 정대협과 협력하였다.

그러나 한국 시민단체 및 일본 단체가 지닌 민족주의 경향으로 여러 갈등이 생기기도 하였다. 예컨대 1992년 제1차 아시아연대회의에서 한 일본 여성운동가는 한국의 시민단체가 민족 문제를 강하게 제기할 경우 함께 연대하기 힘들 것이라고 말한 바 있다. 1993년 8월 일본 정부의 2차 조사 발표에 대해 정대협이 식민지 및 점령지 여성에 대한 차별적 강제동원과 착취를 무시한 일본 정부의 의도를 다그쳤을 때에도 그에 대한 일본 단체의 반응은 좋지 않았다. 또한 1993년부터 배상보다는 책임자 처벌에 눈을 돌리기 시작한 정대협의 위안부 운동을 두고 적지 않은 일본 단체가 불편한 마음을 드러냈다. 이미 죽거나 노쇠한 당사자들의 처우, 더욱이 최고 책임자인 천황의 처벌 문제를 염려한 것이다. 1995년에 일본 정부가 위안부 문제에 대한 법적 책임을 회피하기 위해 '국민기금'을 설립했을 때, 일본의 많은 단체가 여기에 동참하면서 정대협에 등을 돌렸다.

한편 한국에서처럼 일본에서도 여성단체로부터 시작된 운동이 다른 시민단체로 확산하였다. 평화헌법 개정운동 등을 전개하던 변호사 집단, 다양한 지역운동을 벌이던 지역 시민단체, 평화운동을 위한 전국단체 및 이 문제를 위해 새로 결성된 '전쟁책임자료센터' 등이 위안부 문제

244

에 뛰어들었다. 이들은 일본의 전후 책임 수행과 재발 방지를 목표로 삼았다. 일본 내에서 위안부 운동이 다각적으로 확산되는 한편 위안부 운동에 대항하는 강력한 반대운동도 형성되어 사회 전반으로 빠르게 확산했다. 자유주의사관운동 또는 더 구체적인 실천인 '새로운 교과서를 만드는 모임'으로 대표되는 반대운동은 기존의 우익운동을 포괄하면서 일본 사회 전체의 보수화를 주도했다.

4) 아시아 타 피해국 NGO의 참가

일본 시민단체들에 이어 다른 아시아 피해국들에서도 곧 지원단체가 세워지고 피해자 신고를 받기 시작했다. 필리핀 단체들은 아시아 피해국 중에서 위안부 운동에 가장 먼저 참가하여 적극적으로 활동해 왔다. 이미 활발하게 국제적 네트워크를 축적해 온 기존 여성단체(Asian Center for Women's Human Rights 등)가 위안부 문제를 흡수한 것이다. 그 다음으로는 대만 단체가 참여했으며, 중국 단체들이 뒤에 합류하여 활발히 연구 및 운동에 동참하고 있다. 인도네시아 단체들도 간헐적으로 참여했다.

필리핀 시민단체들은 1992년부터 시작된 아시아연대회의[2]의 주요 참가자이자 2000년 여성국제법정에서는 국제 연대를 위한 책임을 맡은 핵심 성원이었다. 필리핀은 일본의 식민 지배가 아닌 침략 과정에서 위안부 문제를 겪었으므로 각 개별 여성이 겪은 피해 기간은 한국 피해자들

---

2 1992년 8월에 제1차 아시아연대회의가 시작되었다. 매년 또는 격년으로 개최되며, 일본 및 아시아 피해국들이 참가한다.

에 비해서 대체로 짧다(International Commission of Jurists, 1994). 따라서 필리핀 시민단체들은 일본을 비판할 때에도 제국주의 및 식민주의보다 전쟁에 초점을 맞춘다. 이러한 점에서 필리핀 여성의 위안부 문제는 더 전형적인 전시하 여성인권 침해 사례라 할 수 있다.

대만 및 중국의 위안부 문제 역시 한국의 경험과는 다르다. 대만은 일본의 식민 지배를 받았으나 지배의 성격이 달랐다. 대만인들이 일본에 대해 가진 의식도 다르다. 일본의 강제징용과 마찬가지로, 일본군 위안부 강제동원도 주로 식민지 조선에 집중하여 이루어졌다. 따라서 대만이 겪은 피해의 성격은 한국의 경험과 비슷하나 강도 면에서는 큰 차이가 있다. 이런 점 때문인지, 대만의 운동에서는 뚜렷한 페미니즘도 민족주의도 잘 나타나지 않는다. 대만에서는 법률가가 중심이 되어 새로운 피해자 원조단체를 만들고 피해자를 돕는 활동을 주로 해 왔으며 (Taipei Women's Rescue Foundation), 전반적으로 인권 관점에 선 피해자 원조운동이라는 성격을 띤다.

중국은 1990년대 초 한국에서 위안부 문제가 제기될 때 잠시 참여했으나, 곧 중일관계가 변화하면서 협력도 약화되었다. 지난 10여 년 동안 난징, 상하이 등 각 지역에서 새롭게 연구가 시작되었으나, 전체적으로 정부 지침에 따르므로 자유로운 자료 발굴과 공개는 어려운 상황이다.

아시아 피해국들에 이어 세계의 여러 국제NGO가 가세하면서 운동이 확대되었다. 그 결과, 2000년 12월 도쿄에서 열린 '2000년 일본군 성노예 전범 여성국제법정'에는 남북한, 중국, 일본, 대만, 필리핀, 인도네시아, 말레이시아, 동티모르 및 네덜란드의 시민단체들이 참여했다. 후술할 바와 같이, 2007년 미국 하원에서 일본군 위안부 관련 결의가 채택된 이후 세계 주요 NGO들은 더욱 적극적으로 위안부 운동에 참여하기 시작했다.

5) 북한 NGO의 참여

한국 위안부 운동이 국제화하면서 북한의 참가가 촉발되었다. '우리여성네트워크'나 '재일한국민주여성회' 등 재일한국인 여성단체 및 일본 단체에서 개별적으로 활동하던 재일한국인들이 적극적으로 운동에 참가한 사실, 그리고 남북한 단체가 서로 협력한 일은 특기할 만하다.

북한의 단체들은 1992년 도쿄에서 열린 공청회에 참가한 이래 여러 회의 및 유엔의 논의에서 한국 단체들과 긴밀한 협력관계를 유지해 왔다. 도쿄의 공청회에서 북한 대표 및 피해자들이 발표한 내용은 북한이 일본군 위안부 문제에 대해 한국과 동일하게 인식하고 있음을 보여 주었다. 이후로도 북한 대표들은 유엔 등 세계 각지에서 열린 일본군 위안부 관계 회의에 참가했으며, 공식 발언 외에도 남북한이 함께 NGO포럼에 참여하기도 했다. 2000년 여성국제법정에서는 남북한 단체들이 함께 단일기소팀을 만들어 활동했다. 남북 간에 직접 연결이 불가능한 상황에서 대체로 일본 단체 및 재일동포의 중개를 통해 협력이 이루어졌다.

북한에서는 '종군위안부 및 태평양전쟁 피해자 보상대책위원회'(종태위)가 설립되어 활동했다. 한국에서 '종군위안부'라는 용어가 자발성을 내포한다는 이유로 비판받고 '일본군 위안부'로 명칭이 통일된 이후, 북한의 종태위는 2003년에 '조선 일본군 위안부 및 강제연행 피해자 보상대책위원회'로 단체명을 바꾸었다.

3. 유엔에서의 위안부 문제 제기

정대협을 비롯한 세계 여러 나라 NGO들의 활동에도 불구하고 일본 정부는 이 문제의 존재 자체를 부정했다. 그러한 상황에서 1992년 한국 여성단체는 위안부 문제를 유엔 인권기구로 가져갔다. 아직 한국의 사회운동이 대체로 국제사회에까지 눈을 돌리지 않는 상황에서 매우 선구적인 발상이었다. 정대협을 중심으로 한국과 아시아 피해국의 시민단체들은 유엔 헌장기구(인권위원회, 인권소위원회, 실무그룹 등) 특별회의, 국제노동기구 등에서 일본군 위안부 문제를 제기하며 세계 어느 곳에서든 이러한 여성인권 유린이 다시 일어나선 안 된다고 강조했다. 이 시기에 르완다, 구(舊) 유고슬라비아 등지에서 일어난 전시하 여성인권 침해 문제 또한 일본군 위안부 문제에 대한 국제적 공감대를 형성하는 데에 도움을 주었다. [3]

1) 인권소위원회

(1) 정대협의 문제 제기(1992년)

한국 및 일본의 시민단체는 유엔에서 활동하기 시작하며 처음에는 유엔에 '구유고슬라비아 국제형사재판소'(International Criminal Tribunal for

---

3 국제노동기구와 민간법정에 관해서는 정진성(2001a; 2001b)을 참고하라. 이외에 위안부 문제를 국제무대에서 해결하려 시도한 사례로는 국제상설중재재판소(PCA) 제소를 위한 운동(1994년), 고소 고발장을 일본 검찰에 제출한 활동(1994년) 등을 들 수 있다. 두 활동 모두 결실을 맺지 못하였으나 위안부 문제에 대한 사회적 관심을 높이고 운동을 새롭게 활성화한 계기가 되었다.

the Former Yugoslavia) 와 같은 지위를 가지고 일본군 위안부 문제를 다루는 법정을 세우는 것을 목표로 한 듯하다. 그러나 결국 이들의 활동은 인권위원회, 인권소위원회 및 실무그룹이 위안부 문제 관련 결의안을 채택하도록 하고, 특별보고관을 임명하여 보고서를 제출받도록 만드는 정도로 일단락되었다.

인권위원회, 인권소위원회에 일본군 위안부 문제를 제기하는 활동은 한국과 일본의 시민단체에 의해 각기 개별적으로 이루어졌다. 한국의 정대협은 일본 정부의 성의 없는 태도에 실망하여 유엔에 이 문제를 제기하기로 결정했다. 그 후 여러 자문을 얻고 1992년 8월에 처음으로 인권소위원회에 참석하여 협의지위를 가진 세계교회협의회의 이름으로 일본군 위안부 문제에 관하여 구두발언을 했다. '현대형노예제'와 '중대한 인권침해 피해자에 대한 배상'이라는 두 의제에서 각기 구두로 발언한 것이다. 또 기자회견 및 NGO 설명회를 열고 이 문제를 알렸다. 인권소위원회 위원들에게 로비활동을 벌이는 한편, 이미 작업을 진행 중이던 '중대한 인권침해 피해자에 대한 배상 문제' 담당 특별보고관을 한국에 초청하는 데에도 성공했다.[4]

한편 일본의 시민단체는 이미 이 문제를 징용노동자 문제와 함께 인권위원회(1992년 2월), 현대형노예제 실무그룹(1992년 5월)에 제기한 상황이었다. 이후로 한일 두 단체는 협력하여 현대형노예제 실무그룹, 인권소위원회 및 인권위원회에 참가, 활동하기 시작했다.

결과는 곧바로 나타났다. 먼저 현대형노예제 실무그룹에서 위안부

---

4 1992년 11월, 정대협은 배상 문제 특별보고관인 반보벤(van Boven) 교수를 초청하여 〈국제인권협약과 강제종군위안부〉라는 제목으로 세미나를 개최했다.

관련 결의안이 통과되었으며,[5] 다음 해에는 배상 문제 담당 특별보고관이 보고서에 일본군 위안부 문제에 관한 정보를 입수하여 반영하겠다고 발언했다.[6]

위안부 문제를 처음 인권소위원회에 제기했을 때, 한국 및 일본의 시민단체는 이를 단순히 인권침해 문제로서 국제사회에 알리고 일본 정부가 배상 등의 조치를 취하도록 요구하는 데 그쳤다. 이후에 이 문제를 전시하 여성인권 침해 문제로 정의한 것처럼 구체적으로 문제의 성격을 규정하려는 시도는 하지 않은 것이다. 따라서 당시 정대협은 전쟁 중 강제연행 문제를 다루는 일본의 시민단체 및 재일단체, 북한 등과 자연스럽게 연대했다. 제2차 세계대전 중 일본에 의해 피해를 입은 캐나다 전쟁포로 단체 등 주로 일본 정부를 상대로 하는 단체들과도 폭넓게 연대했다. 이후 위안부 문제를 전시하 여성인권 침해로 다루게 되면서 그러한 연대는 약화되었다.

(2) 전시하 여성인권 침해 문제 특별보고서를 위한 결의 채택 (1993~1999년)

한국 및 일본의 시민단체가 1993년부터 1999년까지 인권소위원회에서 벌인 활동은 일본군 위안부 문제를 '전시하 조직적 강간, 성노예제 및 그와 유사한 관행'으로 규정하고, 이를 조사하기 위한 특별보고관을 임

---

5 이 결의안에는 "전쟁 중 매춘을 강요당한 여성들의 실태에 관해 인권소위원회와 실무그룹에서 입수한 정보를 배상 문제 담당 특별보고관에게 제출할 것을 유엔 사무총장에게 요청한다"는 내용이 포함되었다(UN Sub-Commission on the Promotion and Protection of Human Rights, 1992).
6 이상 논의에 관련하여 인물 및 사건에 대한 더 자세한 내용은 신혜수(1997: 363~369)를 참고하라.

명하여 보고서를 제출하도록 이끄는 데에 초점을 맞추었다. 1993년 인권소위원회에서 한국과 일본의 시민단체는 앞서 언급한 배상 문제 특별보고관 반보벤을 일본군 위안부 문제를 조사하는 특별보고관으로 임명하도록 로비를 벌였지만(신혜수, 1997: 374) 여의치 않았다.

이어 시민단체들은 인권소위원회의 미국 위원인 린다 차베즈(Linda Chavez)와 교섭하며 당시 세계사회를 충격에 몰아넣은 보스니아 사태 등을 고려하여, 배상보다는 전시하 성노예제 문제를 다루도록 전략적으로 방향을 잡았다. 1993년, 마침내 인권소위원회는 차베즈를 특별보고관으로 임명하여 '전시하 조직적 강간, 성노예제 및 그와 유사한 관행'(Systematic rape, sexual slavery and slavery like practices during armed conflict)이라는 제목으로 특별보고서를 내도록 하는 결의안을 채택하였다(UN Sub-Commission on the Promotion and Protection of Human Rights, 1993). 인권소위원회의 이 결의안은 다음 해인 1994년에 인권위원회에서 부결되었다. 이에 인권소위원회는 소위원회 차원에서 '연구'보고서를 낸다는 결의안을 채택했다. 1995년, 인권소위원회는 차베즈의 연구보고서(E/CN.4/Sub.2/1995/38)를 받은 후, 다시 그를 특별보고관으로 임명하는 결의안을 채택했다. 이 결의안은 다음 해 인권위원회에서 통과되었다. 차베즈는 1996년에 1차 보고서, 1997년에 최종 보고서를 제출하는 임무를 받았다. 그는 한국, 필리핀, 인도를 방문한 뒤 1996년 1차 보고서를 제출하였다(UN Sub-Commission on the Promotion and Protection of Human Rights, 1996). 하지만 인권소위원회 미국 위원이 교체되면서 차베즈는 보고서 제출을 중단했다(신혜수, 1997: 372~376).

1997년 인권소위원회는 미국 부대표인 게이 맥두걸을 전시하 성노예제 문제 특별보고관으로 임명한다는 결의안을 채택했다. 1998년에 맥두걸은 같은 제목의 보고서를 제출했다(McDougall, 1998). 이 보고서는 일본군 위안부 문제에 대해 매우 상세한 법적 분석을 한 후, 일본 정부뿐 아니라 개인에게도 책임을 물어야 한다고 결론지었다. 그동안 인권소위원회 회의는 보고서 완성을 촉구하는 유사한 결의안을 해마다 큰이의 없이 채택하였다.

한편 세계적인 권위를 인정받는 국제NGO인 국제법률가협의회가 유엔 논의 과정에서 이 문제를 접하여 한국, 북한, 필리핀, 일본을 방문하고 위안부 문제에 대한 국제법적인 해석을 내린 보고서를 1994년에 출판했다(International Commission of Jurists, 1994).

(3) 유엔인권최고대표사무소의 연례보고서를 위한 결의 채택(1999년)

1996년 위안부 관련 보고서 제출 이후로 인권위원회의 여성폭력 특별보고관이 일본군 위안부 문제를 다루는 어조가 점차 약화되었다. 2003년 최종보고서 이후로는 새로운 전망을 기대하기도 힘들게 되었다. 실무그룹에서도 위안부 문제 논의를 되살릴 전망이 없었고, 인권소위원회에서도 그 전해보다 일본군 위안부 관련 서술이 대폭 줄어든 2000년 맥두걸 보고서 이후로는 논의를 심화할 여지가 없었다. 일본군 위안부 문제에 관심을 가졌던 서구 NGO들도 이제 그만하면 됐지 않느냐는 식의 피로감을 드러내기 시작했다. 일본군 위안부 문제로 점화된 전쟁 중 여성 문제에 대한 국제사회의 관심은 구유고슬라비아, 코소보, 동티모르, 말루카 등 지역에서 발생한 문제로 옮겨가기 시작했다. 이러한 상황에서 인권소위원회를 통해 일본군 위안부 문제를 계속 논의하기 위해서는 새로운 출구를 찾아야만 했다.

그런데 예기치 않게 1999년 인권소위원회에서 일본군 위안부 문제가 NGO들의 활동에 의해 크게 부각되었다. 정대협은 여섯 번째 의제인 현대형노예제 부분에서 일본군 위안부 문제 해결을 촉구하는 강력한 발언을 했다. 그 후 총 10개의 NGO 발언 중 일본 단체를 비롯한 6개의 NGO가 중심주제 또는 부주제로서 일본군 위안부 문제를 언급했다. 이러한 NGO들의 목소리에는 그동안 인권위원회, 인권소위원회 및 국제노동기구의 권고안이나 법적 해석을 계속 무시한 일본 정부에 대한 비판이 담겼다. 인권소위원회 위원들의 지지 발언도 계속 이어졌다. 북한 정부의 강도 높은 발언도 분위기를 고조시켰다. 1998년 한일 정부의 한일파트너십 공동선언 이후로 한국 정부는 이 문제에 대해 유엔에서 침묵을 지켜 왔는데, 이를 대신하는 듯 북한 정부가 강도 높은 발언으로 주의를 끈 것이다. 인권소위원회 기간 중 북한계 재일동포 조직인 강제연행진상조사단, 북한의 종군위안부 및 태평양전쟁 피해자 보상대책위원회, 국제NGO인 국제화해연대(International Fellowship of Reconciliation)가 함께 연 NGO포럼에도 전과 달리 많은 사람이 참가하여 관심을 보였다. 2000년 여성국제법정을 앞두고 홍보 효과도 작지 않았다.

이러한 분위기에서 1999년, 인권소위원회는 유엔인권최고대표사무소가 매해 인권소위원회에 '전시하 조직적 강간, 성노예제 및 그와 유사한 관행'이라는 제목으로 전쟁 중 여성인권 침해 관련 보고서를 인권소위원회에 제출하도록 하는 내용의 결의안을 채택했다. 그러나 논의 과정에서 이후 유엔인권최고대표사무소가 검토할 전쟁 중 성노예제 문제를 현재 진행 중인 사안에 국한하도록 하는 문구가 삽입되었다.[7] 그럼

---

7 구체적인 문안은 다음과 같다. "Calls upon the High Commissioner for

에도 불구하고, 이 결의안의 채택은 실무그룹이나 인권위원회에서 별다른 전망이 없는 상황에서 위안부 문제 어젠다를 유엔 내에 유지할 수 있도록 한 것이었다.

2000년 8월 인권소위원회에 참석한 한국 및 일본의 시민단체들은 사안을 현재 진행 중인 문제에 국한한 것을 비판하고, 피해자가 아직 살아 있는 사건은 현재의 문제로 간주해야 한다고 역설했다. 다른 NGO들도 유엔의 일본군 위안부 문제 해결 임무를 강조한 데다가 영국, 중국 위원 등도 유엔인권최고대표사무소가 보고서에 이 문제를 포함시켜야 한다는 취지의 발언을 했다. 그 결과, 2001년에는 현재 일어나고 있는 문제에 사안을 국한한다는 문안이 삭제됐다. 2001년 인권최고대표사무소 보고서는 현재 진행 중인 전시하 성노예제 문제를 유엔 인권기구에서 어떻게 다루고 있는지 포괄적으로 기술했다(UN Sub-Commission on the Promotion and Protection of Human Rights, 2001).

정대협은 처음 이 문제를 제기했던 1992년부터 2000년까지 세계교회협의회 등 협의지위를 가진 국제NGO의 이름을 빌려 유엔 회의에서 발언했으나, 2001년에는 그해 협의지위를 얻은 한국여성단체연합의 이름으로 회의에 참가했다. 일본의 교과서 왜곡 문제가 더해져 일본 및 재일 동포, 한국 NGO의 발언 수위가 높아진 해였다. 북한 정부의 발언에 이어, 한국 정부가 교과서 역사왜곡 문제를 제기하며 이와 함께 1997년

Human Rights to monitor the implementation of the present resolution and to submit a report to the Sub-Commission at its fifty second session on the issue of systematic rape, sexual slavery and slavery-like practices in situations of ongoing conflict, including information on the status of the recommendations made by the Special Rapporteur(UN Sub-Commission on the Promotion and Protection of Human Rights, 1996)."

이후 처음으로 일본군 위안부 문제를 언급한 것도 분위기를 환기했다. 2014년에 협의지위를 얻은 후, 정대협은 유엔에서 정대협 자체 이름으로 일본군 위안부 문제를 제기하게 되었다.

2) 인권위원회

한편 인권위원회는 1994년, 라디카 쿠마라스와미를 여성폭력 문제 특별보고관으로 임명했다. 그는 1995년에 예비보고서를 제출하고, 1996년 제52차 인권위원회에는 한국, 북한, 일본을 방문해 조사한 내용을 기반으로 일본 정부에 강력하게 권고를 한 '전쟁 중 군대 성노예제 문제에 관한 조선민주주의인민공화국, 대한민국, 일본에서의 조사 보고'를 제출하였다(Coomaraswamy, 1996). [8] 이 보고서는 맥두걸의 보고서와 함께 위안부 문제를 다룬 획기적 성과물로 평가된다.

이 보고서는 성노예제의 정의, 역사적 배경, 피해자 증언, 3개국 입장과 일본 정부에 대한 권고로 구성되었다. 제목에서 알 수 있듯이, 쿠마라스와미는 위안부 제도를 군대 성노예제로 보았다. 또한 국민기금을 인도적 조치로서 환영하면서도 국제법 위반에 따른 법적 쟁점은 여전히 남아 있다고 주장했다. 그는 일본 정부에게 "① 위안소의 설치가 국제법 위반임을 인정하고 이에 대한 법적인 책임을 질 것, ② 배상문제 특별보고관이 제시한 원칙에 따라 피해자 개개인에게 배상할 것, ③ 모든 문서와 자료를 공개할 것, ④ 피해자 개개인에게 문서로 공개적으로 사죄할 것, ⑤ 역사적 진실이 반영되도록 교육 과정을 개편해 의식을 높

---

8 1997년에 발간한 이미경 국회의원 의정자료집에 번역, 수록되었다.

일 것, ⑥ 가능한 한 범죄자를 찾아내 처벌할 것" 등을 요구했다. 또한 국제사회에 "① 비정부단체는 유엔에 이 문제를 계속 제기하며 국제사법재판소(ICJ) 또는 국제상설중재재판소(PCA)에 의견을 구하는 노력을 기울일 것, ② 북한 정부와 한국 정부는 일본의 책임 및 배상 등 법적 문제에 관하여 국제사법재판소에 문의할 것, ③ 일본 정부는 피해자가 고령인 점을 감안하여 될 수 있는 대로 빠른 시일 내에 이 문제를 해결할 것" 등을 권고했다(한국정신대문제대책협의회 20년사 편찬위원회, 2014: 102~103).[9]

4. 국제노동기구 제소

1995년 한국노총이 일본군 위안부 문제를 강제노동조약 위반으로 국제노동기구에 제소하면서 여성단체들과 새로운 연대가 형성되었다.[10] 강제노동조약은 국제노동기구가 관리하는 여러 조약 중에서도 기본 인권을 다룬 중요한 조약 중 하나이다. 국제 차원에서도 각국의 노동조합이 이 문제를 둘러싸고 연대하였다.

---

9 이때 인권위원회 위원국이던 일본은 회기 전에 쿠마라스와미 보고서를 거부하도록 촉구하는 의견서를 인권위원회에 제출하였고 주요국 정부의 외교 책임자들에게도 동조를 구했다. 그러나 일본 정부를 지지한 정부는 하나도 없었다. 결국 일본 정부는 보고서 거부 의견서를 철회하고, 결의 채택에도 반대하지 않았다. 그 결과, 인권위원회는 쿠마라스와미의 보고서를 만장일치로 채택하였다. 2014년 10월, 일본 정부는 라디카 쿠마라스와미를 방문하여 1996년의 보고서를 수정하도록 요청했다(〈산케이뉴스〉, 2014. 10. 16; 토츠카, 2015:24~27 재인용).

10 국제노동기구에서의 논의는 정진성(2016), 제 7장을 참고하라.

국제노동기구는 노사정 삼자회의이며, 삼자 중에서도 노동자 집단의 의견을 가장 중요하게 반영한다. 한국노총과 민주노총은 위안부 문제를 두고 열성적으로 보고서를 만들고 여러 노조 대표를 설득하는 데에 힘을 기울였다. 그 결과, 세계 여러 노조가 이 문제의 중요성을 인식하고 총회에서 주요 안건으로 다룰 것을 결의했다. 이는 일본군이 저지른 강제연행과 성 착취가 심각한 인권침해라는 인식을 공유한 덕분이다. 일본군 위안부 피해자가 있는 네덜란드의 노조가 먼저 강력하게 한국 노조를 도왔으며, 유럽의 여러 노조도 이를 지지했다.

이후 국제노동기구의 기준적용위원회는 일본군 위안부 강제동원이 강제노동조약(국제노동기구 제29호 조약) 위반이라고 판단했으며, 피해자가 원하는 방식으로 배상할 것을 권고했다.

5. 일본, 한국, 미국 정부의 태도 변화

유엔과 국제노동기구, 국제NGO 등의 위안부 논의가 본격화하자 일본 정부의 태도가 조금씩 변하기 시작했다. 소극적이던 한국 및 미국 정부도 각기 입장과 대책을 발표하였다.

1) 일본 정부의 태도 변화

일본군 위안부 문제가 일본 정부와 군대가 제도로 입안하여 시행한 범죄였다는 사실을 여러 자료가 입증해 준다. 나아가 인권위원회 여성폭력 문제 특별보고관, 전시 성적 노예제 등에 관한 특별보고관, 국제법률가협의회 등이 작성한 보고서도 일본군 위안부 동원이 국가에 의해 체계적이고 조직적으로 이루어졌음을 확인하였다.

일본 정부와 군은 위안부 제도를 설립하고 운영에 체계적으로 개입한 사실을 대체로 인정한다. 그러나 납치 등 폭력적인 방법으로 여성을 강제연행한 행위, 즉 이른바 '협의의 강제성'을 부인함으로써 일본군 위안부 제도의 범죄성을 부정해 왔다. 또한 일본 정부는 제2차 세계대전 후 다른 아시아 국가들과 평화조약 및 국제협정을 맺음으로써 자신들의 법적 의무를 다했고, 개인의 법적 배상청구권도 완전히 해결되었다는 입장을 고수해 왔다(정진성, 2016: 286~287).

1991년 김학순 할머니의 공개증언 및 위안부 자료 발굴 등으로 일본 정부의 태도 변화가 불가피해진 후에도 이러한 일본 정부의 입장은 변함이 없었다. 다만 유엔에서 일본군 위안부 문제가 논의된 이후 몇몇 조사활동을 진행하고 '국민기금'을 조성했을 뿐이다.

1991년 12월 12일에 가토 관방장관은 참의원 예산위원회에서 일본군 위안부 문제를 해결하기 위해 6개 관계 부처에 사실 조사를 지시했다. 1992년 1월 17일, 미야자와 총리는 방한 중에 "피해를 당한 분들의 말로 할 수 없는 고통에 대해 충심으로 사과와 반성의 뜻을 표명하며, 일본은 다시 그와 같은 과오를 거듭하지 않을 것"이라고 말했다. 곧이어 29일에는 일본 의회가 처음으로 일본군 위안부 문제에 정부가 개입한 사실을 인정하고, "우리는 과거 일본군이 이 문제에 관여했다는 것을 부인할 수 없다"는 사과 발언을 했다. 1992년 7월 6일, 일본 정부는 6개 성청을 조사한 결과를 발표하고 일본군 위안부 문제에 정부가 관여했다는 것을 인정했다. 그러나 여전히 강제연행을 입증할 만한 자료는 없다고 주장했다(정진성, 2016: 287~288).

일본 정부는 미 국립문서기록관리청(NARA) 자료와 한국 정대협 등의 출판물, 피해자 증언을 참고한 뒤, 1993년 8월 4일에 2차 조사결과를 발표했다. 위안부 관계 조사 결과 발표에 관한 내각관방장관담화, 흔히 고노담화로 불리는 내용이다.[11] 이 결과에 입각하여 고노 관방장관은 이러한 행위가 자신의 의지에 반하여 일본군 위안부가 된 많은 여성의 명예와 존엄성을 심각하게 훼손시켰다고 사죄했다(정진성, 2016: 288~291). 해당 담화는 일본 정부가 강제연행을 인정했다는 점에서는 진일보한 입장이었지만, 여전히 책임 대부분을 민간업자에 돌렸다는 점에서는 한계가 뚜렷하다. 일본 정부의 법적 책임 또한 부정하였다. 이러한 입장은 민간기금을 조성해 문제를 해결하려는 시도로 이어졌다.

일본군 위안부 문제 해결을 위한 운동이 한국과 일본뿐만 아니라 세계사회의 지원을 받고 있던 1994년 8월, 무라야마 총리는 "일본의 침략 행위나 식민지 지배 등이 많은 사람들에게 견딜 수 없는 고통과 슬픔을 주게 된 것에 대해 깊이 반성하고", "이른바 종군위안부 문제는 여성의 명예와 존엄에 깊은 상처를 입힌 문제이며, 나는 이 기회에 다시 한 번 진심으로 깊은 반성과 사과의 뜻을 표한다"고 말했다. 이와 함께 이른바 '평화우호교류계획'을 발족한다고 발표했다. 이 계획의 핵심내용은 피

---

11 고노담화의 요지는 다음과 같다. ① 위안소는 당시 군 당국의 요청에 의해 설치되었고, 위안소 설치, 관리 및 위안부 이송에 관해서는 구 일본군이 직접 혹은 간접적으로 관여했다. ② 위안부 모집은 군의 요청을 받은 업자가 주로 담당했는데, 이 경우에는 감언, 강압 등에 의해 본인의 의사에 반하여 모집된 사례가 많았다. ③ 더욱이 관헌 등이 직접 이에 가담한 일도 있었음이 명백하게 밝혀졌다. ④ 위안소에서의 생활은 강제적 상황하에서 처참한 수준이었다. ⑤ 일본을 별도로 한다면, 전장에 이송된 위안부의 출신지 중에서는 한반도가 큰 비중을 차지했으며, 그 모집과 이송, 관리도 총체적으로 본인의 의사에 반했다.

해자에 대한 일본 정부의 직접 배상을 거부하고, 대신 아시아 피해국을 대상으로 10년간 1,000억 엔에 상당하는 규모의 조사, 연구, 교류 사업을 하는 것으로 이 문제를 종결한다는 것이다. 이어 일본 여당 내 종군위안부문제 소위원회는 "종군위안부 문제를 포함해 지난 대전에서 일어난 배상, 재산청구권의 문제에 대해 일본 정부로서는 … 관련된 조약 등에 따라서 국제법상, 외교상 성실히 대응해 왔다. 그러나 도의적 입장에서 … 폭넓은 국민 참가로서" 기금을 모아 전위안부에게 위로금을 전달하고 정부는 이에 협력한다는 내용을 위안부 문제의 최종해결안으로서 발표했다. 이에 따라 1995년 7월에 '여성을 위한 아시아 평화국민기금'이 발족했다. 이를 통해 일본 정부는 위안부 문제의 범죄성과 법적 책임을 인정하지 않은 채, 배상이 아닌 민간 차원의 위로금으로 공식적 사과 및 배상을 대신하고자 한 것이다. 많은 일본군 위안부 피해자들은 공식 사죄 없는 위로금을 받아들일 수 없다며 거부했다.

별다른 진전 없이 20년이 지난 2015년 12월 28일, 법적 책임을 부정하는 일본의 입장은 한일 외교장관 합의에서 그대로 되풀이되었다. 일본 정부의 기여금 10억 엔으로 '화해치유재단'을 설립하는 것으로 이 문제를 "최종적이고 불가역적"으로 종결한다고 못 박은 이 합의는 한국 정부가 동의했다는 점에서 일본의 국민기금보다도 더욱 문제가 심각하다.

다른 한편, 일본은 식민 지배와 전쟁 책임을 은폐, 왜곡하는 교과서 기술 때문에 한국과 중국으로부터 계속 비판받아 왔다. 1992년, '일본서적'을 제외한 다른 7종의 검정교과서에 처음으로 조선인 및 중국인 강제연행, 대만인 징병을 기술하였다. 그중 2종의 교과서는 명백하게 일본군 위안부 동원을 뜻하는 기술도 수록했다. 1996년에는 7종의 중학교 교과서 모두 일본군 위안부를 언급했다.[12] 그러나 2001년부터 위안부 서술이 축소되기 시작하였으며, 이제 일본의 교과서에서 일본군 위안부 문제를 언급한 내용은 찾기 힘들다.

2) 한국 정부의 태도 변화

일본군 위안부 문제가 처음 제기되었을 때, 한국 정부는 일본의 식민지 지배 아래에서 일어난 모든 피해에 대한 청구권이 1965년 한일협정으로 처리되었다는 기본 입장을 견지하였다. 1993년에는 위안부 문제와 관련한 어떠한 물질적 보상도 일본 정부에 요구하지 않겠다고 천명했다. 대신 1993년 6월에 〈일제하 일본군 위안부에 대한 생활안정지원법〉을 제정하였다. 2002년 12월 11일에는 이 법을 〈일제하 일본군 위안부 피해자에 대한 생활안정지원 및 기념사업 등에 관한 법률〉로 개정하였고 지금까지 일본군 위안부 문제와 관련된 다양한 사업을 추진하고 있다. 특히 피해자들에게는 생활보호, 의료보호, 공공임대주택 우선 입주지원권, 생활안정지원금 등을 제공하고 있다.

한편 역사교과서는 일찍부터 위안부 피해를 기술해 왔다. 한국의 역사교과서에 '위안부'라는 용어가 처음으로 등장한 것은 1997년이었으나 1979년 국정 교과서에 이미 위안부 관련 서술이 수록되었다. 중학교 역사교과서(239쪽)에서 "심지어는 젊은 여자들까지도 산업시설과 전선으

---

12 가장 채택률이 높은 '도쿄서적'의 중학교 역사교과서는 일본군 위안부에 대해 이렇게 같이 기술한다. "(전시에) 국내의 노동력 부족을 보충하기 위해 많은 수의 조선인이 강제로 일본에 끌려와 공장 등에서 가혹한 노동에 종사하게 되었다. '위안부'로서 의사에 반하여 전지에 보내진 어린 여성도 다수였다." '의사에 반하여'라고 명기하여 강제동원임을 명백히 밝힌 것은 특기할 만하다.

로 강제로 끌어갔다"고 언급한 것이다. 1982년과 1990년 중학교 및 고등학교 국사교과서도 "여자들까지 침략전쟁의 희생물로 만들었다"는 문구를 실었다.[13] 1997년도 중학교 국사교과서는 "여성까지도 정신대라는 이름으로 끌려가 일본군의 위안부로 희생되기도 하였다"(152쪽)고 명시하며 처음으로 명확히 일본군 위안부 문제를 서술하였다. 2002년 국사교과서에서는 이 내용이 대폭 보강되었다. 2002년 중학교 국사교과서는 "일제는 여성들도 근로보국대, 여자근로정신대 등의 이름으로 끌고 가 노동력을 착취했다. 더욱이 많은 수의 여성을 강제로 동원하여 일본군이 주둔하고 있는 아시아 각 지역으로 보내 군대 '위안부'로 만들어 비인간적인 생활을 하게 하였다"고 기술하였다.

2011년 헌법재판소 판결로 한국 정부의 태도가 크게 변화하였다. 일본군 위안부 피해자들과 정대협은 2006년에 헌법재판소에 소송을 제기하였다. 이에 헌법재판소는 2011년, 일본군 위안부 피해자의 배상청구권을 놓고 한일 양국 사이에 분쟁이 있음에도 정부가 이를 해결하기 위해 구체적 노력을 다하지 않은 것은 위헌이라고 결정했다.

이에 따라 2011년 9월, 외교통상부는 일본에 배상청구권 문제 관련 협의를 요청했다. 한국 외교부는 청구권협정이 샌프란시스코 조약 4조에 따른 한일 양국 간 재정적·민사적 채권 및 채무 관계를 해결하기 위한 것으로서 위안부 문제 등 반인도적 범죄 행위는 별도의 사안이라는 입장을 밝혔다. 국민기금에 대해서도 외교부는 "법적 책임을 인정한 데 따른 배상이 아니며 피해자를 인도적 자선 사업의 대상으로 삼고 있다

---

13 무슨 까닭인지 알 수 없으나, 1990년 고등학교 국사교과서에서는 이 서술이 삭제되었다.

는 이유로 피해 당사자들이 거부했기 때문에 일본 측의 조치는 불충분하다"고 지적했다.

그러나 박근혜 정부는 2015년 12월 28일에 한일 외교장관 협의를 갑작스럽게 단행했다. 이후 문재인 정부는 이 합의를 검토하기 위해 태스크포스를 세웠고, 2018년 1월 9일에 외교부장관은 태스크포스 논의 결과를 발표했다. 박근혜 정부하에 맺은 한일 외교장관 협의는 진정한 문제 해결 방안이 아니며, 일본이 스스로 국제 보편기준에 따라 진실을 있는 그대로 인정하고 피해자들의 명예와 존엄을 회복하고 마음의 상처를 치유하기 위한 노력을 계속해 줄 것을 기대한다는 내용이었다.[14]

3) 미국 정부의 입장 변화

미국이 일본 정부의 공식적 사과가 필요하다고 천명한 일은 매우 특기할 만하다. 2007년 7월 30일, 미국 하원은 "일본군 위안부 제도는 20세기 최대의 인신매매 사건이며 집단 강간과 강제낙태, 정신적 모욕, 성적 학대로 인한 신체적 장애, 학살, 자살 등을 수반한 전례 없이 잔인하고 중대한 사건"이라고 규정하고, "일본 정부는 여성들을 성노예로 강

---

14 그 주요 내용은 다음과 같다. 일본 정부가 출연한 화해치유재단 기금 10억 엔은 전액 우리 정부 예산으로 충당하고, 이 기금의 향후 처리 방안에 대해서는 일본 정부와 협의하도록 한다. 화해치유재단의 향후 운영과 관련해서는 해당 부처에서 피해자, 관련 단체, 국민 의견을 광범위하게 수렴해 후속 조치를 마련할 것이다. 2015년 합의가 양국간 공식합의였음을 부인할 수 없으므로, 우리 정부는 동 합의와 관련해 일본 정부에 대해 재협상을 요구하지 않을 것이다. 다만 일본이 스스로 국제 보편기준을 따라 진실을 있는 그대로 인정하고 피해자들의 명예와 존엄을 회복하고 마음의 상처를 치유하기 위한 노력을 계속해 줄 것을 기대한다. 피해자들이 한결같이 바라는 건 자발적이고 진정한 사과이다.

제징집한 사실에 대해 역사적인 책임이 있음을 공식 인정하고 사죄하라"는 결의를 채택했다. 미 의회에서 일본군 위안부 관련 결의안이 처음 발의된 것은 1997년 민주당의 일리노이주 윌리엄 리핀스키(William Lipinski) 의원에 의해서였다. 그 후 일리노이주의 레인 에반스(Lane Evans) 의원이 다섯 차례에 걸쳐(2000년, 2001년, 2003년, 2005년, 2006년) 이 결의안을 제출했다. 2006년에는 하원 외교위원회(Committee on Foreign Affairs)에서 결의안이 가결되었으나(House Resolution 759), 하원 본회의에 상정되지 못한 채 폐기되었다. 이를 2007년에 캘리포니아주 마이클 혼다 위원이 이어받아 상정했다. 2007년 1월 마이클 혼다 의원은 하원 외교위원회의 아태환경 소위원회(Sub-Committe on Asia, the Pacific and the Global Environment)에 결의안을 제출했으며, 2월 15일에는 의회에서 공청회를 열었다. 이 결의안은 2007년 6월 26일에 하원 외교위원회에서 찬성 39표, 반대 2표로 공식 채택되었으며(House Resolution 121), 2007년 7월 30에는 미 하원에서 만장일치로 통과되었다. 전후 미국이 냉전 상황에 대응하기 위해 일본과 우호적 관계를 강화하면서 일본의 잘못을 소홀히 취급하였을 뿐 아니라 아시아에 대한 일본의 지배권을 다시금 보장하는 데 일조했음(다카기, 1992: 56~57)을 고려한다면 이 결의는 매우 중요하다.

이러한 미국 정부의 입장은 이후에도 다양한 방식으로 표명되었다. 2013년 1월 29일에는 뉴욕주 상원이 일본군 위안부 관련 결의를 채택했으며, 2014년 1월 15일에는 연방하원이 2007년 일본군 위안부 결의안 준수를 촉구하는 법안을 통과시켰다. 이 법안은 16일에 상원을 통과했고, 17일에는 버락 오바마 대통령이 법안에 서명했다. 또한 2014년 1월 24일에는 뉴욕주 나소카운티에서, 2014년 5월 30일에는 버지니아주 페

어팩스카운티에서 일본군 위안부 기림비의 제막식이 열렸다. 이러한
미국 정부의 태도 변화는 국제사회가 일본군 위안부 문제에 새롭게 관
심을 갖게 하는 중요한 계기가 되었다.

6. 국제사회의 새로운 참여

앞서 언급한 대로, 국제법률가협의회, 세계교회협의회 등 주요 국제
NGO가 위안부 문제 논의에 도움을 주었다. 국제앰네스티는 운동 초창
기에는 다소 거리를 두었으나 한국과 일본에서 수행한 조사에 기반을
두고 '60년간의 기다림: 일본군 피해자의 정의를 위하여'라는 제목의 보
고서를 2005년에 발표하였다. 이 보고서는 위안부 운동을 국제사회에
확산한 계기가 되었다. 2006년 홍콩에서 열린 국제앰네스티 아태지역
회의에서 일본군 위안부 문제 연대 캠페인이 열렸고, 같은 해 호주에서
도 캠페인이 열렸다. 2007년 미국 하원에서 위안부 결의가 통과된 후,
유럽 평의회, 유럽 각국 및 호주 등에서 관련 결의안이 채택된 데에는
국제앰네스티의 역할이 중요했다(한국정신대문제대책협의회 20년사 편찬
위원회, 2014: 121~125).

이러한 국제사회의 움직임이 유엔 내에서도 그대로 재현되었다. 국
제노동기구 총회 기준적용위원회의 노동자 그룹은 2008과 2009년 두
번에 걸쳐 세계 각국 의회가 위안부 관련 결의안을 채택한 상황을 언급
하면서 일본군 위안부 문제를 두고 강도 높은 발언을 했다.

2008년 12월, 자유권규약위원회는 아직도 일본 정부가 위안부 제도
와 관련해 적절한 배상 및 역사교육을 하지 않으며, 정치인들과 매스미

디어는 피해자의 명예를 훼손하며 사실을 부인하고 있다고 비판하였다. 이어 일본 정부는 이제 법적 책임을 받아들이고 피해자의 다수가 존엄을 회복할 만한 사죄를 해야 하며, 아직 생존한 위안부 제도 범법자를 처벌하고, 즉시 효과적인 법적, 행정적 조치를 통하여 생존 피해자에게 배상할 것을 권고했다. 자유권규약위원회는 이것이 피해자의 마땅한 권리라고 지적했다. 또한 학생과 일반 대중에게 위안부 문제를 교육하고, 피해자의 명예를 훼손하고 사실을 부인하는 어떠한 시도도 제재해야 한다고 지적했다.[15] 2014년 8월에는 일본 정부에게 직접적인 법적 책임이 있다고 지적하면서, 독립적이고 공정한 조사, 책임자 처벌, 피해자 및 유족에 대한 배상, 자료 공개, 교과서 기술을 비롯한 역사교육, 공적인 사죄, 책임에 대한 공식적 인정, 피해자 명예 훼손 및 사실 부인 등을 삼갈 것 등을 일본 정부에 요구했다(Human Rights Committee. 2014).

2013년 5월, 일본 정부가 제출한 보고서를 심의한 고문방지위원회는 일본 정부에 강력한 권고를 했다. 위원회는 일본 정부가 그동안 유엔 여러 기구의 권고를 거부했다고 보았다. 민간모금은 피해자 배상으로서 적절치 않다고 지적하고, 고문 등의 행위를 대상으로 정의가 이루어져야 한다고 말했다. 또한 사실 및 자료를 은폐하고 부인함으로써 피해자가 다시 고통을 겪는 것, 역사교육이 제대로 이루어지지 않는 것에 유감을 표했다. 위원회는 피해자 중심의 조치를 다음과 같이 취하도록 권고했다. 즉, 성노예제 범죄에 대한 법적 책임을 공적으로 인정하고 범죄

---

15 더 자세한 내용은 자유권규약위원회(Human Rights Committee, 2008)의 22항을 참고하라.

자를 처벌할 것, 일본 정부와 주요 정치인들이 사실을 거듭 부인함으로써 피해자들에게 다시 상처를 주지(re-traumatize) 말 것, 관련 자료를 공개하고 사실을 철저히 조사할 것, 배상을 비롯한 피해자 구제 조치를 취할 것, 위안부 문제를 교과서에 기술하고 대중에게 교육할 것 등이다(CAT, 2013).

인종차별철폐위원회도 2014년 9월, 일본 보고서에 대한 심사에서 국민기금으로 피해자에 대한 배상이 끝나지 않았다면서, 하루빨리 진상조사를 할 것, 진실한 사죄를 하고 피해자 및 유족에게 배상할 것, 피해자 명예훼손과 사실 부인을 그만둘 것을 권고했다(CERD, 2014). 위원회는 2018년 8월 일본 보고서 심사와 2018년 12월 한국 보고서 심사에서도 유사한 권고를 했다.

여성차별철폐위원회는 2009년에 일본 정부가 위안부 제도에 대한 해법을 마련하지 못하고, 교과서에서 관련 기술을 삭제한 데 대해 우려를 표하였다. 또한 일본 정부가 하루빨리 피해자 배상, 책임자 처벌과 대중 교육을 포함한 해결책을 수립할 것을 권고했다(CEDAW, 2009). 2016년 3월에는 일본 정부의 보고서를 검토하면서 2015년 한일 정부합의는 그동안의 여러 유엔기구들의 권고를 충분히 수용하지 않은 것이며 피해자 중심의 대안도 아니라고 비판하고, 피해자들을 위한 배상, 사죄, 진실, 정의, 회복 등을 구현하고, 학생과 일반 대중들에게 위안부의 역사적 사실을 교육하고 그 내용을 교과서에도 실을 것을 권고했다(CEDAW, 2016).

사회권규약위원회도 2013년 일본의 국가보고서를 검토한 후, 일본군 위안부 피해자들이 경제적·사회적·문화적 권리를 향유하지 못하고 배상받지 못하는 상황에 우려를 표했다. 일본 정부가 이들이 사회권을 향유할 수 있도록 빨리 조치하고, 혐오발언 등으로 피해 받지 않도록 교육할 것을 권고했다(CESCR, 2013).

유엔인권최고대표사무소의 최고대표였던 나비 필라이(Navi Pillay)도 2014년, 몇 차례에 걸쳐 일본군 위안부 문제를 언급했다. 그는 일본 정부가 포괄적이고 공정하며 장기적인 해결책을 수행하는 데 실패했으며, 그에 따라 피해자들의 인권을 계속 침해하여 이 문제를 현재의 문제로 만들었다고 지적했다.[16] 2015년에 새로 취임한 자이드 라아드(Zeid Ra'ad) 최고대표는 정대협의 전쟁과여성인권박물관을 방문하고 피해자들과도 만났다. 그는 위안부 문제를 유엔에서 계속 다룰 것을 약속했으며, 일본 정부에게 피해자가 원하는 해결책을 수행하라고 요청했다.[17]

2006년에 인권위원회가 재편되며 새로 설립된 인권이사회는 2008년 5월 일본에 대한 보편적 정례검토에서 일본군 위안부 피해자들이 받아들일 수 있는 조치를 취할 것을 권고했다.[18] 여성폭력 특별보고관인 라시다 만주(Rashida Manjoo)는 2010년 4월 23일 제출한 보고서에서 일본군 위안부 피해자에게 배상할 의무가 일본 정부에 있다는 점을 강조했다(UN Human Rights Council, 2018).

2016년 3월 1일, 인권이사회의 실무그룹과 특별보고관들은 2015년 12월 28일 한일 정부합의에 우려를 표하고, 여성차별철폐위원회가 그

---

16 더 자세한 내용은 유엔인권최고대표사무실 웹페이지를 참고하라(http://www. ohchr. org/EN/NewsEvents/Pages/DisplayNews. aspx?NewsID=14920&LangID=E).

17 더 자세한 내용은 〈시사N〉의 기사를 참고하라(http://sisa-n. com/8163?cat=1676).

18 더 자세한 내용은 유엔인권최고대표사무소 웹페이지를 참고하라(http://www. ohchr. org/EN/HRBpdies/UPR/Pages/JPSession14. aspx).

주 초에 일본 정부에게 내린 권고를 충실히 실행할 것을 촉구했다.[19] 이들은 한일 간 합의가 피해자들의 의견을 충분히 반영하지 않았다고 지적하였으며, 소녀상 철거를 우려하는 한편 피해자들을 위한 정의가 실현되어야 한다고 강조했다.

7. 전망

일본군 위안부 문제는 몇 차례 고비를 넘으며 새롭게 세계사회의 주목을 끌고 있다. 여전히 당사국인 일본이 진실을 부정하는, 쉽지 않은 현실을 잘 보여 주는 사례이기도 하며, 세계 곳곳에서 끊이지 않는 전쟁 중 여성인권 침해라는 문제에 대한 고민과도 연결된다. 제일 처음 이 문제를 다루었던 인권소위원회가 일본군 위안부 문제를 '전시하 조직적 강간, 성노예제 및 그와 유사한 관행'이라는 좀더 일반적인 개념으로 표상했던 것을 돌아보면, 한국의 운동이 점차 위안부 문제에서 시야를 넓혀 다른 나라에서 일어나는 전시하 여성인권 침해 문제로 나아가고 있다는 사실은 매우 의미심장하다. 이제 유엔에서 전시하 여성인권 침해 문제에 대한 새로운 인권규범이 선언(*declaration*), 또는 지침(*guideline*)의 형태로 형성되기를 기대할 수 있을 듯하다.

---

19 더 자세한 내용은 유엔인권최고대표사무소 웹페이지를 참고하라(http://www.ohchr.org/EN/NewsEvents/Pages/DisplayNews.aspx?NewsID=17209&L).

보론

인권사회론

1. 인권 연구의 학제적 성격과 인권사회학

'인권'(*human rights*)은 우리 일상에 점차 더 큰 비중을 차지하며 국가 정책 및 국제관계에서도 핵심적 변수로 등장하고 있다. 인권은 사람들의 사고부터 사회집단 간 역학, 국가 간 관계에 이르는 다양한 내용을 포함하므로, 인권 연구는 여러 분과의 학문이 함께 접근해야 할 대표적인 다학문적·학제적 영역이다. 철학, 법학, 정치학, 사회학 등 여러 학문이 인권의 다각적인 측면을 분석하고 있다.

철학이 인권의 인식론적·규범적 측면에 대해 논의한다면, 법학은 인권이라는 규범이 현실 사회에서 실행(*implementation*)되는 과정을 보여 준다. 사회가 특정 인권규범에 광범위하게 동의하여 이를 규약 등의 형태로 만들고 구성원 모두 준수하도록 규율하는 것이 법이기 때문이다. 인권침해 행위의 당사자가 정부인 경우가 많으므로 인권침해 여부를 판단하고 규율하는 역할을 국제기구가 맡는 경향이 크다. 따라서 인권법은 대체로 국제인권법이라 볼 수 있다.

인권개념이 전 세계적으로 크게 부흥한 제2차 세계대전 이후, 인권 관련 논의는 주로 국제인권법을 중심으로 한 법학 분야에서 전개되어 왔다. 법학은 국민국가체제가 지배하는 세계에서 국제법의 특성과 위치를 연구하고 초국적 법질서의 가능성을 탐구한다(조효제, 2007). 법의 성격이 인권의 실천과 직접적으로 연관되기 때문에 인권 연구에서도 법학이 자연스럽게 주도권을 가지게 되었다(프리먼, 2005). 인권개념이 법을 통해 발전해 왔으므로 인권 담론은 기술적·법률적인 성격을 점차 강하게 띠었다. 향후 국제인권법이 어떻게 효과적으로 각 나라의 국내법에 반영될 것이냐는 문제는 오늘날 국제사회에 인권 실천을 확산하기 위한 중요한 과제가 되었다.

1970년대 중반 이후로 인권이 국제관계에서 중요한 요소 중 하나로 인식되면서, 이전까지는 철학과 법학이 주도했던 인권 연구를 사회과학에서도 시작했다. 정치학은 비교 관점에서 각 국가의 인권 발전 및 정치 발전, 경제 발전 등을 연구하였고, 정치사회학자와 사회운동 연구자들이 이에 협력하며 인권 연구를 크게 발전시켰다. 그 뒤로 사회학은 사회구성주의와 구조주의, 담론연구 등을 다각적으로 인권 연구에 적용하고 있다. 심리학과 인류학도 인권에 대한 사람들의 태도 및 문화적 관점 등을 중심으로 인권을 연구한다. 최근에는 사회복지학 또한 인권 관점을 중요하게 여기며 연구 영역에 도입하고 있다.

특히 인권을 사회학적으로 분석하려는 최근 시도는 괄목할 만하다. 사회학의 전통적인 연구방법론을 활용하여 인권운동, 인권단체 및 주요 행위자를 분석한 연구들이 대표적 사례이다. 또한 전 세계적 인권 상황을 측정하기 위한 시도도 계속된다. 여성·소수자·빈곤·노인 문제 등 구체적인 인권 이슈도 사회학적 분석의 중요한 대상으로 자리 잡았다. 세계화의 진전에 따라 초국적기업, 인권과 개발, 국제 인권 거버넌스와 같은 주제들도 점점 더 중요한 사회학적 연구 대상으로 떠오른다.

사회학과 인권개념은 같은 사회적 배경에서 형성되었다. 자본주의가 발달하며 등장한 새로운 계급 상황을 설명하고, 새 계급체제와 국가 간의 관계를 규명할 필요가 대두되었다. 이때 등장한 학문이 사회학이다. 신에 대한 인간의 예속이라는 중세의 관념으로부터 벗어나 인간 이성(합리성)에 대한 믿음이 확산되면서 사회학 탄생을 뒷받침했다. 인권개념 역시 자본주의가 발전하며 등장한 자유로운 시민계급 사람들이 평등과 자기 권리를 주장하는 과정에서 탄생했다. 따라서 사회학과 인권개넘은 근대의 쌍생아와도 같다. 둘 모두 인간의 이성 및 사회의 진보에 대한 믿음을 공통적으로 내포하였고, 사람들은 이 믿음에 기초해 더 진보한 사회를 만들고자 하였다.

이러한 등장 배경에도 불구하고, 사회학은 훨씬 이후에나 인권을 본격적으로 연구하기 시작했다. 여러 학문 분야가 인권을 연구하는 동안 사회학의 인권 연구가 다소 지체된 원인을 사회학 설립 초기부터 나타났던 실증주의의 영향, 개인보다 구조를 중시하는 전통, 가치중립적 입장 등 여러 가지로 설명할 수 있을 것이다. 그러나 초기 사회학의 경향에 이미 인권개념이 내재해 있었음을 고려하면, 인권사회학 발전이 지체된 더 중요한 원인은 사회학 발전 과정에서 이론적·방법론적 추상성에 치중하면서 규범성과 유연성을 잃어버렸던 탓이라 해석할 수 있다. 1948년 세계인권선언 채택 과정에서 불거진 미국예외주의(*American exceptionalism*) 및 인종주의, 문화상대주의와 자결권 강조, 경제사회적 권리에 대한 시민적 권리의 우위 주장 등 역사적 장애물도 인권사회학의 발전을 가로막았다(Somers & Roberts, 2008). 또한 많은 사람들이 공유할 수 있고 학문적으로 명료한 인권개념의 정의를 찾는 데 어려움이 있었다는 점도 인권사회학 정립을 늦추는 요인이 되었다(Deflem & Chicoine, 2011).

이렇듯 사회학은 인권 연구에 늦게 합류했지만, 한편으로는 법실증주의와 철학의 추상적 논의를 연결하고, 다른 한편으로는 정치학에서 더 나아간 이론적·실증적 분석, 사회와 비국가 행위자(*non-state actor*)에 대한 연구 영역을 넓혀 인권 연구에 중요한 기여를 하고 있다.

이제 인권은 사회학에서 더 이상 무시할 수 없는 주제가 되었다. 이전에 시도되지 않았던 본격적인 인권 연구가 질적·계량적·역사적 방법론을 바탕으로 차츰 확대되고 있다. 국제사회가 정립해 온 인권개념을 그 자체로서 받아들이고 이를 규범적·질적·계량적으로 다른 사회적 조건들과 연관하여 분석하거나 또는 사회구성적으로 해체하는 등 다양한 시도를 하는 일련의 연구들을 인권사회학이라 규정한다면, 인권사회학은 아직 발전 초기이다. 하지만 인권사회학은 사회학 성립기부터 내포했던 사회 진보를 향한 문제의식이라는 비옥한 토양에 기초하여, 그리고 이후 발전해 온 인간주의 사회학, 공공사회학 등 강력하고 실천적인 문제의식과 관련을 맺으면서 더욱 왕성히 발전할 것이라 전망할 수 있다.

1) 인권사회학 연구의 특징

(1) 사회학의 전통
1990년대 들어서며 적극적으로 발전하기 이전부터, 사회학은 인권 연구와 직접 연결될 수 있는 여러 중요한 연구 전통을 키워 왔다.

첫째, 사회학은 법과 권리를 연구해 온 오랜 전통이 있다. 최근 인권사회학 발전을 이끈 인물 중 한 사람인 드플렘(Deflem)은 뒤르켐의 도덕과 권리에 관한 연구를 인권사회학의 관점으로 해석했다. 뒤르켐은 유기적인 현대사회에서 개인 및 사유재산에 대한 범죄는 개인의 존엄을 보장하는 도덕성을 훼손한 행위로서 강력한 제재를 받는다고 지적하고, 이 사유재산권의 성격과 진화를 계약 및 계약법을 설명하는 사회학적 이론의 기초로서 분석했다(Deflem & Chicoine, 2011). 이러한 고전사회학의 문제의식은 현대사회학에서도 이어져 왔다. 틸리(Charles Tilly)는 시민권 형성이 정치 투쟁, 전쟁 수단에 대한 거래, 유럽에서의 대규모 군대 창설로부터 출발했다고 주장한 바 있다. 영국 사회학자 마셜 (T. H. Marshall)은 1948년 세계인권선언이 공포된 후에 시민권(citizenship rights)이 시민적·정치적·사회적 권리로 발전한 역사적 과정을 설명했다. 그는 법적 권리에 더해 사회적 불평등과 생존권(right to livelihood), 사회적 포용성의 중요성을 주장했다. 권리 담지자를 국가의 권력 남용뿐 아니라 시장 권력으로부터도 위협받는 사회적 존재로 정의하고, 사회적 포용이 부재한 상황이라면 법에 의한 권리 보장이 무의미할 수 있다는 사실을 지적했다. 다른 한편 1980년대 초 하버마스 (Jürgen Habermas)는 권리의 법제화에 대한 역사적 분석을 통해 개인적 권리(자유)와 사회적 권리(평등) 발전에 기초를 놓았다(Deflem & Chicoine, 2010: 107~110; Somers & Roberts, 2008: 395).

둘째, 마르크스는 사회 발전을 성취하는 방법 중 하나로 사회구성원에 의한 사회운동을 제시했다. 그는 계급혁명을 제안했지만, 이후 여러 시각의 사회운동 연구는 현대에 이르기까지 사회학의 중요한 부분을 차지해 왔다. 1970년대 이후 신사회운동 양상에 대한 연구, 1990년대 이후 초국적 사회운동의 새로운 형태에 대한 연구 등, 사회학연구는 사회운동의 이론화를 꾸준히 이어 왔다.

셋째, 이론과 실천을 결합한 마르크스의 사상 이후, 사회학에는 실천을 강조하는 전통이 이어져 왔다. 밀즈(Mills, 1959)는 사회학자들이 사회학적 상상력을 발휘하여 공적 문제들에 관심을 가질 것을 촉구하였다. 그는 《들어라 양키들아》(Listen Yankee: The Revolution in Cuba)와 같은 실천적 저술을 하며 미국 학생운동의 멘토 역할을 한 바 있다. 피터 버거(Berger, 1963)는 사회학자들이 교도소와 같은 사회의 그늘진 곳을 연구할 필요가 있다고 주장하였으며, 그의 인간주의 사회학은

1960~1970년대 사회학계에 중요한 반향을 일으켰다. 이러한 흐름은 한국사회학에도 영향을 미쳐, 1970년대에 이른바 실증주의 대 인간주의 사회학 논쟁이 일어난 바 있다. 그 외에도 불평등과 배제, 사회적 소외와 같은 인간주의 사회학의 여러 주제가 꾸준히 탐구되었다. 굴드너 (Gouldner, 1970)나 하버마스(Habermas, 1971; 1975) 등 비판적 사회학자들은 사회학이 검증의 정확성에 초점을 맞추느라 점점 더 도구적이고 기계적이 되는 경향을 지적했다. 월러스틴(Wallerstein, 1983)은 인간 사회의 본질과 방향을 논의하면서 더 나은 인간의 조건을 만드는 사회구조(arrangement)를 고민한 바 있다.

공공사회학이라는 개념은 1980년대 말에 처음 쓰였다가 2004년 뷰러보이(Michael Burawoy)가 미국사회학회 회장을 맡으면서 확산되었다. 공공사회학은 상아탑 속에 머물지 않고 대중과 소통하며 대중의 문제에 관심을 기울이는 사회학을 일컫는다. 공공사회학자들은 불평등, 인종·젠더·환경 문제, 다문화, 국가폭력, 비국가 행위자의 폭력 등을 연구하여 대중에게 정보를 제공하고 대중이 함께 토론하도록 독려할 뿐만 아니라, 사회학자 스스로 이 문제들을 해결하여 더 나은 사회를 만들기 위해 도전하는 것이 공공사회학이라고 이야기한다(Deflem, 2007). 이러한 규범적·실천적 성격이 강한 공공사회학은 곧 인권사회학과 동일시될 수도 있을 것이다.

사회학의 가치중립적 경향도 점차 유연해졌다. 사회정의(justices)는 사회과학에서 중요한 화두로 떠올랐으며, 그와 관련하여 사회적 배제와 통합, 역량 강화(empowerment) 등이 사회변동의 가치로 적극적으로 논의되기 시작했다. 국제이주가 증대하자 사회통합에 어려움을 겪고 있는 서유럽으로부터 제기된 후 아시아, 한국 사회학까지 확산된 사회의 질(social quality) 연구는 삶의 질(quality of life), 능력접근(capability approach), 평등한 근대화(egalitarian modernization) 등 일련의 가치지향적 사회 이론의 발전 선상에 놓여 있다(Diamond, 2006: 177~181). 이와 더불어 위험사회, 성찰적 근대화 등 현대사회에 대한 가치함유적 논의가 사회학에 확산되고 있다.

넷째, 계층 및 계급과 불평등, 차별, 소수자 관련 연구는 사회학의 가장 중요한 영역 중 하나이다. 성차별, 불평등 관련 젠더 연구가 사회학에서 시작된 사실도 이와 무관하지 않다. 특히 이주민이나 성소수자 등 새로운 사회 문제가 대두되고 사회적 양극화가 심화되면서 불평등은 전 세계 사회학의 가장 중요한 화두로 새롭게 발전하였다.[20]

(2) 사회구조적, 종합적 분석

사회학에는 사회를 개인의 합 이상으로 이해하는 중요한 전통이 있다. 코넬(Connell, 1995)은 사회학의 종합적(holistic) 접근이 자유주의적 개인주의에 기초한 인권 연구를 주저하게 했다고 주장했다(Deflem & Chicoine, 2011: 103~104). 개인으로 환원되지 않는 사회 고유의 특성을 설명하고자 한 전통이 개인 권리를 전제로 한 인권에 거리를 두게 한 것이다(Somers & Roberts, 2008: 386). 그러나 인권이라는 개념은 철학이나 법학, 정치학, 또는 개인 권리에 관한 연구 어느 한 영역만으로는 절대 온전히 파악할 수 없다. 사회학은 여러 학문 분야의 기존 인권

---

20 미국뿐 아니라 전 세계에서 수천 명의 사회학자들이 참여하는 2013년 미국사회학회의 주제가 불평등이었던 것도 이 사실을 보여 준다. 오늘날의 사회 불평등, 불평등의 다양한 형태, 불평등을 초래하는 구조, 불평등을 줄이기 위한 방안 등을 함께 논의했다.

연구를 종합하여 구조화함으로써 인권의 총체적 모습에 접근할 잠재력을 가지고 있다.

또한 이러한 사회학적 접근은 인권개념이 사회적·문화적으로 구성되는 방식, 또는 인권이 구체적인 사회적 조건 속에서 실현되고 증진되는 방식에 대하여 중요한 답을 제공할 수 있다는 점에서도 중요하다. 더불어 인권침해를 일으키는 사회구조적 요인을 분석할 수 있다는 점에서 사회학적 인권 연구는 더욱 중요하다. 법실증주의적 접근법은 인권 연구 대부분을 점유하지만 법률로 집행가능한 권리만을 권리로서 받아들이도록 만든다는 한계가 존재한다. 이는 인권을 좀더 실현 가능하게 만들려는 노력의 일환이지만, 근본적으로는 법적으로 집행가능하지 않는 자연적 권리로서의 인권개념에 반한다. 만약 인권이 법률로서 완전히 집행가능하다면 사람들은 자신의 법적 권리만 주장하면 될 뿐, 굳이 인권에까지 호소할 필요도 없다(프리먼, 2005). 유엔헌장과 세계인권선언으로 출발한 인권의 법제화는 각국에서 벌어지는 인권침해를 국제적 관심사로 부상시켰으며 개별 국가의 주권을 제한하기도 했다. 그러나 인권법 규범과 실제 적용 사이의 괴리는 여전히 크며, 법적 소송으로 특정 문제를 해결하더라도 사회 전반의 인권 상황을 개선하는 일과 직결되지 않는 경우가 많다. 그러므로 법실증주의를 벗어난 사회학적 접근은 인권의 내용을 더 풍부하게 만들고 인권의 지평을 넓힐 수 있다(De Feyter, 2011).

사회학적 접근은 인권이라는 보편적 원칙을 특정한 사회적·정치적 맥락이라는 경험적 상황에 적용하는 데 특히 탁월하다. 예컨대 인권 연구에서 중요한 주제인 인권의 보편성 대 문화적·역사적 특수성 논쟁을 들 수 있다. 이 논쟁은 서구가 제시한 인권의 내용을 다른 지역에도 똑

같이 적용할 수 있는지를 둘러싸고 일어났다. 즉, 각 행위자가 자신이 속한 사회뿐 아니라 다른 사회적 배경도 이해하고, 다양한 타자의 역할을 배우며, 타인을 이해해야 한다는 사회학의 오랜 문제의식과도 맞닿아 있는 것이다(Sjoberg et al., 2001).

이와 관련하여, 시민적·법적·정치적 권리에 비해 낮게 평가받아 온 경제적·사회적·문화적 권리를 중요하게 드러내고 적절히 분석하는 것도 사회학의 역할이다. 최근 유엔을 비롯한 국제사회는 자유권뿐 아니라 빈곤, 건강, 교육, 토착 언어 사용 등을 포함한 사회권이 전반적 인권 증진을 위해 매우 중요하다는 점에 주목하고 있다. 부패, 인신매매, 이주, 국제협력과 개발, 다국적기업 등 사회적 요인이 인권침해나 증진에 미치는 영향을 다룬 연구도 폭발적으로 증가하는 추세다. 이러한 연구들은 법리적 분석만으로는 인권을 충분히 이해할 수 없으며, 사회학·인류학적 통찰 및 분석을 폭넓게 받아들여야 한다는 사실을 국제사회가 인지하기 시작하였음을 보여 준다. [21]

(3) 국가 중심 인권 연구의 탈피: 비국가 행위자의 중요성
인권의 사회학적 연구는 비국가 행위자의 인권 책무성을 분석하는 데에도 중요한 기여할 잠재력이 있다. 현재 국제인권법 영역에서도 비국가

---

[21] 한 가지 예로, 2009년에 인권이사회는 전통적 가치와 보편적 인권개념을 논의하였는데, 국가 간 상이한 입장이 드러났다. 서구적 인권개념이 비서구 지역의 전통적 가치를 폄하하고 훼손한다는 주장과 보편적 인권을 해치는 관행을 개선해야 한다는 입장이 충돌한 것이다. 인권이사회는 민간 전문가로 구성된 자문위원회에게 이 문제를 심층 연구하도록 요청했다. 자문위원회는 이 문제를 이해하기 위해 사회학적 관점이 필요하다고 인식했으며, 사회학자 중심으로 연구를 수행하여 성공적으로 보고서를 작성했다(UN Human Rights Council, 2012).

행위자를 중요한 연구 대상으로 인식하기 시작했지만,[22] 여전히 주요 행위자는 국가이다. 코카콜라와 같은 거대 다국적기업과 국제적십자사, 국제앰네스티 등 엄청난 영향력을 가진 국제NGO, 알카에다나 국제 범죄조직 등 비국가 폭력집단, 여러 나라에 걸쳐 조직을 둔 종교집단 등은 특정 국가에 귀속되지 않는다. 이러한 집단 및 집단에 속한 개인이 인권침해나 증진에 미치는 영향은 점점 더 중요해지고 있다. 그러나 궁극적으로는 국가를 책임의 주체로 보는 기존의 국제인권법 연구는 이들의 행위를 적절히 다룰 수 없다.

1970년대에 이미 사회학은 다국적기업의 해외직접투자 및 국제 노동이주를 연구하기 시작했으며, 사회운동과 운동조직(NGO) 연구도 오래 축적해 왔다. 1980년대 후반부터는 사회운동의 초국화 현상에도 주의를 기울였다. 오늘날 비국가 행위자가 인권에 미치는 영향이 확대되는 만큼, 사회학적 접근은 인권 연구에서 점차 더 중요해질 것이다.

(4) 실증주의적 접근

사회학은 실증주의의 영향을 받아 태동했다. 정치철학과는 거리를 두었기 때문에 초기부터 권리 개념이나 가치판단 문제 등은 연구 대상으로 받아들이지 않는 경향이 있었다(프리먼, 2005). 인권의 법률적, 도덕적 성격은 당시 사회학 연구의 조류와 부합하지 않았다. 따라서 고전 사회학 이론가 대부분은 인권을 연구 대상으로 삼지 않았다. 뒤르켐은 법과 권리를 사회적 사실로 보고 그 사회적 기능에 초점을 맞추었다. 베버도 근대법을 합리화된 체계로 보고 보편적으로 유효한 규범적 기초는

---

22 클래팜(Clapham, 2006), 올스턴(Alston, 2005) 등이 있다.

탐구하지 않았다(Deflem & Chicoine, 2011: 103). 인권이 왜 자연적 권리인지 증명할 수 없다는 점, 보편적 인권이 추상적이라는 점도 사회학이 인권을 다루지 않게 한 이유이다.

대신 사회학자들은 법학 및 전통적 정치 이론의 한계를 극복할 수 있는 경험적 시사점을 사회학을 통해 제공할 수 있다고 여겼다(Cushman, 2012: 1). 이러한 실증주의적 접근은 이후에 인권을 측정가능한 지수로 표현하는 데 중요한 역할을 했다. 이를 통해 광범위한 국가 간 비교연구를 가능하게 하여 세계 인권 증진에도 큰 기여를 했다. 소머스와 로버츠 (Somers & Roberts, 2008: 388)는 사회학이 개념적·철학적 근본주의와 경험적·설명적 실증주의, 그리고 보편적 자연권과 특정한 시민권 간의 관계를 탐색할 수 있다고 이야기한다.

2) 인권사회학 연구의 동향

(1) 1990년대 이후 인권사회학의 발전과 그 배경
1990년대 들어 사회학은 독특한 종합적·이론적 접근 방식 및 실증주의적 엄정성을 통해 인권 연구에 강력하고 새로운 에너지를 공급하기 시작했다. 이론과 실천의 결합이라는 사회학의 또 다른 전통도 영감의 원천이 되어 인권 연구를 새로운 지평으로 확대하고 있다. 인권 연구는 이미 1980년대부터 주요 사회학 저널에 실리기 시작했고, 1990년대에 들어서면서 더욱 많은 주목을 받았다. 2003년 이후에는 미국 주요 사회학 저널에서 '인권'이 주요 용어로 검색되기 시작했다. 지금도 인권 연구와 관련한 학회 발표 및 학회지 출판 논문 수는 꾸준히 증가하는 추세다.

한편 한국의 인권사회학 연구는 법학 및 정치학 등 사회과학과 인권운동에 영향을 받은 사회학자들의 선도로 빠르게 발전했다. 미국사회학회가 2010년에야 인권 섹션을 설립하여 인권 연구를 확대한 데에 비해, 한국사회학회는 2009년에 이미 '글로벌리제이션과 인권'이라는 독립 세션을 만들었다. 한국 사회학이 서구 사회학의 영향을 받아 발전하였다는 사실을 고려하면 흥미로운 사실이다. 영국에서는 2011년, 미국에서는 2013년에 인권핸드북을 출판하여 본격적인 인권 연구의 신호탄을 올렸다(Cushman, 2012; Brunsam et al., 2013).

세계화와 시민운동의 성장을 비롯한 사회적 조건의 변화, 이에 따른 여러 학문 분야에서의 인권 연구 확산은 인권사회학 부흥의 중요한 계기가 되었다. 1990년 들어서 유례없는 규모와 속도, 영향력으로 세계화가 심화하는 가운데, 불평등도 세계적으로 격심해졌다. 근대 민족국가와 밀접하게 연결된 기존의 시민권개념은 이러한 세계적 불평등은 물론 국가 조직의 변화, 정치적 이슈의 세계화, 가족생활의 변화, 의료 기술의 발전 등 국경을 넘나드는 사건 및 현상을 설명할 수 없었다. 이렇게 민족국가 내부에서 해결할 수 없는 문제들을 설명하기 위해 시민권개념이 인권개념으로 확장되었다고 볼 수 있다. 인권의 제도화를 세계화 중에 나타난 일종의 사회화 과정으로 볼 수 있는 것이다(Turner, 1993).

이와 함께 시민사회 및 시민운동의 성장 역시 인권사회학 발전에 기여했다. 세계화와 함께 초국적 사회운동이 새로운 사회운동의 형태로서 확산되었다. 미국에서 노예제 폐지운동과 흑인민권운동으로부터 발전한 인권운동은 여러 영역의 반(反)차별운동으로 확대되었다. 제 3세계 국가들의 민주화운동도 인권운동으로 이어졌다. 한국에서도 1980년대의 민주화운동이 1990년대에는 여성운동, 이주노동자 지원운동, 장애인운동 등 여러 형태의 인권운동으로 발전했다. 인권 사회운동들은 다른 나라의 운동들과 연대하고 네트워크를 확대하였으며, 이제는 대표적인 초국적 사회운동으로 자리 잡았다. 국제NGO의 발전은 그중에서도 특기할 만하다. 가장 오래된 국제NGO인 국제적십자사는 점점 더 영향력을 확대하면서 강제실종 등 국제 차원의 인권 문제 해결에 중요한 역할을 하고 있다. 사회학에서 이러한 초국적 인권운동 및 이를 이끄는 국제NGO들은 중요한 연구 대상으로 떠올랐다. 사회학자들은 초국적 사회운동을 설명하는 새로운 이론들을 제시했고, 여러 사례를 집중 분석하여 연구를 축적하였다.

국제 인권레짐, 인권지표 및 지수의 개발도 인권사회학 발전에 영향을 끼쳤다. 두 차례의 세계대전, 특히 나치의 대량학살을 겪으며 세계는 인권을 증진할 국제기구가 필요하다는 데 동의했다. 그 결과 유엔이 등장한 것이다. 유엔의 주요 헌장기구로서 인권위원회와 인권소위원회가 세워졌고, 곧 이어 자유권규약위원회, 사회권규약위원회 등 조약기구도 설립되었다. 포괄적, 구체적인 인권규범 및 인권 메커니즘이 작동하기 시작한 것이다. 유엔 인권기구는 국제NGO를 비롯한 시민사회가 참여하여 의견을 개진하고 서로 연대하는 포럼이 되었다. 유엔을 중심으로 국제 인권규범이 축적되는 한편, 인권 자체의 국제화도 진행되었다. 다국적기업, 이주, 과거청산, 대량학살 등 개별 국가 내 문제로 축소할 수 없는 인권 이슈도 대두되었다. 이러한 맥락에서 한 국가 내에서 해결할 수 없는 다양한 이슈가 사회학적 분석을 필요로 하였던 것이다.

인권의 계량화 또한 사회학의 인권 연구 기여를 촉진했다. UNDP, 미국 정부 및 국제 인권단체, 학계 등은 여러 가지 인권지표와 지수를 개발하였다. 이에 따라 지표를 통해 각 국가의 인권 수준을 측정하는 일도 가능해졌다. 1970년대에는 미국이 대외원조를 확대하며 인권과 원조의 연계에 주목하고 인권을 측정하기 위한 지표를 개발하기 시작했다. 미국 국무부는 인권연례보고서를 출판하고 국제앰네스티도 전 세계 국가의 인권 상황을 보고서로 출간하기 시작했다. 이어 프리덤하우스(Freedom House) 및 여러 학자는 시민적·정치적 권리를 중심으로 인권지표를 개발하기 위해 노력을 기울였다. 휴매나(Charles Humana)와 같은 학자는 1980년대에 경제적·사회적·문화적 권리 항목을 추가하여 좀더 종합적인 지표를 개발하고자 했다. UNDP는 1990년에 경제적·사회적·문화적 권리를 특화한 지표로 인간개발지수(Human Development Index)를 발표하고, 이어 1995년에는 젠더발전지수, 젠더권능척도, 1997년에는 인간빈곤지수(Human Poverty Index)를 발표했다. 이 밖에도 수많은 국제기구 및 학술기관이 다양한 지표·지수를 개발했으며, 이를 기반으로 계량적인 인권사회학 방법론도 발전하였다.

결론적으로, 인권 상황이 계속 변화하면서 인권 논의에도 중요한 변화가 일어났다. 국제인권법만으로 인권을 실현하기 힘들다는 사실이 자명해진 것이다. 국제 인권규범이 국내 차원에서 실천되는 것이 인권 실현의 핵심인데, 사회마다 국제 규범을 어떻게 다르게 수용 및 실천하는지 설명하기 위해서는 사회학적 연구가 중요해졌다. 한편 사회학에서도 인권은 더 이상 피할 수 없는 주제가 되었다. 인권은 사회정의를 요구하는 사회적 약자가 의존할 수 있는 가장 영향력 있는 사회적 담론으로 자리 잡았으며(Freeman, 2002: 51), 사회학의 주요 연구주제였던 불평등, 여성, 소수집단, 배제 등 사회적 현상 또한 인권개념 없이는 논의하기 힘들어졌다. 사회과학에서 유일하게 처음부터 성평등이라는 가치를 명확한 학문적 지향점으로 천명했던 여성학 또한 성평등 문제를 여성인권으로 이해하기 시작했다.[23] 사회운동 증대와 유엔 및 인권단체의 영향력 강화도 인권사회학 발전을 자극했다. 이렇게 사회학은 더 이상 실증주의와 이론화에 묶여 인권이라는 주제를 등한시할 수 없게 되었다.

(2) 인권의 사회적 구성 연구

사회학이 인권을 연구 대상으로서 주목하면서 가장 중요하게 관심을 기울인 부분은 인권의 사회적 구성(social construction of human rights)이다. 즉, 인권을 주어진 것, 고정된 것으로 보지 않고 구체적인 역사 속 맥락을 통해 분석하려 한다. 모든 사람이 서로 다른 인권개념을 가지고 있음[24]에 주목하여, 한편으로는 유엔을 중심으로 이루어지는 국제 인권규범의 보편주의[25]에 문제를 제기하며, 다른 한편으로는 인권규범이 특정 사회에서 어떻게 법제화되는지 파헤친다. 인권규범을 사회적 사실(social facts)로서 분석하는 것이다(Sjoberg et al., 2001).

인권의 사회적 구성을 분석하는 일이 인권의 보편성을 부정하는 행위

---

23 "Women's Rights are Human Rights"라는 슬로건 아래, 입장이 서로 달랐던 여러 페미니즘 그룹이 한데 모인 사실이 이를 잘 보여 준다.

24 마리-베네딕트 덩부르(Dembour, 2010)는 여러 인권 논의를 고찰한 후 인권의 보편성에 대한 입장을 네 가지로 나누었다. 첫째는 인권을 주어진 것으로 보는 입장(natural scholars), 둘째는 대체로 동의하는 입장(deliberative scholars), 셋째는 인권의 보편성에 대항하는 입장(protest scholars), 마지막은 대화하는 입장(discourse scholars)이다.

25 보편성(universality)과 보편주의(universalism)는 구분해야 한다. 보편성이 특정 개념에 대한 세계적 동의를 구하고 이를 발전시키려는 관점이라 한다면, 보편주의란 세계 차원의 획일성을 성취하기 위해 특수성을 없애려는 시도를 의미한다(Marks & Clapham, 2005).

라고 볼 수는 없다. 우디위스(Woodiwiss, 2005)는 세계인권선언을 비롯한 국제 인권규범이 보편적이라기보다 미국 및 유럽의 가치관을 반영했다는 입장에 동조하는 듯하다. 하지만 사실 이 규범들이 오늘날 국제적 권력 관계에 의해 규정될 수밖에 없다는 사회구성론적 해석을 함으로써, 제3세계가 포함된 국제 인권레짐이 끊임없이 새롭게 생성하는 인권규범이 보편적 원리를 따라 발전한다는 사실에 주목하도록 이끈다. 이뿐 아니라, 우디위스는 인권이 외교 등의 수단으로 이용되는 관행에도 경종을 울린다.

사회학자들은 인권이 서구만의 고유한 창조물이 아니며, 여러 문화권이 다른 형태의 인권개념을 형성해 왔다는 점에 주목한다. 앞서 언급한 우디위스는 서구와는 다른 가부장적 인권개념을 일본의 노동법에서 발견할 수 있다는 연구 결과를 발표한 바 있다(Woodiwiss, 2005). 한상진은 서구와 다른 공동체적 인권개념이 유교에 배태되어 있다고 주장했다(한상진, 1996). 다니엘 벨은 토착 문화로부터 인권개념을 이끌어내는 일이 인권을 확산시키는 효과적인 전략이 될 수 있다고 역설했다(벨, 1996).

이러한 인권의 사회구성론적 분석은 인권침해의 사회구조적 조건을 깊이 분석할 수 있도록 한다. 또 사회마다 다른 인권 실천의 효과성을 더욱 높일 수 있도록 이끈다. 예컨대 고메즈(Gomez, 2003: 85~92)는 비교역사학 연구방법을 사용하여 쿠바, 엘살바도르, 니카라과에서 어떻게 국내적(정권 변동, 내적 위협 등), 국외적(지정학적 변동, 독재 정부에 대한 외부 지원, 외부 위협, 국제 평화활동, 외부의 비판 등) 변수들이 작동하여 인권침해가 벌어졌는지 분석한다. 드 페이터(De Feyter, 2011: 54)는 사회마다 인권규범 실천이 다른 이유를 사회학이 설명할 수 있다고 제안한다. 정진성(2003)은 일본군 위안부 문제를 야기한 사회구조적 요인으로서 전쟁 중 여성인권 침해라는 더 보편적인 사회적 조건과 동아시아의 (반)식민지 상황이라는 특수한 조건이 교차하는 지점에 주목하고, 문제를 해결하는 데에도 마찬가지로 더 광범위한 세계 여성인권운동과 동아시아 과거청산운동이 병행되어야 한다고 분석했다.

(3) 역사적 연구

주목해야 할 인권사회학 연구의 또 다른 큰 흐름은 인권개념 형성 또는 인권 상황 변화를 분석하는 역사적 연구이다. 서구는 이미 인권 역사에 관한 연구를 축적하여 인권 역사를 사회학적으로 이해하고 연구하기 위한 토양을 마련했다. 소머스와 로버츠(Somers & Roberts, 2008), 터너(Turner, 1993)는 시민권과 인권의 발전 과정을 분석했다. 이안 니어리(Neary, 2002)는 한국, 대만, 일본의 인권 상황을 대상으로 비교역사학적 연구를 수행했다. 이 밖에도 우디위스 등 앞서 언급한 많은 연구자들이 특정 시기, 특정 사회의 인권개념 형성을 분석했는데, 이러한 연구는 기존 인권 발전에 관한 역사학 연구의 지평을 넓히고 분석적 시각을 제공했다.

한국 인권사회학 연구에서도 역사사회학적 연구의 비중은 크다. 이정은(2008)은 세밀한 자료 수집 및 분석을 통해 해방 후 권위주의 정부 시기에도 인권의 제도적 기초가 형성되었던 사실을 밝힘으로써 한국에서 인권개념이 본격적으로 형성된 것이 1970년대 이후라고 보는 통상의 관념에 반박했다. 구정우(Koo, 2011)는 국가인권위원회 설립 과정을 분석했다. 정진성 등(정진성 외, 2010)은 근대 이후 한국과 일본에서 인권이 어떻게 역사적으로 전개되었는지 비교분석했다.

(4) 계량적 연구

사회학은 인권을 양화(量化)하여 정확하게 측정하려는 연구를 다양하게 시도하고 있다. 여러 인권 요소를 지표화하는 작업, 세계 여러 나라의 인권 상황을 측정하고 비교분석하는 연구 등이 이와 관련 깊다. 이를 위해 다양한 통계기법이 활용된다. 대규모 인권의식조사로 인권에 대한 개인의 의식과 태도를 분석하는 방법도 발전하고 있다. 사회적 조건과 개인의 특성에 따른 차이 등도 연구 대상이다. 같은 조사를 시차를 두고 시행함으로써 시계열적 변화를 탐색하기도 한다.

이 중에서도 먼저 인권의 범주와 정의(*definition*)에 대한 논의를 주목할 수 있다. 어떤 인권을 어떻게 측정할 것인가, 얼마나 적절한 데이터를 수집할 수 있는가 하는 문제는 계량적 인권 연구에서 중요한 주제이다. 랜드만(Landman, 2004)은 특정 국가의 인권 상황을 인권의 원칙(*principle*), 실제(*practice*) 그리고 정책이라는 세 가지 측면으로 구분하여 측정할 수 있다고 주장했다.

인권개념에 대해 다른 견해가 존재한다는 사실을 감안한다면, 단일한 개념에 근거하여 인권을 측정하는 일은 매우 어렵고도 중요하다. 예컨대 영아사망률이나 기대수명 등 이미 명확히 개념화된 지표도 존재하지만 빈곤, 폭력, 차별 등 나라마다 서로 다른 개념을 가진 주제에 대해서 어떻게 계량 가능한 정의를 내릴 것인가? 이러한 문제는 양적 연구를 수행하는 데에 큰 난관이 아닐 수 없다(Goldstein, 1986).

인권을 계량적으로 연구하는 데에 지표화·지수화 작업이 기초가 되는 것도 이렇게 인권을 정의하는 문제와 관련 있다. 인권사회학자들은 기존의 지표와 지수를 이용하거나 직접 데이터를 수집하여 필요한 정의에 따른 지표와 지수를 만들고, 이를 이용하여 한 국가를 시계열적으로 분석하거나 여러 나라를 비교분석한다. 정확하고 신뢰할 만하며 유효한 데이터, 더욱이 국가 간 비교가 가능한 데이터를 수집하는 일에는 매우 신중하게 주의를 기울여야 한다(Barsh, 1993: 92).

계량적 분석이 인권사회학 발전에 기여한 바는 엄청나다. 특히 세계정체이론 시각에서 양적 분석을 시도한 연구자들은 이론적, 방법론적 치밀함을 달성하여 인권을 미국 주류사회학에 접목하는 데에 결정적 역할을 했다.

계량적 인권 연구는 인권 의식 및 태도 분석 측면에서도 발전하고 있다. 인권을 주제로 한 대부분의 국가별 비교분석과는 달리, 의식조사는 각 개인의 의식 및 태도를 연구함으로써 인권의 다른 측면을 보여 준다. 국가의 인권 상황을 분석한 연구가 객관적 상황을 계량화하는 데에 주목한다면 의식 및 태도 조사는 개인들이 인권을 주관적으로 인식하여 평가하도록 한다. 의식 및 태도 조사는 통계적 기법을 통해 특정 국가의 인권 상황을 시계열적으로 분석하는 데에 사용될 수 있다. 또한 같은 설문을 여러 나라에 시행하면 비교연구도 가능하다. 국가 및 지역 연구와 함께, 개인-지역-국가라는 다차원적 인권 연구가 발전하도록 이끌 수 있는 것이다.

계량적 사회과학 연구에서 이미 전 세계적으로 권위를 인정받아 널리 활용되는 세계가치조사(World Value Survey), 갤럽조사(Gallup International Millennium Survey) 등도 인권 의식 관련 문항을 포함하기 시작했다. 미국 및 유럽에서도 새로운 인권 의식 연구가 계속 이루어져 왔다. 한국에서는 서울대 사회발전연구소 등이 사회변화를 조사하며 인권 의식 관련 문항을 설문에 담았으며, 국가인권위원회도 정기적으로 전국인권의식조사를 실시하기 시작했다.

(5) 규범적 접근

인권 연구에서 주목받는 또 다른 주제는 규범적 접근이다. 쥬디스 블라우(Judith Blau), 데이비드 브런스마(David Brunsma)와 같은 사회학자는 인권을 실현하는 데에 사회학의 역할이 중요하다고 강조한다. 이들은 윤리(ethics)를 사람들 간에, 집단 간에, 공동체 간에, 국가 간에 관계를 맺는 데에 작용하는 원칙(principles)이라고 정의하고, 사회과학이 이러한 윤리를 증진하기에 적합한 지식을 가졌다고 주장한다. 또한 지난 20년간 신자유주의 경제가 발전하여 빈곤과 위험이 확대됨으로써 세계 모든 나라가 인권을 구성하는 근본원칙들에 어느 정도 동의하기 시작했다고 본다. 그 근본원칙은 세계인권선언, 자유권규약 및 사회권규약 등 주요 조약, 그리고 국제노동기구나 유네스코 등 여러 유엔기구의 결의 및 선언에서 확인할 수 있다.

사회학자들은 이러한 인권규범을 증진하는 협력과 연대, 개인의 자유와 자율성, 평화와 화해 등이 윤리적 원칙을 강화하는 유용한 역할을 수행할 수 있다고 주장한다. 이들은 미국 헌법에 인권 관련 내용을 넣어 개정할 것을 주장하기도 한다(Moncada & Blau, 2006: 115∼120).

3) 한국 인권사회학의 형성과 그 배경

한국 사회학계는 일찍부터 인권 연구를 해 왔지만, 명확하게 인권 개념을 사용하여 본격적으로 연구를 시작한 것은 1990년대 후반부터이다. 한상진은 근대성과 성찰에 관한 사회학 이론 연구라는 맥락에서 서구 인권이론을 소개했다(한상진, 1996; 1998). 한편 정진성(1996; 2000; 2003), 조효제(2007; 2008), 정근식·이정은 외(2004) 등 인권운동에 깊이 참여한 학자들은 더 구체적이고 실제적인 상황을 대상으로 한 체계적 인권 연구를 발전시켰다. 1990년대부터 위안부 문제 제기, 광주 민주화항쟁 재평가, 국가인권위원회 설립 등으로 한국 사회의 인권 인식이 폭발적으로 확대하였으므로, 사회학자들의 연구가 다방면으로 발전한 것은 당연한 결과였다.

이와 같이 서구 인권 연구의 영향과 한국 인권 상황의 변화를 배경 삼아 몇몇 학자들이 개별적으로 인권 연구를 개척함으로써 한국 사회학의 인권 연구에 중요한 기초를 놓았다. 그 기초 위에서 인권이 여러 학위 논문의 주제가 되는 등, 2000년대 들어 인권 연구가 발전할 수 있었다. 한국 사회학자들은 인권운동(Kong, 2006), 한국 인권의 역사(이정은, 2008)를 연구한 박사학위 논문을 발표했고, 석사학위 논문도 속속 나왔다. 연구자들은 꾸준히 인권 연구를 축적하고 있으며, 앞으로 더 많은 후속 연구자를 기대할 수 있게 되었다.

이론적·역사적·질적 연구가 대부분이었던 인권 연구가 2000년대 후반부터는 계량적 연구로 새롭게 지평을 넓혔다. 정진성 등(정진성 외, 2010)이 함께 세계 차원의 인권지표를 분석하고, 유엔 조약기구의 권고를 기초로 한국 인권지표를 개발, 분석하였다. 이어 법학자, 교육학자 등과 함께 국민인권조사를 설계, 조사, 분석했다(정진성 외, 2011). 이들은 한국의 인권 상황을 일본과 비교분석하거나, 서울대 사회발전연구소가 주관하는 5개국 공동조사에 인권 관련 문항을 추가하여 국민의 인권 의식을 연구하는 등 여러 가지 연구를 수행하고 있다.

이러한 연구의 성과를 기초로 하여 제도적 발전도 이루었다. 한국사회학회는 2009년부터 인권 섹션을 설립하고 매 대회마다 3~4개의 인권사회학 논문을 발표하고 토론하기 시작했다. 2012년에는 사회학회

산하 분과학회로서 인권사회학회를 설립했다. 인권사회학회에는 위에서 언급한 학자들 외에도 소수자 연구자(박경태), 여성인권에 대한 계량적 연구자(유은혜), 과거청산 문제 연구자(한성훈) 등 여러 연구자들이 함께 참여하여 인권사회학 발전에 기여하고 있다. 2017년에 사회학·정치학·법학·경영학 등 다양한 분야의 연구자와 인권활동가, 인권정책 관련 관료들까지 포함한 더 포괄적인 한국인권학회가 창립되었으며, 법무부 산하 사단법인으로서 〈인권연구〉라는 학술지를 연 2회 출간하는 등 다각적 연구와 출판활동을 펼치고 있다.

2. 인권사회발전론

앞서 언급한 대로 사회학은 사회 발전에 대한 기본적인 믿음에서 출발했다. 이러한 고전사회학의 기조는 1960년대 근대화론(*modernization theory*)으로 이어졌다. 그러나 근대화론은 고전사회학이 성찰했던 사회 갈등 및 소외에 대한 문제의식을 잃어버리고 서구의 경험에 기초한 균형론적 논의에 머물렀다. 제3세계 국가들은 대부분 외세의 침입 때문에 자력으로 균형적 발전 모델을 따르기 어려웠다. 그 결과 세계체제론이나 종속이론 모델이 등장하기도 했으나 마찬가지로 실제 사회 발전을 이끌어내지 못하였고, 1980년대 후반에 이르러서는 사회 발전 논의가 침체에 빠졌다. 1990년대 후반 유럽 학계를 중심으로 사회의 질 모델이 창안되었다. 기본적으로 근대화론의 균형론처럼 안전이나 통합 등 사회의 여러 분면이 서로 영향을 주며 발전한다는 이론으로서, 유럽 중심적 시각에서 경제 발전을 논의에서 제외했으며 국제적 맥락을 고려하지 못했다. 그러나 개인의 역량과 자유를 강조하고 사회정의라는 가치를 발전에 필요한 요소로 설정함으로써 사회발전론의 새로운 가능성을 열었다.

사회의 질 연구자들이 인권이라는 개념을 받아들인 일은 우연이 아니다. 발전과 인권을 결합한 인간개발(*human development*), 아마르티아 센(Amartya Sen)이 제안한 능력접근 등은 사회의 질 연구의 기초가 되었던 것이다. 사회의 질 연구에서 부족한 점을 보완하고 인권에 기초한 발전을 지향하는 새로운 사회발전론의 가능성을 탐색할 필요가 있다.

1) 고전사회학, 근대화론, 사회의 질 연구

사회학은 근대사회와 함께 시작되었다. 자본주의 발전과 민족국가의 형성과 함께 등장한 근대사회의 새로운 모습을 정치학, 경제학, 법학 등 기존 학문이 설명하기 힘든 상황에서 사회학이 탄생했다. 사회학을 창립한 콩트는 사회학을 사회 정학과 동학으로 나누고 사회 구조와 변동의 역학을 설명하고자 했다. 이러한 설명은 기본적으로 사회는 발전한다는 믿음에 기초했으며, 사회 동학은 사회발전론 논의로 이어졌다. 뒤르켐, 베버, 마르크스와 같은 고전사회학자들도 이와 유사하게 사회 발전을 설명하는 데 힘을 기울였다.[26]

사회발전론은 제2차 세계대전 이후 및 1960년대에 독립한 식민지들이 국가를 수립(*state-building*)하던 시기에 크게 부흥했다. 이때 사회발

---

26 콩트는 신학적, 형이상학적, 실증적 단계를 제시하였다. 뒤르켐은 기계적, 유기적 연대의 사회, 마르크스는 아시아적, 고대적, 봉건적, 근대 자본주의적 생산 양식, 베버는 합리화 개념을 통해 사회 발전을 설명하였다.

전론의 주류가 된 근대화론은 서구 국가들이 겪은 근대화라는 경험을 일반화하여 사회의 여러 부분이 서로 긴밀하게 관계를 확대하면서 점진적으로 진보한다고 주장했다. 근대화론은 사회학뿐 아니라, 정치학, 경제학 등 여러 사회과학 분야로 퍼져 사회 발전을 설명하는 틀로서 각광을 받았다(So, 1990: 23~52).

그러나 경제, 정치, 사회, 문화 등 각 영역이 균형과 조화를 이루며 발전한다는 근대화론은 정작 사회 발전에 어려움을 겪는 저발전국의 상황을 제대로 설명할 수 없었다. 더욱이 세계 모든 나라가 서구와 유사한 과정을 겪으며 발전하면서 비슷한 형태의 사회로 변화한다는 수렴론은 비서구 지역의 전통과 다양성을 무시한 서구 중심주의라는 비판을 피할 수 없었다. 무엇보다도 근대화론의 제안을 따랐던 개발도상국들이 사회 발전에 실패하자 근대화론은 맹렬한 비난을 받았다.[27] 이에 근대화에 여러 갈래의 길이 존재한다거나, 사회 여러 요소가 균형을 이루어도 외부의 영향으로 인해 일시적으로 문화나 기술의 발전 속도에 차이가 생겨 지체현상이 일어날 수 있다는 주장 등 여러 종류의 수정근대화론이 등장했다. 그중에서도 선두주자 벌금론(Veblen), 또는 후발산업효과론(Gerschenkron) 등은 독일, 일본 등 후발주자의 급격한 성장을 설명하는 데에 효과적이었다. 이 이론들은 뒤늦게 발전한 국가가 학습효과 또는 정부의 주도적 역할에 힘입어 발전 기간을 단축할 수 있다고 설명하였는데, 이후 한국이나 싱가포르 등 '후후(後後) 발국'의 발전을 설명하는 데에도 활용되었다.

---

27 이론적 논쟁은 종종 이데올로기적 논쟁으로 비화했다. 근대화론과 근대화론의 대안으로 등장한 종속이론 간의 대립은 이데올로기적 양극화를 뚜렷이 보여 주었다(So, 1990: 11~12).

사회 발전에 대한 믿음은 공유하면서도 근대화론과 달리 국가 간 불평등에 주목한 비교역사연구, 세계체제론과 종속이론 등도 등장했다. 무어(Berrington Moore)나 스카치폴(Theda Skocpol), 앤더슨(Perry Anderson) 등은 비교역사연구를 통해 서구 근대화 자체도 여러 갈래로 나타났으며, 시장 및 계급관계의 유형에 따라 서로 다른 형태의 근대국가가 출현했다고 주장했다.

한편 월러스틴의 세계체제론은 세계 전체가 하나의 유기적 관계를 가진 체계이며 국가의 발전 수준을 개별 국가 단위로는 이해할 수 없다고 주장한다. 중심부의 국가는 세계체제에 의해 성장하는 반면, 주변부 국가는 국제 구조로 인해 성장이 가로막힌다는 것이다. 이후 지나치게 단순한 모델을 수정하여 중심부 - 반주변부(semi periphery) - 주변부라는 틀을 제안하기도 했지만, 세계체제론은 국가 발전을 설명하는 치밀한 이론이라 하기는 힘들었다.

1960년대 들어서며 남미 학계를 중심으로 여러 학자들이 근대화론의 한계에 주목하였다. 이들은 국가가 발전에 실패하는 요인이 선진산업국과의 불균등한 관계 때문이라고 설명하는 종속이론을 주창했다. 종속이론은 왜 제3세계가 근대화론이 제시한 발전의 길을 갈 수 없는지 보여 주는 역사적 설명으로서 큰 지지를 받았지만, 발전을 설명하는 보편적 이론으로서는 한계가 명백했다. 종속이론 연구자들이 제3세계의 발전을 위해 제시한 방안인 제3세계와 선진국의 절연, 제3세계 간 동맹 등도 현실성이 떨어졌기에 오히려 종속이론의 설득력을 약화했다.

1980년대 초에 이르자 사회 발전 연구 및 이론화는 지지부진했고, 이러한 상황은 1990년대 중반에 이르도록 크게 나아지지 않았다(Booth, 1994: 3). 신제도주의, 탈근대이론, 신성장이론, 능력접근방법 등 새로운 이론적 시도도 있었으나(임현진, 2006: 4) 그다지 성공적이지 않았다. 그럼에도 기든스, 울리히 벡 등이 발전시킨 성찰적 근대화론, 김경동 등의 신근대화론 등은 근대화론에 기초하면서 새로운 발전의 방향을 제시한 것으로 주목받았다. 한편 세계화론은 신자유주의적 발전을 둘러싼 우려와 기대를 분석하는 중요한 사회변동론으로서, 여러 학문 분야에서 관련 논의가 확대되고 있다.

사회의 질 연구는 1990년대 말 서유럽 국가들이 사회통합 문제에 주목하면서 시작됐다. 서로 이질적인 나라들이 모인 유럽연합에서 이민자가 증가하며 심각한 사회통합 문제가 떠오르자 이에 대응할 이론틀로서 등장한 것이다. 사회의 질 연구는 개인의 행복을 측정하는 삶의 질 연구와는 달리 사회구조적이고 이론적인 모델을 제시한다. 이 이론은 경제 성장을 별도 변수, 즉 이론이 다루는 변수 외의 조건으로 전제하고 있어서, 결국 경제 발전이 가장 먼저 필요한 저개발국 입장에서는 즉각 활용할 수 없다. 이는 사회발전론으로서의 사회의 질 연구가 지닌 가장 큰 단점이다.[28] 그럼에도 불구하고 경제적·정치적 발전을 넘어서서 사회적 통합과 포용의 측면을 강조한 사회의 질 연구는 고전사회학의 문제의식이었던 사회적인 것(*the social*)을 복원하였다. 더욱이 객관성을 지향하는 기존 사회과학이 받아들이기 주저하던 사회정의라는 가치를 이론에 포함한 점(Phillips & Berman, 2001: 136)에서도 주목할 만하다. 사회의 질 연구의 접근 방식은 사회 - 경제적 안전(*socio-economic security*), 사회적 통합(*social cohesion*), 역능성/자율성(*empowerment/*

---

28 사회의 질에 관한 서울대 사회학과 대학원 수업에서 한 중국인 유학생은 경제 개념도 없는 이 이론을 중국의 발전에 어떻게 적용할 것인지 지적하기도 했다.

〈그림 10-1〉 사회의 질 연구의 개념 및 분석틀

```
                        거시

        ① 사회-경제적 안전          ② 사회적 통합

제도, 조직 ─────────────────────────── 공동체,
                                          집단, 시민

        ④ 사회적 포용              ③ 역능성 / 자율성

                        미시
```

autonomy) 그리고 사회적 포용(social inclusion)을 핵심개념으로 제시했다. 이 네 개념은 세로축으로는 거시 - 미시, 가로축으로는 제도·조직 - 공동체·집단·시민으로 구분되는 〈그림 10-1〉과 같은 사회의 질 사분면을 통해 분석틀로서 사용된다(Beck et. al. , 2001).

2) 새로운 사회발전론으로서 인권사회론의 가능성

사회의 질 연구는 근대화론과 종속이론을 넘어서 사회 발전을 이론화하려 시도했다. 하지만 빈곤과 질병, 낮은 교육 수준의 덫에 갇힌 제 3세계의 발전 가능성은 제시하지 못했다.

인권에 기초해 사회 발전을 설명하려는 여러 시도들은 새로운 가능성을 제시하고 있다. 첫째, 인권 존중이라는 사회 발전 목표를 명확히 지향한다. 발전이라는 가치를 추구한다는 점에서 근대화론, 종속이론, 사회의 질 연구 등 사회발전론과 같은 방향을 향해 서 있지만, 인권사회론은 인권이라는 더 근본적이고 포괄적인 가치를 추구한다는 점에서 구별된다. 둘째, 이때 인권이란 시민적·정치적 권리뿐 아니라 경제적·

사회적·문화적 권리까지 포함하므로 사회의 질 연구와는 달리 빈곤 타파의 중요성도 강조한다. 셋째, 이전의 사회발전론과 마찬가지로 국가를 사회 발전의 기본 단위로 두지만, 세계가 하나의 체계이며 체계 내각 요소는 상호 긴밀히 영향을 주고받는다는 전제를 다른 어떤 발전론보다 분명히 한다. 넷째, 그러므로 국제협력은 인권사회발전론의 핵심개념이다. 국제협력은 단순한 경제적 원조를 의미하지 않으며, 발전동기·동력·방법 등을 전수하고 훈련을 돕는 활동도 포함한다.

인권을 핵심 요소로 한 사회 발전의 목표 및 방안은 여러 갈래로 발전하며 논의되는데, 이를 사회의 질 연구의 개념틀에 유의하며 다음 몇 개의 그룹으로 나눌 수 있다. 첫째는 인간안보와 사회보장에 대한 인권적접근, 둘째는 소수자 포용과 기업의 책임이다. 셋째, 자유와 역량의 증대, 넷째는 빈곤 타파와 개발협력이다. 사회의 질 연구의 네 요소에 빈곤 타파가 추가되었다. 사회의 질 이론에서 미시-거시 축과 제도·조직-공동체·시민 축이 각 요소를 구분한 데 비해, 인권사회발전론에서는이 축을 이루는 수준들이 각 요소 내에 모두 포함된다. 즉 인간안보와사회보장, 포용성, 자유와 역량 및 빈곤 타파는 개인과 사회, 세계 모든수준에서 상호연대를 통해 실현될 목표인 것이다. 인권 논의에서 발전한 이론들을 각 요소를 중심으로 더 살펴보자.

(1) 인간안보와 사회보장에 대한 인권적 접근
인간안보 모델은 무력 중심의 고전적 안보 개념에 더해 그 사회 안에 사는 개인의 실질적 안전을 고려한 접근이다. 아무리 국가 외부의 적으로부터 안전하다 해도 개인이 밤중에 자유롭게 길을 걸을 수 없다면, 또는내일을 보장할 수 없는 생활 때문에 불안함을 느낀다면 이러한 상황을 안보가 달성되었다 할 수 없을 것이다. 궁핍으로부터의 자유, 공포로부터의 자유(*freedom from want*, *freedom from fear*)는 인간안보의 기본 출발점이다. 국가 발전의 주요 측면인 안보에 사회 및 개인을 연결한 인권사회발전론의 한 형태라 평가할 수 있다.[29]

인간안보 모델이 논의되기 이전부터 유엔 인권기구들은 사회보장을 인권 측면에서 이해하려 시도해 왔다. 1952년에 국제노동기구는 '사회보장의 최저기준에 관한 협약'을 채택하였다. 2009년, 유엔의 '2015년 이후 발전 어젠다 팀'은 2007~2008년 세계금융위기 당시 사회보장서비스가 축소되자 서민들이 큰 타격을 입었지만, 사회보장제도가 확충된 사회에서는 고통이 훨씬 완화되었다고 보고했다. 같은 해에 유엔기구들이 공동으로 사회보장 최저선 확보계획(Social Protection Floor Initiatives)을 발족했는데, 여기에서 사회보장에 대한 권리가 세계인권선언 등이 보장한 보편적 인권임을 명시했다(UN System Task Team on the Post-2015 UN Development Agenda, 2012).

(2) 사회적 포용: 소수자의 권리와 기업의 책임

세계화의 인권적 측면을 본격적으로 연구하면서, 유엔 인권소위원회는 비시민(*non-citizen*)의 권리에 주목한 연구도 수행했다(UN Sub-Commission on the Promotion and Protection of Human Rights, 2000). 이주노동자(불법체류자 포함)나 난민 등 국제이주가 크게 늘어나자 시민 중심으로 규정되었던 기존 권리의 주체를 시민이 아닌 사람들에게까지 넓

---

[29] 더 자세한 내용은 유엔 인간안보 신탁기금(UN Trust Fund for Human Security, 2009)을 참고하라.

혀야 한다는 문제의식을 갖게 된 것이었다. 이 연구는 단행본으로도 출간되었는데(Weissbrodt, 2008), 사회학이 일찍부터 발전시켜 온 시민사회론의 새로운 지평을 보여 주었다. 이 밖에도 성적 소수자, 선주민 등 여러 소수집단의 권리를 인권 중심으로 논의한 연구들은 사회적 포용성에 대한 이해를 크게 확대했다.

또 다른 맥락의 사회적 포용성 관련 연구로서 기업의 사회적 책임 논의를 들 수 있다. 기업의 사회적 책임은 다양한 학문 분야에서 다루어지지만, 인권에 기초한 기업의 책임 문제는 유엔 인권소위원회에서 가장 앞서 다루었다. 특히 다국적기업의 인권 보호책임에 초점을 둔 실무그룹을 구성하고 기업이 지켜야 할 규범을 인권위원회에 제안했다. 정부간 기구인 인권위원회는 이 제안을 거부하였지만, 대신 존 러기(John Ruggie)를 유엔 사무총장 특별대표로 선출했다. 그는 2011년에 기업과 인권에 대한 이행원칙(UNGP)을 발표했다(A/HRC/17/31). 현재 유엔은 기업과 인권 포럼을 매년 여는데, 이 포럼은 전 세계에 기업의 인권 책무성을 확산하는 주요 통로이다.

(3) 자유와 역량의 증대
① 능력접근: 센의 능력접근은 사회의 질 연구에 큰 영향을 주었다. 그러나 센은 개인과 사회의 연결 및 사회정의를 주장하는 데에서 더 나아가 발전 과정 자체에 중점을 둔다는 점에서 사회의 질 접근법과 차별화된다.

첫째, 사회발전이론으로서 센의 능력접근은 사회의 발전과 개인의 발전을 더 명확하게 연결했다. 그는 개인의 능력이 사회적으로 결정되는 지점을 "사회에 의존하는 개인의 능력"(socially dependent individual capabilities)이라고 표현했다(Sen, 2002: 85).

둘째, 센에 의하면 자유는 정치적 참여 및 민주주의의 목적이자 발전 방안이다. 센은 "사회 변동은 그 변동의 결과로 사람들의 삶이 얼마나 풍요해졌는지에 따라 평가해야 한다"는 관점에서 능력접근이 출발한다고 말한다. 그는 삶의 풍요란 여러 가능성 중에서 선택할 자유(즉, 능력)라고 이야기하며, 발전은 '더 자유롭고 가치 있는 삶을 영위할 수 있는 인간 능력의 확장'이라고 정의한다. 자유의 가치를 강조하는 능력접근의 관점이 비판적 발전이론(critical development theory)의 통찰과 유사하다는 평가도 있다. 즉, 능력접근이 인간 행위와 국가 발전을 폭넓고 깊이 있게 통찰하므로 인간성(humanity) 전체에 매우 큰 적합성을 지닌다는 것이다(Phillips, 2008: 43~46). 로베인스(Robeyns, 2006: 371)는 센이 경제학에 사회학적 사고를 도입했고, 철학적 기초를 강조했으며, 이론과 실천을 통합했다고 평가했다.

셋째, 센의 능력접근은 발전 과정에 대한 통찰이다. 사회의 질 접근법은 경제적·정치적 측면에서 이미 어느 정도 수준에 이른 선진국에서 개인이 누리는 행복과 사회 통합을 추구하지만, 사회 발전은 그러한 문제를 넘어서서 경제적·정치적 발전 그 자체를 총체적으로 포괄해야 한다는 것이다. 발전이란 개인이 향유하는 실질적 자유를 확장하는 과정인데, 여기서 과정이란 경제지표 상승, 개인소득 증가, 사회적·경제적 제도 확충, 정치적 권리 및 시민권 확대로 설명할 수 있다. 센은 실질적 자유의 결핍이 경제적 빈곤과 직접적으로 관련 있다는 점과 권위주의 정권이 실질적 자유를 침해한다는 점을 지적한다. 이어 그는 공정한 분배를 위한 제도까지 논의한다(Sen, 2002).

개인의 자유를 침해하는 빈곤 및 민주주의 결핍은 인권 담론의 주요 의제이다. 따라서 센의 능력접근은 인권과 발전을 연결한 인간개발의 주요 기반이 되었다. 센이 직접 인간개발보고서 작성에 참가하기도 했다. 능력접근은 제 3세계의 발전을 설명하기 위한 이론적 기초가 될 뿐만 아니라, 경제 발전 및 정치 발전을 넘어서는 인간의 역능화(*empowerment*)에 주목한다는 점에서 선진국의 사회 발전을 설명할 틀로서도 유용하다. 그러나 세계은행 수석위원이었던 센이 발전을 국제비교적 관점에서 다루는 데에 그치고, 국제협력을 주요 발전 방안으로써 적극 분석하지 않은 점은 중대한 단점이라 할 것이다.

② 인간개발접근: 인간개발은 인간 역량을 강화하는 과정으로 정의된다. 서로 다른 경로를 통해 별개로 발전해 온 인권과 개발, 두 개념을 1989년에 UNDP가 연결하면서 새로 만든 개념이다. 사회와 개인의 발전이 함께 성취될 때 비로소 진정한 발전이라 할 수 있다는 인식에서 출발한다. 1986년 발전권선언도 사회와 개인의 발전을 함께 중시해야 한다고 전제함으로써 인간개발 개념에 영향을 미쳤다고 볼 수 있다.

인간개발은 국가의 경제 성장이 개인의 선택 확대를 반드시 수반한다는 기존 믿음을 비판한다. 오히려 각 개인이야말로 국부(國富)의 진정한 원천이며, 인간개발의 핵심은 사람들이 자신의 욕구와 이해를 따라 창의적이고 생산적인 삶을 살아갈 기회 및 능력을 확대하는 일이다. 발전은 사람들이 삶을 가치 있게 만든다고 여기는 선택의 가능성을 더 넓히는 데에 초점을 맞춰야 하며, 지속가능한 인간개발을 위한 능력을 강화하는 것이 그 핵심이다. [30]

---

30 자세한 내용은 UNDP 웹페이지를 참고하라(http://www. undp. org. bz/human-development/what-is-human-development).

UNDP는 인간개발의 요소를 건강하고 긴 생애, 교육, 존엄을 유지할 수 있는 물적 기반, 자신이 속한 사회에 영향을 미칠 수 있는 결정에 참여하는 행위 등으로 정의하고,[31] 인간개발이 고려해야 할 주요 요소를 평등, 역능화, 협력(참여), 지속가능성, 안전, 생산성으로 보았다. 이러한 요소를 제고하기 위해 국가 및 지역은 개인과 사회의 능력을 향상할 경제적·사회적·정치적·문화적 환경을 점차적으로 만들어 낼 발전 전략을 주도해야 한다.

(4) 빈곤의 극복과 개발협력

대표적인 3세대 인권으로서 일찍부터 정리된 발전권은 개인과 사회의 발전을 권리로 파악하고, 국제협력을 주요 해법으로 제시했다. 최근 저개발국의 빈곤을 인권 문제로 파악하고 이것을 세계사회가 져야 할 책임으로 보는 규범적 접근인 '인권에 기초한 발전론'(*human rights based approach to development*)이 점차 영향력을 넓히고 있다. 능력접근 등의 발전론은 빈곤 상태에서 인간이 능력과 자유를 향유할 수 없음을 보여 주었다. 인권에 기초한 발전론은 여기서 더 나아가 빈곤을 인권이 부정당하는 상황으로 규정함으로써 빈곤 타파의 원칙과 방안을 논의하려는 개념틀로서 성장해 온 것이다.

유엔 인권위원회(현 인권이사회)와 인권소위원회(현 인권이사회 자문위원회)는 인권 증진을 위해 해결해야 할 가장 심각한 문제로서 빈곤 타파를 꾸준히 지적해 왔다. 2001년 인권위원회는 극심한 빈곤을 타개할

---

31 UNDP는 매년 발간하는 보고서에서 기대수명, 평균교육연수, 기대교육연수(*expected years of schooling*), 일인당 GNI를 고려하여 나라별 인간개발지수를 산출한다.

방법을 찾도록 인권소위원회에 지시했다. 인권소위원회는 2007년에 '지침 - 극심한 빈곤과 인권: 가난한 사람들의 권리'(Draft Guiding Principles - Extreme Poverty and Human Right: The Right of the Poor) 라는 제목의 보고서를 제출했다. 이후 수많은 논의를 거쳐 2012년 인권이사회는 '극심한 빈곤과 인권 지침'(The Guiding Principles of Extreme Poverty and Human Right) 이라는 제목으로 최종안을 발표했다. 그해에 유엔총회는 이 최종안을 '극심한 빈곤과 인권에 관한 결의'(A/RES/67/164, para. 17) 라는 이름으로 채택하고 각 국가들이 이 지침에 따라 빈곤극복에 힘쓰도록 독려했다.[32] 이 지침은 빈곤 타파를 위한 인권적 규범틀로서 인권의 불가분성과 상호의존성, 자율성, 참여와 역능화, 책무성 등을 제시했다.[33] 유엔의 새천년발전목표(MDGs) 와 지속가능발전목표(SDGs) 의 핵심 또한 성장 중심 개발에서 좀더 인간 중심적인 개발 및 빈곤 타파로의 전환이었다(한센 외, 2010: 93).

인권에 기초한 발전론이란 모든 발전 과정 및 그와 관련된 활동이 인권 기준을 준수하는 방식으로 수행되어야 함을 의미한다(센굽타, 2010: 57). 이러한 논의는 능력접근 및 인간개발 논의와 같은 선상에 있다. 하지만 능력접근이나 인간개발이 개인의 능력 향상에 초점을 맞춘 데 비해, 인권에 기초한 발전론은 발전이 추구하는 중요 목표 중 하나로 인권실현을 명확히 제시한다. 따라서 개인의 역량 및 자유를 보장할 국가 및

---

[32] 더 자세한 내용은 유엔인권최고대표사무소 웹페이지를 참고하라(https://www.ohchr. org/en/issues/poverty/pages/dgpintroduction. aspx).

[33] 더 자세한 내용은 유엔인권최고대표사무소 웹페이지를 참고하라(https://www.ohchr. org/Documents/Publications/OHCHR_ExtremePovertyandHuman Right_EN. PDF

다른 행위자의 책무를 강조하며, 참여와 세력화 등을 포함한 발전 과정 (개발 절차)에 주목한다(한센 외, 2010: 95~96).

(5) 인권사회발전론으로의 통합

이렇게 주요 요소들과 관련하여 발전한 인권 논의를 인권사회발전론이라는 하나의 이론 아래 통합할 수 있을 것이다. 사회의 질 이론틀을 그 토대로 활용할 수 있다.

이상 논의를 사회의 질 연구의 틀에 맞추어 〈그림 10-2〉처럼 정리할 수 있다. 즉, 사회의 질 연구의 2, 4분면인 사회적 포용과 사회적 통합을 하나로 묶어 다양한 소수자 논의와 초국적기업의 사회적 책임 문제를 함께 다루고, 대신 빈곤을 포함한 저개발 논의를 포함시키는 것이다. 논의는 모두 개인과 집단의 권리에 기초한 것이며, 국가 및 기업의 책임과 국제협력이 주요 해결 방안이다.

이제 이 여러 분면의 발전들을 더욱 치밀하게 개념화하고 더 나아가 지표화하여 체계적 비교분석이 가능한 이론으로 발전시킬 과제가 남아 있다.

〈그림 10-2〉 인권사회발전론의 개념틀

① 인간안보와 사회보장	② 사회적 포용성: 소수자의 권리와 기업의 책임
④ 빈곤 타파와 개발협력	③ 자유와 역량의 증대

참고문헌

책을 시작하며

Freedman, R. (2015). *Failing to Protect: The UN and the Politicization of Human Rights*. New York. Oxford University Press.

Habibi, D. A. (2007). "Human Rights and Politicized Human Rights: A Utilitarian Critique". *Journal of Human Rights*, 6(1).

제1장

공석기(2009). "1990년대 이후 한국 인권개선의 조건 그리고 한계". 《2009 국제사회학대회 자료집》. 한국사회학회.

마크스, 스티븐·안드레아센, 보르(2010). "서론". 스티븐 마크스·보르 안드레아센(편), 양영미·김신(역), 《인권을 생각하는 개발 지침서》. 후마니타스.

바삭, 카렐(1986). "인권, 그 법적 상황". 카렐 바삭(편), 박홍규(역), 《인권론》. 실천문학사.

박찬운(1999). 《국제인권법》. 한울아카데미.

반보벤, 테오돌(1986). "인권의 분류 기준". 카렐 바삭(편), 박홍규(역), 《인권론》. 실천문학사.

법무부(1969). 《인권연보》. 법무부.

벨, 다니엘(1996). "서구적 인권체제에 대한 동아시아의 도전". 〈계간 사상〉, 31: 46~56.

센굽타, 아준(2010). "개발권의 정의와 실천". 스티븐 마크스·보르 안드레아센(편), 양영미·김신(역), 《인권을 생각하는 개발 지침서》. 후마니타스.

스기하라 야스오(1995). 석인선(역), 《인권의 역사》. 한울.

스자보, 임르(1986). "인권의 역사적 기초와 그 전개". 카렐 바삭(편), 박홍규(역), 《인권론》. 실천문학사.

오트만, 노라니(1996). "이슬람 문화와 여성의 시민권: 비서구문화에서 본 인권 논쟁". 〈계간 사상〉, 31: 186~196.

이원웅(1998). "인권의 보편성과 아시아적 가치논쟁". 《제 1회 앰네스티 이 누건캠프 자료집》.

정진성(2000). "인권의 보편성과 특수성". 한국인권재단(편), 《21세기의 인 권》. 한길사.

_____(2003). "전시하 여성침해의 보편성과 역사적 특수성". 〈한국여성 학〉, 10(2): 39~61.

_____(2004). "일본군위안부문제해결을 위한 운동". 정진성(편), 《한국현 대여성사》. 한울아카데미.

_____(2015). "인권과 사회발전". 이재열 외, 《한국 사회의 질: 이론에서 적용까지》. 한울.

정진성 외(2010). 《인권으로 읽는 동아시아: 한국과 일본의 인권개선조건》. 서울대학교출판문화원.

정진성 외(2014). "한국인의 인권인식과 태도, 2005~2011년". 〈사회와 이 론〉, 24: 401~445.

조효제(2007). 《인권의 문법》. 후마니타스.

카타슈킨, 블라디미르(1986). "경제적, 사회적 및 문화적 권리". 카렐 바삭 (편), 박홍규(역), 《인권론》. 실천문학사.

테일러, 찰스(1996). "인권에 대한 비강제적 합의의 조건". 〈계간 사상〉, 31: 57~74.

한상진(1996). "인권논의에서 왜 동아시아가 중요한가?". 〈계간 사상〉, 31: 11~27.

_____(1998). 《현대사회와 인권》. 나남출판.

Adamantia, P. (1989). "Development, Growth and Human Rights: The Case of Turkey". D. P. Forsythe(ed.), *Human Rights and Development*. St. Martin Press.

An-Na'im, A. A. (1990). "Islam, Islamic Law and the Dilemma for Cultural Legitimacy for Universal Human Rights". C. E. Welch & V. A. Leary(eds.), *Asian Perspectives on Human Rights*. Westview Press.

Ali, S. S. (2000). *Gender and Human Rights in Islam and International Law: Equal Before Allah, Unequal Before Man*. Kluwer Law International.

Cingranelli, D. L. & Pasquarello. T. E. (1985). "Human Rights Practices and the Distribution of U. S. Foreign Aid to Latin American Countries". *American Journal of Political Science*, 29: 539~563.

Cole, W. M. (2005). "Sovereignty Relinquished? Explaining Commitment to the International Human Rights Covenants, 1966~1999". *American Sociological Review*, 70: 472~495.

Donnelly, J. (1989). *Universal Human Rights in Theory and Practice*, first edition. Ithaca, NY: Cornell University Press.

_____(1990). "Traditional Values and Universal Human Rights: Caste in India". C. E. Welch & V. A. Leary(eds.), *Asian Perspectives on Human Rights*. Westview Press.

_____(2003). *Universal Human Rights in Theory and Practice*, second edition. Cornell University Press.

Elliott, M. (2007). "Human Rights and the Triumph of the Individual in World Culture". *Cultural Sociology*, 1: 343~363.

Hafner-Burton, E. & Tsutsui, K. (2005). "Human Rights in a Globalizing World: The Paradox of Empty Promises". *American Journal of Sociology*, 110(5): 1373~1411.

Hass, M. (1994). *Improving Human Rights*. London: Praeger.

Hathaway, O. A. (2007). "Why Do Countries Commit to Human Rights Treaties?". *Journal of Conflict Resolution*, 51: 588~621.

Keck, M. & Sikkink, K. (1998a). *Activists Beyond Borders - Advocacy Networks in International Politics*. Cornell University Press.

Kong, S. (2006). "Transnational Mobilization to Empower Local Activism: A Comparison of the Korean Human Rights and Environmental Movements". Harvard University.

Koo, J. & Ramirez, F. O. (2009). "National Incorporation of Global Human Rights: Worldwide Expansion of National Human RightsInstitutions, 1966~2004". *Social Forces*, 87: 1321~1354.

Koufa, K. K. (2006). "The UN, Human Rights and Counter-terrorism". Giuseppe N. (ed.), *International Cooperation in Counter-terrorism: The United States and Regional Organization in the Fight Against Terrorism*. Ashgate.

Landman, T. (2004). "Measuring Human Rights: Principle, Practice, and Policy". *Human Rights Quarterly*, 26: 906~931.

_____ (2006). Studying Human Rights. London and New York: Routledge.

Marks, S. & Clapham, A. (2005). "Universality". *International Human Rights Lexicon*. Oxford.

Meyer, J. W., Bromley, P. & Ramirez, F. O. (2010). "Human Rights in Social Science Textbooks: Cross-national Trends and Analyses, 1975~2006". *Sociology of Education*, 83 (2): 111~134.

Saksena, K. P. (1989). "Foreword: Human Rights and Development - An Asian Perspective". D. P. Forsythe (ed.), *Human Rights and Development*. St. Martin Press.

Shin, G. (2006). *Ethnic Nationalism in Korea: Genealogy, Politics, and Legacy*. Stanford University Press.

Skaar, E. (1999). "Truth Commissions, Trials: Or Nothing? Policy Options in Democratic Transitions". *Third World Quarterly*, 20: 1109~1128.

Suarez, D. F., Ramirez, F. O. & Koo, J. (2009). "Globalization and the Diffusion of Innovations in Education: The Case of UNESCO Associated Schools". *Sociology of Education*, 83: 197~216.

Tsutsui, K. & Wotipka, C. M. (2004). "Global Civil Society and the International Human Rights Movement: Citizen Participation in Human Rights International Nongovernmental Organizations". *Social Forces*, 82: 587~620.

제 2장

공석기 (2007). "지구민주주의와 초국적 사회운동". 〈한국사회과학〉, 29: 137~165.

_____ (2012). "국제규범의 사회화와 INGO의 역할". 〈다문화사회연구〉, 5 (2): 15~41.

공석기·임현진 (2006). "지구시민사회의 작동원리와 한국 사회운동의 초국적 동원전략". 〈한국사회학〉, 40 (2): 1~36.

_____ (2010). "세계사회포럼과 한국사회운동". 〈국제정치논총〉, 50 (1): 341~372.

박재영 (2001). 《유엔회의의 이해》. 법문사.

백태웅 (2017). 《아시아 인권공동체를 찾아서: 지역 인권체제의 발전과 전망》. 창비.

백, 울리히 (1997). 홍성태 (역), 《위험사회: 새로운 근대 (성) 을 향하여》. 새물결.

윤성이 (2008). "온라인 사회운동의 가능성과 한계: 초국적 사회운동을 중심으로". 〈인문사회과학연구〉, 18: 341~372.

정진성 (2001). 《현대일본의 사회운동론》. 나남.

정진성 외 (2010). 《인권으로 읽는 동아시아: 한국과 일본의 인권개선조건》. 서울대학교출판문화원.

주성수·서영진 (2000). 《UN, NGO, 글로벌 시민사회》. 한양대학교 출판부.

홍일표 (2004). "사회운동론의 흐름과 현재적 쟁점: 구조주의적 접근과 문화주의적 접근의 대립을 넘어". 서울대 사회학과 필드스테이트먼트.

황필규 (2002). "UN인권체제에서의 NGO의 법적 지위와 역할". 국민대 법학과 석사논문.

Beck, U. (1992). *Risk Society*. SAGE Publications.

Chinkin, C. (1998). "The Role of Non-Governmental Organizations in Standard Setting, Monitoring and Implementation of Human Rights". J. Norton, M. Andenas & M. Footer (eds.), *The Changing World of International Law in the Twenty-First Century*. The Hague: Kluwer Law International.

Giddens, A. (1991). *The Consequences of Modernity*. Stanford University Press.

Gordenker, L. & Weiss, T. G. (1966). "NGO Participation in the International Policy Process". L. Gordenker & T. G. Weiss (eds.), *NGOs, the UN, and Global Governance*. London: Lynne Rienner.

Keck, M. E. & Sikkink, K. (1998). *Activists Beyond Borders*. Ithaca NY: Cornell University Press.

McAdam, D. (1982). *Political Process and the Development of Black Insurgency*. University of Chicago Press.

Murdie, A. (2013). "The Ties that Bind: A Network Analysis of Human Rights International Nongovernmental Organizations". *British Journal of Political Science*, 44 (1): 1~27.

Murdie, A. & Bhasin, T. (2011). "Aiding and Abetting: Human Rights INGOs and Domestic Protest". *The Journal of Conflict Resolution*,

55 (2): 163~191.

Murdie, A. & Davis. D. R. (2012). "Shaming & Blaming: Using Events Data to Assess the Impact of Human Rights INGOs". *International Studies Quarterly*, 56 (1): 1~16.

Risse, T. & Sikkink, K. (1999). "The Socialization of International Human Rights Norms into Domestic Practices: Introduction". T. Risse, S. C. Ropp & K. Sikkink (eds.), *The Power of Human Rights: International Norms and Domestic Change.* Cambridge University Press

Schmitz, H. (2000). "Mobilizing Identities: Transnational Social Movements and the Promotion of Human Rights". K. W. Stiles (ed.), *Global Institutions and Local Empowerment: Competing Theoretical Perspectives.* NY: St. Martin's Press.

UN ECOSOC (1996). "Resolution 1996/31".

UN General Assembly (1998). "Report of the Secretary-General: Arrangements and Practices for the Interaction of Non-governmental Organizations in All Activities of the United Nations System". (A/53/170).

Willetts, P. (1996). *Non-Governmental Organizations in World Politics.* Washington DC: Brookings Institution.

_____ (2011). *Non-Governmental Organizations in World Politics: The Construction of Global Governance.* Routledge.

제 3장

박원순 (1996). 《아직도 심판은 끝나지 않았다: 일본의 전쟁범죄 연구》. 한겨레신문사.

박찬운 (1999). 《국제인권법》. 한울아카데미.

반보벤, 테오돌 (1986). "인권의 분류 기준". 카렐 바삭 (편), 박홍규 (역), 《인권론》. 실천문학사.

신혜수 (2019). "약식보고절차와 보고전 질의목록작성의 의미와 참여방안". 《유엔 인권조약기구 제도의 현황과 활용방안 심포지엄 자료집》.

윤영모 (2003). "국제노동: ILO 총회, 무엇을 다루나". 〈노동사회〉, 76: 51~56.

정진성 (2003). "전시하 여성침해의 보편성과 역사적 특수성". 〈한국여성학〉, 10(2) : 39~61.

_____ (2019). "유엔총회 조약기구강화 결의안과 영향, 앞으로의 전망". 《유엔 인권조약기구 제도의 현황과 활용방안 심포지엄 자료집》.

필레이, 내바네섬(2017). "유엔 인권조약기구제도 강화방안". 《OHCHR 인권협약기구 자료집》. 국가인권위원회.

Brown, C. (2001). *Understanding International Relations*. New York: Palgrave.

CERD(2010). "Terms of Reference for the Work of the CERD Follow Up Coordinator". (CERD/C/66/Misc. 11/Rev. 2).

_____ (2013). "General Recommendation No. 35: Combating Racist Hate Speech". (CERD/C/GC/35).

Donnelly, J. (1989). *Universal Human Rights in Theory and Practice*, first edition. Ithaca, NY: Cornell University Press.

_____ (1990). "Traditional Values and Universal Human Rights: Caste in India". C. E. Welch & V. A. Leary(eds.), *Asian Perspectives on Human Rights*. Westview Press.

Hannum, H., Shelton, D., Anaya, S. J. & Celorio, R. (2017). *International Human Rights: Problems of Law, Policy, and Practice*, sixth edition. Wolters Kluwer.

Ramcharan, B. G. (2011). *The UN Human Rights Council*. Routledge.

UN ECOSOC(1968). "Resolution 1296(XLIV) of 23 May 1968".

_____ (1996). "Resolution 1996/31. Consultative Relationship between the United Nations and Non-governmental Organizations".

UN General Assembly(1994). "Human Rights Question: Comprehensive Implementation of and Follow-up to the Vienna Declaration and Programme of Action". (A/49/668).

_____ (2006). "Human Rights Council: Resolution Adopted by the General Assembly, 3 April 2006". (A/RES/60/251).

UN Sub-Commission on the Promotion and Protection of Human Rights (2003). "Economic, Social and Cultural Rights Norms on the Responsibilities of Transnational Corporations and Other Business Enterprises with Regard to Human Rights". (E/CN. 4/Sub. 2/2003/12/Rev. 2).

제 4장

나현필(2014). "한국에서의 UN 기업과 인권 이행원칙의 적용가능성". 〈공익과 인권〉, 14: 177~221.

_____(2017). "프랑스 초국적기업 횡포 견제 시작한다". 〈참세상〉, 2017년 3월 31일.

러기, 존(2014). 이상수(역), 《기업과 인권》. 서울: 필맥.

정은주(2017). "기업과 인권에서 국가의무에 대한 비판적 고찰". 한국인권학회 제1회 동계학술대회 발표문.

제철웅 외(2011). "기업과 인권에 관한 보고서를 위한 기초연구". 국가인권위원회.

홍성수(2011). "기업과 인권에 대한 국제사회의 대응: 최근 UN의 논의에 대한 비평". 〈법학논총〉, 35(2): 65~96.

Alston, P. (2005). *Non-state Actors and Human Rights*. Oxford University Press.

CESCR(2017). "General Comment No. 24(2017) on State Obligations under the International Covenant on Economic, Social and Cultural Rights in the Context of Business Activities". (E/C. 12/GC/24).

CEDAW(2018). "General Recommendation No. 37 on Gender-related Dimensions of Disaster Risk Reduction in the Context of Climate Change". (CEDAW/C/GC/3).

Chung, C. (2009). "Globalization, Transnational Corporations and Human Rights". N. Kim(ed.), *Globalization and Regional Integration in Europe and Asia*. Ashgate.

CRC(2013). "General comment No. 16(2013) on State Obligations Regarding the Impact of the Business Sector on Children's Rights". (CRC/C/GC/16).

Feeney, P. (2009). "Business and Human Rights: The Struggle for Accountability in the UN and the Future Direction of the Advocacy Agenda". *Sur International Journal of Human Rights*, 6(11): 161~175.

Marks, S. & Clapham, A. (2005). *International Human Rights Lexicon*. Oxford University Press.

OECD (2011). "OECD Guidelines for Multinational Enterprises".

UN (2011). "Guiding Principles on Business and Human Rights: Implementing the United Nations 'Protect, Respect and Remedy' Framework".

UN Commission on Human Rights (2002). "Responsibilities of Transnational Corporations and Other Business Enterprises with Regard to Human Rights". (E/CN. 4/Sub. 2/2002/13).

_____ (2004). "Responsibilities of Transnational Corporations and Related Business Enterprises with Regard to Human Rights". (E/CN. 4/DEC/2004/116).

UN ECOSOC (1974). "Resolution 1913 (LVII), The Impact of Transnational Corporations on the Development Process and International Relations".

_____ (1983). "Draft United Nations Code Of Conduct On Transnational Corporations".

UN Human Rights Council (2008). "Protect, Respect and Remedy: A Framework for Business and Human Rights". (A/HRC/8/5).

_____ (2011). "Guiding Principles on Business and Human Rights: Implementing the United Nations 'Protest, Respect and Remedy' Framework". (A/HRC/17/31).

_____ (2014). "Resolution 26/9, Elaboration of an International Legally Binding Instrument on Transnational Corporations and Other Business Enterprises with Respect to Human Rights". (A/HRC/RES/26/9).

_____ (2017). "Business and Human Rights: Mandate of the Working Group on the Issue of Human Rights and Transnational Corporations and Other Business Enterprises". (A/HRC/RES/35/7).

UN Sub-Commission on the Promotion and Protection of Human Rights (2003). "Norms on the Responsibilities of Transnational Corporations and Other Business Enterprises with Regard to Human Rights". (E/CN. 4/Sub. 2/2003/12/Rev. 2).

_____ (2004). "Report of the Sessional Working Group on the Working Methods and Activities of Transnational Corporations on Its Sixth Session". (E/CN. 4/Sub. 2/2004/21).

UNGC (2009). "The Ten Principles of the UN Global Compact".

제 5장

김종덕(2002). "패스트푸드의 세계화와 슬로우 푸드 운동". 〈지역사회학〉, 4(1): 87~106.

_____(2009a). "브라질 벨로리존찌 시의 식량보장에 관한 연구". 〈농촌경제〉, 32(4): 85~108.

_____(2009b). 《먹을거리 위기와 로컬푸드: 세계 식량 체계에서 지역 식량 체계로》. 이후.

_____(2010). "먹을거리의 탈정치화와 대응에 관한 연구". 〈지역사회학〉, 12(1): 131~157.

김종덕·감정기(2007). "식량권 실현과제와 사회복지". 〈상황과 복지〉, 24: 63~100.

김철규(2008). "글로벌 식품체계와 대안: 새로운 먹거리 정치를 향해". 〈문화과학〉, 56: 261~273.

데스마레이즈, 아네트 아우렐리(2011). 박신규·엄은희·이소영·허남혁(역), 《비아 깜페시나: 세계화에 맞서는 소농의 힘》. 한티재.

로쎗, 피터(2008). 김영배(역), 《식량주권: 식량은 상품이 아니라 주권이다》. 시대의 창.

박영란 외(2011). 《베이비부머 은퇴 후 생활지원을 위한 신복지모형 개발연구》. 보건복지부.

비어즈워스, 앨런·케일, 테레사(2010). 박형신·정헌주(역), 《메뉴의 사회학: 음식과 먹기 연구로의 초대》. 한울아카데미.

센굽타, 아준(2010). "개발권의 정의와 실천". 보르 안드레아센·스티븐 마크스(편), 양영미·김신(역), 《인권을 생각하는 개발 지침서》. 후마니타스.

송원규·윤병선(2012). "세계농식품체계의 역사적 전개와 먹거리 위기 - 대안의 모색: 식량안보에서 식량주권으로". 〈농촌사회〉, 22(1): 265~310.

오승진(2007). "식량권(Right to food)에 관한 소고". 〈법학논총〉, 31(2): 309~325.

원용찬(2009). "아마티아 센: 이제 인간의 경제학이다". 〈환경과 생명〉, 61: 191~203.

윤병선(2004). "초국적 농식품 복합체의 농업지배에 관한 고찰". 〈농촌사회〉, 14(1): 7~41.

_____(2008). "세계적 식량위기와 한국농업의 대응과제". 〈사회경제평론〉,

31: 109~138.

이주영(2012). "인권 기반 사회정책 수립을 위한 원칙과 가이드라인". 제 3
회 인권도시포럼 발표문.

지글러, 장(2007). 유영미(역), 《왜 세계의 절반은 굶주리는가》. 갈라파고
스.

파텔, 라즈(2008). 유지훈(역), 《식량전쟁: 배부른 제국과 굶주리는 세계》.
영림카디널.

페트리니, 카를로(2008). 김종덕·황성원(역), 《슬로푸드, 맛있는 혁명》.
이후.

한센, 야콥 키르케만·사노, 한스-오토(2010). "권리에 기초한 접근법의 함
의". 보르 안드레아센·스티븐 마크스(편), 양영미·김신(역), 《인
권을 생각하는 개발 지침서》. 후마니타스.

CESCR(1999). "General Comment No. 12: The Right to Adequate Food(
Art. 11 of the Covenant)". 12 May 1999.

_____(2001). "Substantive Issues Arising in the Implementation of the
International Covenant on Economic, Social and Cultural Rights:
Poverty and the International Covenant on Economic, Social and
Cultural Right". (E/C. 12/2001/10).

Charlotte, M. (2004). "Implementing a Human Approach to Food Secu-
rity". International Food Research Institute Brief.

Fairbairn, M. (2010). "Framing Resistance: International Food Regimes
and the Roots of Food Sovereignty". H. Wittman, A. Desmarais,
& N. Wiebe(eds.), Food Sovereignty: Reconnecting Food, Nature
and Community: 15~32. Oakland: Food First.

FAO(1975). "World Food Security Situation and Further Steps Re-
quired".

_____(1976). "Report of the First Session of the Committee on World
Food Security".

_____(2010). The State of Food Insecurity in the World: Addressing Food
Insecurity in Protracted Crises.

_____(2011). FAO Food Outlook: Global Market Analysis.

IFRC(2011). World Disasters Report.

La Via Campesina(1996). The Right to Produce and Access to Land.

Lappe, F. M., Collins, J. & Rosset, P. (1998). World Hunger: Twelve

Myths, second edition. New York: Food First.

Lappe, F. M., Collins, J., Rosset, P. & Esparza, L. (1986). *World Hunger: Twelve Myths*. Oakland: Institute for Food and Development Policy.

Matthews, C. (2008). "The World Only Needs 30 Billion Dollars a Year to Eradicate the Scourge of Hunger". *FAO Newsroom*, 3 June 2008.

Maxwell, S. (1996). "Food Security: A Post-modern Perspective". *Food Policy*, 21 (2): 155~170.

Pimbert, M. (2010). *Towards Food Sovereignty: Reclaiming Autonomous Food Systems*. International Institute for Environment and Development.

Riches, G. (2011). "Thinking and Acting Outside the Charitable Food Box: Hunger and the Right to Food in Rich Societies". *Development in Practice*, 21 (4): 768~775.

Rocha, C. (2007). "Food Insecurity as Market Failure: A Contribution from Economics". *Journal of Hunger & Environmental Nutrition*, 11 (4): 1~22.

UN Commission on Human Rights (2000). "Resolution 2000/10, The Right to Food". (E/CN. 4/RES/2000/10).

UN Human Rights Council (2008). "Resolution 7/14, The Right to Food". (A/HRC/RES/7/14).

_____ (2009). "Resolution 10/12, The Right to Food". (A/HRC/RES/ 10/12).

_____ (2011). "Resolution 16/27, The Right to Food". (A/HRC/RES/ 16/27).

_____ (2012). "Resolution 'Promotion and Protection of the Human Rights of Peasants and Other People Working in Rural Areas'". (A/HRC/RES/21/19).

_____ (2015). "Resolution 'Promotion and Protection of the Human Rights of Peasants and Other People Working in Rural Areas'". (A/HRC/RES/30/13).

_____ (2017). "Resolution 'Promotion and Protection of the Human Rights of Peasants and Other People Working in Rural Areas'". (A/HRC/RES/36/22).

UN Human Rights Council Advisory Committee (2011a). "Discrimination in the Context of the Right to Food". (A/HRC/16/40).

_____ (2011b). "Preliminary Study on the Advancement of the Rights of Peasants and Other People Working in Rural Areas". (A/HRC/AC/6/CRP. 2).

_____ (2012a). "Preliminary Study of the Human Rights Council Advisory Committee on the Promotion of Human Rights of the Urban Poor: Strategies and Best Practices, Prepared by Chin-sung Chung, on Behalf of the Drafting Group on the Right to Food of the Human Rights Council Advisory Committee". (A/HRC/AC/8/5).

_____ (2012b). "Annotations to the Provisional Note by the Secretary-General". (A/HRC/AC/10/1/Add. 1).

_____ (2012c). "Study of the Human Rights Council Advisory Committee on Severe Malnutrition and Childhood Diseases with Children Affected by Noma as an Example". (A/HRC/19/73).

_____ (2012d). "The Advancement of the Rights of Peasants and Other People Working in Rural Areas". (A/HRC/19/75).

_____ (2012e). "Promotion of Human Rights of the Urban Poor: Strategies and Best Practices". (A/HRC/22/61).

_____ (2012f). "Rural Women and the Right to Food". (A/HRC/22/72).

USDA (2009). *Food Security Assessment, 2008~2009*. Agriculture and Trade Reports United States Department of Agriculture.

_____ (2017). *International Food Security Assessment, 2017~2027*. Agriculture and Trade Reports of United States Department of Agriculture.

Wittman, H., Desmarais, A. A. & Wiebe, N. (2010). "The Origins & Potential of Food Sovereignty". H. Wittman, A. A. Desmarais & N. Wiebe (eds.), *Food Sovereignty: Reconnecting Food, Nature and Community*: 1~14. Oakland: Food First.

Ziegler, J. (2001). "Report by the Special Rapporteur on the Right to Food". (E/CN. 4/2001/53).

_____ (2003). "The Right to Food: Report Submitted by the Special Rapporteur on the Right to Food". (E/CN. 4/2003/54).

_____ (2009). "Preliminary Report to the Human Rights Council Advisory Committee's Drafting Group on the Right to Food: The Right to Food and the Current Food Crisis". (A/HRC/AC/ 2009/X).

제6장

김기남(2007). "국제법상 평화권의 규명: 이론과 실제". 경희대학교 평화복 지대학원 석사논문.

서보혁(2012). "국제 평화권 논의의 추세와 함의". 〈21세기정치학회보〉, 22(1): 65~86.

이경주(2014). 《평화권의 이해: 개념과 역사, 분석과 적용》. 사회평론.

이주영(2017). "발전권, 평화권, 환경권 개념의 발전과 '연대권' 논의의 함 의". 〈다문화사회연구〉, 10(2): 33~57.

임재성(2011). "평화권, 아래로부터 만들어지는 인권: 한국 사회운동의 '평 화권' 담론을 중심으로". 〈경제와 사회〉, 91: 167~210.

최경옥(2008). "日本國憲法 第9條와 平和的 生存權의 등장과 문제점: 反戰 時期(1964년 이후)부터 2000년까지, 판례를 중심으로". 〈공법학연 구〉, 9(3): 149~175.

Alston, P. (1980). "Peace as a Human Right". *Bulletin of Peace Proposals*, 11(4): 319~330.

Boutros-Ghali, B. (1992). "An Agenda for Peace: Preventive Diplomacy, Peacemaking and Peace-keeping". (A/47/277-S/24111).

Frey, B. (2006). "Special Rapporteur: Prevention of Human Rights Violations Committed with Small Arms and Light Weapons, 27 July 2006". (A/HRC/Sub. 1/58/27).

M'Baye, K. (1979). "Emergence of 'Right to Development' as a Human Right in the Context of a New International Economic Order, July 16, 1979". (UNESCO Doc. SS-78/CONF. 630/8).

Puyana, D. F. (2010). "International Campaign on the Human Right to Peace". C. V. Duran & C. P. Faleh. *Regional Contributions for a Universal Declaration on the Human Right to Peace*. SSIHRL.

Quaker UN Office(2018). *Integrating Human Rights and Sustaining Peace*.

Roche, D. (2003). *The Human Right to Peace*. Novalis.

UN Commission on Human Rights(2001). "Promotion on the Right of

Peoples to Peace". (E/CN. 4/RES/2001/69).

_____(2002). "Promotion on the Right of Peoples to Peace". (E/CN. 4/ RES/2002/71).

UN General Assembly(1962). "Resolution 1815(XVII), Consideration of Principles of International Law concerning Friendly Relations and Co-operation among States in Accordance with the Charter of the United Nations". (A/RES/17/1815).

_____(1963). "Resolution 1966(XVIII), Consideration of Principles of International Law concerning Friendly Relations and Co-operation among States in Accordance with the Charter of the United Nations". (A/RES/18/1966).

_____(1965). "Resolution 2103(XX), Consideration of Principles of International Law concerning Friendly Relations and Co-operation among States in Accordance with the Charter of the United Nations". (A/RES/20/2103).

_____(1966). "Resolution 2181(XXI), Consideration of Principles of International Law concerning Friendly Relations and Co-operation among States in Accordance with the Charter of the United Nations". (A/RES/21/2181).

_____(1967). "Resolution 2327(XXII), Consideration of Principles of International Law concerning Friendly Relations and Co-operation among States in Accordance with the Charter of the United Nations". (A/RES/22/2327).

_____(1968). "Resolution 2463(XXIII), Consideration of Principles of International Law concerning Friendly Relations and Co-operation among States in Accordance with the Charter of the United Nations". (A/RES/23/2463).

_____(1969). "Resolution 2533(XXIV), Consideration of Principles of International Law concerning Friendly Relations and Co-operation among States in Accordance with the Charter of the United Nations". (A/RES/24/2533).

_____(1970). "Resolution 2625(XXV), Declaration on Principles of International Law concerning Friendly Relations and Co-operation among States in Accordance with Charter of the United Nations". (A/RES/25/2625).

_____(1978). "Declaration on the Preparation of Societies for Life in Peace, 15 December 1978". (A/RES/33/73).

_____(1984). "Declaration on the Right of Peoples to Peace". (A/RES/39/11).

_____(1990). "Implementation of the Declaration on the Right of Peoples to Peace". (A/RES/45/14).

_____(1999). "Declaration and Programme of Action on a Culture of Peace". (A/RES/53/243).

_____(2001). "International Day of Peace". (A/RES/55/282).

_____(2003). "Promotion of the Right of Peoples to Peace". (A/RES/57/216).

_____(2005). "Promotion of Peace as a Vital Requirement for the Full Enjoyment of all Human Rights by All". (A/RES/60/163).

_____(2006). "Human Rights Council". (A/RES/60/251).

_____(2016). "Resolution adopted on 27 April 2016". (A/RES/70/262).

UN Human Rights Council(2008). "Promotion and Protection of All Human Rights, Civil, Political, Economic, Social and Cultural Rights, including the Right to Development". (A/HRC/8/L.13).

_____(2009). "Resolution 11/4, Promotion of the Rights of Peoples to Peace" in "Report of the Human Rights Council". (A/64/53).

_____(2010a). "Report of the HC on the Outcome of the Workshop on the Right of Peoples to Peace, 17 March 2010". (A/HRC/14/38).

_____(2010b). "Resolution, Promotion of the Right of Peoples to Peace". (A/HRC/14/38).

_____(2011). "Progress Report of the Human Rights Council Advisory Committee on the Right of Peoples to Peace". (A/HRC/17/39).

_____(2012a). "Report of the Human Rights Council Advisory Committee on the Right of Peoples to Peace". (A/HRC/20/31).

_____(2012b). "Resolution, Promotion of the Right to Peace". (A/HRC/RES/20/15).

_____(2013). "Resolution, Promotion of the Right to Peace". (A/HRC/RES/23/16).

_____(2014). "Report of the Open-ended Intergovernmental Working Group on a Draft United Nations Declaration on the Right to

Peace". (A/HRC/27/63).

_____ (2015). "Report of the Open-ended Intergovernmental Working Group on a Draft United Nations Declaration on the Right to Peace on Its Third Session, 26 May 2015". (A/HRC/29/45).

_____ (2016). "Resolution 32/28, Declaration on the Right to Peace". (A/HRC/RES/32/28).

_____ (2017). "Resolution adopted on 22 June 2017, Promotion of the Right to Peace". (A/HRC/RES/35/4).

UN Human Rights Council Advisory Committee (2010). "Report of the Advisory Committee on Its Fifth Session". (A/HRC/AC/5/3).

_____ (2011). "The Right of Peoples to Peace: Progress Report Prepared by the Drafting Group of the Advisory Committee". (A/HRC/AC/7/3).

UN Human Rights Council, Open-ended Intergovernmental Working Group on the Draft United Nations Declaration on the Right to Peace (2013). "Report of the Open-ended Inter-Governmental Working Group on the Draft United Nations Declaration on the Right to Peace". (A/HRC/WG. 13/1/2).

UN OHCHR (2018). "Intersessional Workshop on the Right to Peace".

UN Security Council (2016). "Resolution 2282". (S/RES/2282).

_____ (2018). "Peacebuilding and Sustaining Peace: Report of the Secretary-General". (A/72/707-S/2018/43).

UN Sub-Commission on Prevention of Discrimination and Protection of Minorities (1996). "International Peace and Security as an Essential Condition for the Enjoyment of Human Rights, above All the Right to Life". (E/CN. 4/Sub. 2/RES/1996/16).

_____ (1997). "International Peace and Security as an Essential Condition for the Enjoyment of Human Rights, above All the Right to Life". (E/CN. 4/Sub. 2/RES/1997/36).

UNESCO (1997). "The Human Right to Peace: Declaration by the Director-General". (SHS-97/WS/6).

Vasak, K. (1997). *A 30-year Struggle.* The UNESCO Courier.

Wellman, C. (2000). "Solidarity, the Individual and Human Rights". *Human Rights Quarterly,* 22(3): 639~657.

제 7장

강병근(2008). "노인인권보호에 관한 국제법적 논의: 유엔규약인권위원회의 일반논평을 중심으로". 〈서울국제법연구〉, 15(2): 91~116.

강은나 외(2014). 《초저출산·초고령사회의 위험과 대응전략: 초고령사회와 노인복지서비스》. 한국보건사회연구원 연구보고서.

박영란(2013). "초고령사회 대비 EU의 '활동적 노화'(active ageing) 정책 패러다임". 〈유럽연구〉, 31(1), 135~158.

박영란 외(2011). 《베이비부머 은퇴 후 생활지원을 위한 신복지모형 개발 연구》. 보건복지부.

(사) 한국노인복지회(2017). 《노인인권의 국제적 현안 분석과 유엔에서의 주류화를 위한 로드맵》. 국가인권위원회 보고서.

선우덕 외(2012). 《선진국의 고령사회정책: 유럽국가의 활기찬 노후정책을 중심으로》. 한국보건사회연구원.

CEDAW(2010). "General Recommendation No. 27 on Older Women and Protection of Their Human Rights". (CEDAW/C/GC/27).

CESCR(1995). "General Comment No. 6: The Economic, Social and Cultural Rights of Older Persons".

_____(2008). "General Comment No. 19: The Right to Social Security(art. 9)". (E/C. 12/GC/19).

Chung, C. (2010). "The Necessity of a Humna Rights Approace ad Effective United Nations Mechanism for the Human Rights of the Older Persons, Implementation of Sections III and IV of the Annex to Human Rights Council Resolution 5/1 of 18 June 2007: Agenda and Annual Programme of Work, including New Priorities". (A/HRC/AC/4/CRP. 1).

Ghosheh, N. (2008). "Age Discussion and Older Workers: Theory and Legislation in Comparative Context". ILO Conditions of Work and Employment Series, No. 29.

HelpAge International(2009). "Why It's time for a Convention on the Rights of Older People". HelpAge Position Paper.

Saxena, N. (2009). "The Rights of Older People in Asia", International Symposium on the Rights of Older People, London, January 2009.

UN (1982). "Vienna International Plan of Action on Aging".

_____ (1994). "Report of the World Summit for Social Development (Copenhagen, 6-12 March 1995)". (A/CONF. 166/9).

UN General Assembly (1982). "General Assembly Resolution 37/51". (A/RES/37/51).

_____ (1991). "General Assembly Resolution 46/91". (A/RES/46/91).

_____ (1992a). "General Assembly Resolution 47/5". (A/RES/47/5).

_____ (1992b). "General Assembly Resolution 47/86". (A/RES/47/86).

_____ (2003). "General Assembly Resolution 57/167, Follow-up to the Second World Assembly on Ageing". (A/RES/57/167).

_____ (2009). "Resolution adopted by the General Assembly on 18 December 2009: 64/132, Follow-up to the Second World Assembly on Aging". (A/RES/64/132).

_____ (2010). "General Assembly Resolution 64/127, Office of the United Nations High Commissioner". (A/RES/64/127).

_____ (2012a). "Resolution adopted by the General Assembly on 20 December 2012: 67/139, Towards a Comprehensive and Integral Legal Instrument to Promote and Protect the Rights and Dignity of Older Persons". (A/RES/67/139).

_____ (2012b). "Report of the Third Committee, 60th Plenary Meeting". (A/67/PV. 60)

UN General Assembly, Open-ended Working Group on Ageing (2011), Frist Working Session, "Report of the Open-ended Working Group on Ageing".

_____ (2013). Fourth Working Session, "Report of the Open-ended Working Group on Ageing".

_____ (2014). Fifth Working Session. "Report of the Open-ended Working Group on Ageing".

_____ (2015). Sixth Working Session. "Report of the Open-ended Working Group on Ageing".

UN General Assembly, Third Committee (1948). "Declaration of Old Age Rights". (A/C. 3/213), 30 September 1948.

UN Human Rights Council (2011). "Thematic Study on the Realization of the Right to Health of Older Persons by the Special Rapporteur on the Right of Everyone to the Enjoyment of the Highest

Attainable Standard of Physical and Mental Health, and Grover". (A/HRC/18/37).

UN Human Rights Council Advisory Committee (2010). "Annotations to the Provisional Agenda". (A/HRC/AC/Add. 1/Rev. 1).

UN OHCHR (1996). "CESCR General Comment No. 6: The Economic, Social and Cultural Rights of Older Persons". (E/1996/22).

_____ (2010a). "Human Rights of Older Persons: International Human Rights Principles and Standards". Background Paper, Expert Group Meeting Geneva.

_____ (2010b). "Concept Note". Panel Discussion on the Thematic Study on the Realization of the Right to Health of Older Persons.

UN Secretary-General (2009). "Follow-up to the Second World Assembly on Ageing: Report of the Secretary-General, Submitted to the United Nations General Assembly". (A/64/127).

제 8장

Center for Human Rights and Global Justice (2005). "The Missing Piece of the Puzzle: Cast Discrimination and the Conflict in Nepal". NYU School of Law.

Eide, A. & Yokota, Y. (2004). "Expanded Working Paper by Mr. Asbjørn Eide and Mr. Yozo Yokota on the Topic of Discrimination based on Work and Descent". (E/CN. 4/Sub. 2/2003/24).

Goonesekere, R. K. W. (2001). "Discrimination based on Work and Descent". (E/CN. 4/Sub. 2/2001/16).

Human Rights Watch (2015). "Human Rights Watch World Report 2015: Events of 2014".

IDSN (2018). "Caste Discrimination and Human Rights: A Comprehensive Compilation of How Caste Discrimination and Similar Forms of Discrimination Based on Work and Descent have been Addressed by the UN Treaty Bodies, Universal Periodical Review and the Special Procedures".

Shetty, S. (2015). "Amnesty International Annual Report 2014/2015". Amnesty International.

UN Human Right Council (2009). "Tenth Session. Decision 10/117. Publication of Reports Completed by the Subcommission on the Promotion and Protection of Human Rights".

UN Sub-Commission on the Promotion and Protection of Human Rights (2000). "Resolution 2000/4 on Discrimination based on Work and Descent".

_____ (2001). "Decision 2001/112".

_____ (2003). "Resolution 2003/22 on Discrimination based on Work and Descent".

_____ (2004). "Resolution 2004/17 on Discrimination based on Work and Descent".

_____ (2005). "Decision 2005/109 on Discrimination based on Work and Descent. ".

US States Department (2013). "India 2013 Human Rights Report".

Yokota, Y. & Chung, C. (2006). "Progress Report of Mr. Yozo Yokota and Ms. Chin-Sung Chung, Special Rapporteurs on the Topic of Discrimination based on Work and Descent. (A/HRC/Sub. 1/58/CRP. 2. 28 July 2006).

제9장

다카기 겐이치 (1992). "일본의 '전후보상'에 대해서". 기독교여성평화연구원 (편), 〈평화를 만드는 여성〉, 12.

도츠카 에츠로 (2015). "일본군위안부문제의 해결을 위한 역사와 법의 과제". 한중일 국제학술대회 '일본군위안부문제의 해결을 위한 역사적 과제와 전망' 발표논문.

신혜수 (1997). "일본군위안부문제 해결을 위한 운동의 전개과정". 한국정신대문제대책협의회 · 진상조사연구위원회 (편), 《일본군위안부문제의 진상》. 역사비평사.

요시미 요시아키 (1993). 김순호 (역), 《자료집 : 종군위안부》. 서문당.

정진성 (2001a). "ILO에의 문제제기 구조". 〈국제지역연구〉, 10(1) : 61~80.

_____ (2001b). 《현대 일본의 사회운동론》. 나남.

_____ (2016). 《일본군 성노예제: 일본군 위안부 문제의 실상과 그 해결을 위한 운동》. 서울대학교출판문화원.

한국정신대문제대책협의회 20년사 편찬위원회(2014). 《한국정신대문제대책 협의회 20년사》. 한울아카데미.

CAT(2013). "Concluding Observations on the Second Periodic Report of Japan, Adopted by the Committee at its Fiftieth Session, 28 June 2013". (CAT/C/JPN/CO/2).

CEDAW(2009). "Concluding Observations of the Committee on the Elimination of Discrimination against Women". (CEDAW/C/JPN/CO/6).

_____(2016). "Concluding Observations on the Combined Seventh and Eighth Periodic Reports of Japan". (CEDAW/C/JPN/CO/7-8).

CERD(2014). "Concluding Observations on the Combined Seventh to Ninth Periodic Reports of Japan". (CERD/C/JPN/CO/7-9).

CESCR(2013). "Concluding Observations on the 3rd Periodic Report of Japan, Adopted by the Committee at its 50th Session, 29 April~ 17 May 2013". (E/C. 12/JPN/CO/3).

Coomaraswamy, R. (1996). "Report of the Special Rapporteur on Violence against Women: Its Causes and Consequences". (E/ CN. 4/1996/53/Add. 1).

Human Rights Committee(2008). "Consideration of Reports Submitted by States Parties under Article 40 of the Covenant: International Covenant on Civil and Political Rights: Concluding Observations of the Human Rights Committee: Japan, 18 December 2008". (CCPR/C/JPN/CO/5).

_____(2014). "Concluding Observations on the Sixth Periodic Report". (CCPR/C/JPN/CO/6).

International Commission of Jurists(1994). *Comfort Women: An Unfinished Ordeal*. Geneva.

McDougall, G. J. (1998). "Systematic Rape, Sexual Slavery and Slavery-like Practicies during Armed Conflict". (E/CN. 4/Sub. 2/ 1998/13).

_____(2000). "Systematic Rape, Sexual Slavery and Slavery-like Practices during Armed Conflict: Update to the Final Report". (E/ CN. 4/Sub. 2/2000/21).

Minbyun & Jungdaehyup(1993). "Human Rights and Japanese War

Responsibility: Counter Report to the Human Rights Committee on the Japanese Government's Third Periodic Report Submitted under Article 40 of the International Covenant on Civil and Political Rights".

UN Human Rights Council (2018). "Report of the Special Rapporteur on Violence Against Women, its Causes and Consequences". (A/HRC/14/22).

UN Sub-Commission on the Promotion and Protection of Human Rights (1992). "Report of the Working Group on Contemporary Forms of Slavery: Draft Resolution". (E/CN. 4/Sub. 2/1992/L. 3).

_____ (1993). "Slavery and slavery-like Practices during Wartime: Draft Resolution". (E/CN. 4/Sub. 2/1993/L. 12).

_____ (1996). "Contemporary Forms of Slavery, 16 July 1996". (E/CN. 4/Sub. 2/1996/26).

_____ (1999). "Systematic Rape, Sexual Slavery and Slavery-like Practices during Armed Conflict, including Internal Armed Conflict: Note by the Secretariat, 17 June 1999". (E/CN. 4/Sub. 2/1999/16).

_____ (2001). "Systematic Rape, Sexual Slavery and Slavery-like Practices during Armed Conflicts: Report of the High Commissioner for Human Rights, 29 June 2001". (E/CN. 4/Sub. 2/2001/29).

보론

벨, 다니엘 (1996). "서구적 인권체제에 대한 동아시아의 도전". 〈계간 사상〉, 31: 46~56.

센굽타, 아준 (2010). "개발권의 정의와 실천". 보르 안드레아센·스티븐 마크스 (편), 《인권을 생각하는 개발 지침서》. 후마니타스.

이정은 (2008). "해방 후 인권담론의 형성과 제도화에 관한 연구, 1945~1970년대 초". 서울대학교 사회학과 박사학위논문.

이주영 (2012). "인권 기반 사회정책 수립을 위한 원칙과 가이드라인". 제 3회 인권도시포럼 발표문.

임현진 (2006). "한국의 발전 경험과 대안 모색: 새로운 발전모델을 찾아서". 〈한국사회학〉, 40: 1~31.

정근식·이정은 외(2004). 《한국형 인권지표의 모색》. 경인문화사.

정진성(1996). "정신대 피해와 인권회복 운동". 〈계간 사상〉, 31: 75~89.

_____(2000). "인권의 보편성과 특수성". 한국인권재단(편), 《21세기의 인권》: 93~117. 한길사.

_____(2003). "전시하 여성침해의 보편성과 역사적 특수성". 〈한국여성학〉, 10(2): 39~61.

정진성 외(2010). 《인권으로 읽는 동아시아: 한국과 일본의 인권개선조건》. 서울대학교출판문화원.

정진성 외(2011). 《국민인권의식 실태조사》. 국가인권위원회.

조효제(2007). 《인권의 문법》. 후마니타스.

_____(2008). 《인권의 풍경》. 교양인.

프리먼, 마이클(2005). 김철효(역), 《인권: 이론과 실천》. 아르케.

한상진(1996). "인권논의에서 왜 동아시아가 중요한가?". 〈계간 사상〉, 31: 11~27.

_____(1998). 《현대사회와 인권》. 나남출판.

한센, 야콥 키르케만·사노, 한스-오토(2010). "권리에 기초한 접근법의 함의". 보르 안드레아센·스티븐 마크스(편), 《인권을 생각하는 개발 지침서》. 후마니타스.

Alston, P. (ed.)(2005). *Non-State Actors and Human Rights*. New York: Oxford University Press.

Barsh, L. R. (1993). "Measuring Human Rights: Problems of Methodology and Purpose". *Human Rights Quarterly*, 15: 87~121.

Beck, W. et al. (eds.)(2001). *Social Quality: A Vision for Europe*. The Hague: Kluwer Law international.

Berger, P. L. (1963). *Invitation to Sociology: A Humanistic Perspective*. Doubleday.

Booth, D. (1994). "Rethinking Social Development: An Overview". D. Booth(ed.), *Rethinking Social Development*. Essex: Longman Scientific & Technical.

Brunsam, D. L. et al. (2013). *Handbook of Sociology and Human Rights*. Paradigmpublisher.

Clapham, A. (2006). *Human Rights Obligations of Non-State Actors*. Oxford: Oxford University Press.

Connell, R. (1995). "Sociology and Human Rights". *The Australian and*

New Zealand Journal of Sociology, 31(2) : 25~29.

Cushman, T. (ed.) (2012). *Handbook of Human Rights*. Routledge.

De Feyter, K. (2011). "Law Meets Sociology in Human Rights". *Development and Society*, 40(1) : 45~68.

Deflem, M. (2007). "Public Sociology, Hot Dogs, Apple Pie and Chevrolet". *The Journal of Public and Professional Sociology*, 1: Art. 4.

Deflem, M. & Chicoine, S. (2011). "The Sociological Discourse on Human Rights: Lessons from the Sociology of Law". *Development and Society*, 40(1) : 101~116.

Dembour, M. (2010). "What are Human Rights? Four Schools of Thought". *Human Rights Quarterly*, 32(1) : 1~20.

Diamond, P. (2006). "Social Justice Reinterpreted: New Frontiers For the European Welfare State". A. Giddens, P. Diamond & R. Liddle(eds.), *Global Europe Social Europe*. Polity Press.

Freeman, M. (2002). *Human Rights: An Interdisciplinary Approach*. Wiley.

Goldstein, R. J. (1986). "The Limitations of Using Quantitative Data in Studying Human Rights Abuses". *Human Rights Quarterly*, 8: 607~627.

Gomez, M. (2003). *Human Rights in Cuba, El Salvador, and Nicaragua: A Sociological Perspective on Human Rights Abuse*. Taylor & Francis.

Gouldner, A. W. (1970). *The Coming Crisis of Western Sociology*. Basic Books.

Habermas, J. (1971). *Technik und Wissenschaft*. Suhrkamp.

_____ (1975). *Legitimation Crisis*. Beacon Press.

Kong, S. (2006). "Transnational Mobilization to Empower Local Activism: A Comparison of the Korean Human Rights and Environmental Movements". Department of Sociology, Harvard University.

Koo, J. (2011). "The Origins of the Human Rights Commission in Korea: Global and Domestic Causes". P. Y. Chang & G. Shin (ed.), *South Korean Social Movements: From Democracy to Civil Society*. Routledge.

Landman, T. (2004). "Measuring Human Rights: Principle, Practice, and Policy". *Human Rights Quarterly*, 26: 906~931.

Marks, S. & Clapham, A. (2005). "Universality". *International Human Rights Lexicon*. Oxford.

Mills, W. C. (1959). *The Sociological Imagination*. New York: Oxford University Press.

Moncada, A. & Blau, J. (2006). "Human Rights and the Roles of Social Scientists". *Societies Without Borders*, 1: 113~122.

Neary, I. (2002). *Human Rights in Japan, South Korea and Taiwan*. Routledge.

Phillips, D. (2008). "Social Quality, Quality of Life and Human Development". *Social Quality Seminar in Asia*. National Taiwan University.

Phillips, D. & Berman, Y. (2001). "Social Quality: Definitional, Conceptual and Operational Issues". W. Beck et al. (eds.), *Social Quality: A Vision for Europe*. The Hague: Kluwer Law International.

Robeyns, I. (2006). "The Capability Approach in Practice". *Journal of Political Philosophy*, 14(3): 351~376.

Sen, A. (2002). "Response to Commentaries". *Studies in Comparative International Development*, 37(2): 78~86.

Sjoberg, G., Gill, E. A. & Williams, N. (2001). "A Sociology of Human Rights". *Social Problems*, 49(1): 11~47.

So, A. Y. (1990). *Social Change and Development*. Newbury Park: Sage Publication.

Somers, M. R. & Roberts, C. N. J. (2008). "Toward a New Sociology of Rights: Genealogy of 'Buried Bodies' of Citizenship and Human Rights". *The Annual Review of Law and Social Sciences*: 385~425.

Turner, B. (1993). "Outline of a Theory of Human Rights". *Sociology*, 27(3): 489~512.

UN Human Rights Council (2012). "Study of the Human Rights Council Advisory Committee on Promoting Human Rights and Fundamental Freedoms Through a Better Understanding of Traditional Values of Humankind". (A/HRC/22/71).

UN Sub-Commission on the Promotion and Protection of Human Rights

(2000). "Globalization and Its Impact on the Full Enjoyment of Human Rights Preliminary Report Submitted by J. Oloka-Onyango and Deepika Udagama, in accordance with Sub-Commission Resolution 1999/8". (E/CN. 4/Sub. 2/2000/13).

UN System Task Team on the Post-2015 UN Development Agenda (2012). "Social Protection: A Development Priority in the Post-2015 UN Development Agenda".

UN Trust Fund for Human Security (2009). "Human Security in Theory and Practice".

Wallerstein, I. (1983). *Historical Capitalism*. London: Verso.

Weissbrodt, D. (2008). *The Human Rights of Non-citizens*. OUP Oxford.

Woodiwiss, A. (2005). *Human Rights*. London: Routledge.

찾아보기

용어

인물